Widmung

Dieses Buch ist den Visionären gewidmet, den Wegbereitern, den Pionieren. Denjenigen, die über den Horizont der Gegenwart hinausblicken und es wagen, von dem zu träumen, was vor ihnen liegt. Es ist den Führungskräften gewidmet, die sich dem Wandel nicht nur anpassen, sondern ihn annehmen und die Zukunft mit ihrem unerschütterlichen Engagement für Innovation und Fortschritt gestalten.

Ihr Mut, den Status quo in Frage zu stellen, Ihr Durchhaltevermögen angesichts von Ungewissheit und Ihr unerschütterlicher Glaube an eine bessere Zukunft inspirieren uns alle. Dieses Buch ist eine Hommage an Ihre Reise, eine Würdigung Ihres transformativen Einflusses und eine Anerkennung der Wege, die Sie für die kommenden Generationen geebnet haben.

Möge Ihre Vision weiterhin den Weg weisen und Ihr Handeln ein Vermächtnis des Wandels und der Exzellenz inspirieren.

Vorwort

In diesem Buch, "Leadership Transformed: Strategies for the Next Generation of Organizational Excellence" (Strategien für die nächste Generation organisatorischer Exzellenz) befassen wir uns eingehend mit den unzähligen Fragen, die jede Führungskraft von heute beschäftigen, Fragen, die oft in den stillen Stunden der Nacht nachklingen. Im Mittelpunkt dieser Untersuchungen steht das grundlegende Bestreben, die sich entwickelnde Dynamik des Führungs- und Organisationsverhaltens in einer Welt zu verstehen, die sich ständig - und manchmal abrupt - verändert.

Wie bleiben Führungskräfte motiviert und halten ihre Teams während und nach beispiellosen Krisen wie einer globalen Pandemie auf Trab? Die Antworten auf diese Fragen sind von entscheidender Bedeutung, wenn wir uns in einer veränderten Welt zurechtfinden und in sie hineinwachsen wollen. Dieses Buch befasst sich mit den verschiedenen Arbeitsumgebungen - Präsenz- , Hybrid- oder Fernarbeit - und untersucht, welche davon leistungsfähige Kulturen fördern. Die Pandemie hat die Landschaft unserer Arbeitsplätze unwiderruflich verändert, und das Verständnis dieser Veränderungen ist für jede Führungskraft, die Spitzenleistungen anstrebt, von entscheidender Bedeutung.

Agilität ist zu einem branchenübergreifenden Schlagwort geworden, aber seine Auswirkungen sind tiefgreifend. "Leadership Transformed" ist eine Reise in das Wesen der Agilität in der Führung - wie können wir anpassungsfähiger, reaktionsfähiger und widerstandsfähiger sein, unabhängig von der Branche oder dem Sektor, in dem wir tätig sind?

Komplexe menschliche Interaktionen am Arbeitsplatz bilden den Kern der organisatorischen Dynamik. Dieses Buch soll diese Komplexität entschlüsseln und Einblicke geben, wie Führungskräfte vielfältige, multikulturelle Belegschaften effektiv verwalten und führen können. Die Vielfalt in einem Team kann seine größte Stärke sein, wenn sie richtig genutzt wird, und dieses

Buch bietet Strategien und Perspektiven, um genau das zu erreichen.

Wir stehen an der Schwelle zu einer technologischen Revolution, bei der generative KI und andere fortschrittliche Technologien den Umfang und die Herangehensweise von Führungskräften neu definieren. "Leadership Transformed" befasst sich nicht nur mit den Auswirkungen dieser Technologien auf die Führungsfähigkeiten, sondern untersucht auch, wie Führungskräfte diese Fortschritte nutzen können, um die Entscheidungsfindung zu verbessern, die Effizienz zu steigern und Innovationen zu fördern.

Dieses Buch ist mehr als nur eine Sammlung von Theorien und Ideen; es ist ein Kompendium von Antworten, Strategien und Einsichten, die aus umfangreichen Untersuchungen und praktischen Erfahrungen gewonnen wurden. Es richtet sich an Führungskräfte, die ihren Ansatz verändern, sich an die sich verändernde Welt anpassen und in ihren Organisationen einen nachhaltigen Einfluss hinterlassen wollen.

Beim Durchblättern dieser Seiten werden Sie feststellen, dass Sie mit dem Wissen ausgestattet sind, das Sie benötigen, um einige der dringlichsten Herausforderungen und Chancen im Bereich der modernen Führung und des Organisationsverhaltens zu bewältigen. "Leadership Transformed" ist Ihr Leitfaden, um die Komplexität der heutigen (und zukünftigen) Führungslandschaft zu bewältigen.

Einführung

In den letzten Jahren hat sich die Welt der Führung durch rasante technologische Fortschritte, globale wirtschaftliche Schwankungen und unvorhergesehene Herausforderungen wie die COVID-19-Pandemie grundlegend verändert. Diese Veränderungen haben nicht nur die Art und Weise verändert, wie wir unsere Geschäfte führen, sondern auch die Struktur der Führung neu gestaltet.

Die Führungskräfte von heute bewegen sich in einer von Komplexität und Unsicherheit geprägten Zeit, in der traditionelle Führungsmodelle und -strategien in Frage gestellt und neu definiert werden. Die zunehmende globale Vernetzung, der Aufstieg einer sozial- und umweltbewussten Generation und das unerbittliche Innovationstempo erfordern einen neuen Führungsansatz - einen, der anpassungsfähig, einfühlsam und belastbar ist.

In dieser Einführung sollen die Konturen dieser sich verändernden Führungslandschaft kurz beleuchtet werden. Wir werden den Bedarf an neuen Strategien und Ansätzen untersuchen, mit denen die Komplexität unserer globalen, vernetzten Welt wirksam bewältigt werden kann. Dabei geht es nicht nur darum, diese Veränderungen zu überstehen, sondern inmitten dieser Veränderungen zu gedeihen und die Herausforderungen als Chancen für Wachstum und Innovation zu nutzen.

Im weiteren Verlauf werden wir uns damit befassen, dass Führung nicht mehr auf die oberen Ränge der Unternehmenshierarchien beschränkt ist. Sie ist zu einem dynamischen, integrativen Prozess geworden, der auf allen Ebenen einer Organisation und darüber hinaus Wirkung zeigt. In dieser neuen Ära geht es bei der Führung darum, die Zusammenarbeit zu fördern, den Wandel voranzutreiben und eine gemeinsame Vision inmitten einer vielfältigen und oft verstreuten Belegschaft zu inspirieren. Die Integration fortschrittlicher Technologien, der

Paradigmenwechsel in der Arbeitswelt (von traditionellen Büroräumen zu Remote- und Hybridmodellen) und die zunehmende Betonung der sozialen und ökologischen Verantwortung haben der Führungsrolle neue Dimensionen verliehen.

Führungskräfte müssen heute Visionäre sein, die in der Lage sind, künftige Trends zu antizipieren und ihre Organisationen darauf vorzubereiten, sich proaktiv an diese Veränderungen anzupassen. Sie müssen Innovatoren sein, die Technologie nicht nur als Mittel zur Effizienzsteigerung, sondern als Katalysator für den Wandel begreifen. Und vor allem müssen sie als Bindeglied fungieren und unterschiedliche Kulturen, Generationen und Regionen miteinander verbinden, um kohärente und effiziente Teams zu bilden.

Wir laden Sie, den Leser, dazu ein, diese neuen Bereiche der Führung zu erkunden. Es ist ein Leitfaden für aktuelle und angehende Führungskräfte, um die Herausforderungen zu meistern und die Chancen dieser sich ständig weiterentwickelnden Landschaft zu nutzen. Unser Ziel ist es, Sie mit dem Wissen, den Strategien und den Einsichten auszustatten, die Sie benötigen, um im 21. Jahrhundert hervorragend zu führen.

Das Hauptziel des Buches ist es, den Lesern ein tiefes Verständnis und umsetzbare Einblicke in den Bereich der effektiven Führung in modernen Organisationen zu vermitteln. Dieses Buch ist so konzipiert, dass es denjenigen als Kompass dient, die sich in den oft turbulenten Gewässern der modernen Führung bewegen.

Im Kern geht es uns darum, die Kluft zwischen traditionellen Führungskonzepten und den Anforderungen des heutigen schnelllebigen, vielfältigen und sich ständig weiterentwickelnden globalen Geschäftsumfelds zu überbrücken. Das Buch bietet eine zukunftsorientierte Perspektive und erkennt an, dass sich die Herausforderungen, mit denen Führungskräfte heute konfrontiert sind, stark von denen der Vergangenheit unterscheiden. Es bietet einen Fahrplan für die Anpassung an diese Veränderungen, um nicht nur zurechtzukommen, sondern zu gedeihen.

Die in diesem Buch vorgestellten Erkenntnisse und Strategien basieren auf einer Kombination aus rigoroser akademischer Forschung, Fallstudien aus der Praxis und den neuesten Trends im Bereich Führung und Organisationsverhalten. Jedes Kapitel ist sorgfältig ausgearbeitet, um verschiedene Aspekte der Führung zu beleuchten, von der Motivation von Teams in einem hybriden Arbeitsumfeld über die Führung multikultureller Belegschaften bis hin zur Nutzung technologischer Fortschritte wie generativer KI.

Eines der Hauptziele dieses Buches ist es, Führungskräften auf allen Ebenen - ob Sie nun ein kleines Team leiten oder ein multinationales Unternehmen führen - die Werkzeuge und das Wissen an die Hand zu geben, um in ihrem jeweiligen Bereich effektiv zu führen. Es geht über rein theoretische Diskussionen hinaus und bietet praktische Strategien, Beispiele und Aktionspläne, die in realen Szenarien umgesetzt werden können.

Das Buch erkennt auch die Bedeutung von persönlichem Wachstum und kontinuierlichem Lernen in der Führung an. Es ermutigt die Leser, über ihren eigenen Führungsstil nachzudenken, sich selbst zu verbessern und die nötige Widerstandsfähigkeit und Anpassungsfähigkeit zu entwickeln, um in einer sich ständig verändernden Welt erfolgreich zu führen. Wir legen großen Wert auf das menschliche Element der Führung. Es wird untersucht, wie Führungskräfte eine Kultur der Inklusion, des Einfühlungsvermögens und der ethischen Praxis fördern können, die für den Aufbau von Vertrauen und den langfristigen Erfolg einer Organisation unerlässlich sind.

Leadership Transformed" soll als umfassender Leitfaden für derzeitige und künftige Führungskräfte dienen. Es soll eine neue Generation von Führungskräften inspirieren, die in der Lage ist, die Komplexität moderner Organisationen zu bewältigen, Innovationen voranzutreiben und einen positiven und nachhaltigen Einfluss auf ihre Branchen und Gemeinschaften auszuüben. Dieses Buch ist eine Einladung, sich auf eine Reise der Transformation von Führungskräften zu begeben, die mit den Werten und Anforderungen unserer Zeit in Einklang steht.

Um das Wesen der Führung vollständig zu erfassen, muss man sich auf eine Reise durch die Geschichte und die verschiedenen Kulturen begeben. Das Konzept und die Praxis der Führung haben sich im Laufe der Zeit dramatisch entwickelt und unterscheiden sich in verschiedenen globalen Kontexten erheblich. Die historische Entwicklung der Führungstheorien bietet ein faszinierendes Bild der sich wandelnden Auffassungen und Praktiken. Zu Beginn des 20. Jahrhunderts dominierte die Theorie des großen Mannes (der großen Frau), die davon ausging, dass Führungspersönlichkeiten von Natur aus geboren und nicht geschaffen werden und dass Führungsqualitäten nur wenigen Auserwählten zu eigen sind. Diese Sichtweise verlagerte sich allmählich auf die Eigenschaftstheorie, die versuchte, spezifische Qualitäten zu identifizieren, die effektive Führungskräfte auszeichneten, wie Intelligenz und Charisma.

Im weiteren Verlauf des Jahrhunderts rückten die Verhaltenstheorien in den Mittelpunkt. Diese Theorien gingen davon aus, dass wirksame Führung nicht nur auf angeborenen Eigenschaften beruht, sondern vielmehr auf erlernten Verhaltensweisen. Es entstanden verschiedene Führungsstile, darunter der demokratische, der Laissez-faire- und der autokratische, die jeweils unterschiedliche Ansätze für das Führungsverhalten vorschlugen.

Im späten 20. Jahrhundert setzten sich die Kontingenztheorien durch, die davon ausgingen, dass es keine einheitliche beste Art der Führung gibt. Diese Theorien, wie auch die Situative Führungstheorie, besagen, dass eine effektive Führung von verschiedenen Faktoren abhängt, einschließlich der Art der Aufgabe, des Umfelds und der Bedürfnisse des Teams.

Führung ist ein Konzept, das Grenzen überschreitet, aber auch stark von kulturellen Kontexten beeinflusst wird. In westlichen Kulturen werden bei der Führung oft Individualismus und demokratische Grundsätze betont, im Gegensatz zu östlichen Ansätzen, bei denen kollektives Wohlbefinden und hierarchischer Respekt stärker ausgeprägt sind.

In Regionen wie Afrika und Lateinamerika ist Führung oft mit Gemeinschaft und Familie verwoben, wobei der Schwerpunkt auf relationaler und gemeinschaftlicher Führung liegt. In den nordischen Ländern hingegen ist die Führung eher egalitär und partizipativ. Um Führung zu verstehen, müssen diese historischen und globalen Erkenntnisse zusammengeführt werden. Dabei wird deutlich, dass Führung kein statisches Konzept ist; sie ist dynamisch und kontextabhängig. In dem Maße, wie sich Gesellschaften weiterentwickeln und Kulturen sich vermischen, insbesondere im Zeitalter der digitalen Kommunikation und der Globalisierung, verändern sich auch die Anforderungen an die Führung.

Effektive Führung bedeutet heute, anpassungsfähig und integrativ zu sein, die Nuancen verschiedener kultureller Hintergründe und historischer Kontexte zu verstehen und auf die sich ständig verändernde globale Landschaft zu reagieren. Diese breit gefächerte Perspektive bildet die Grundlage für eine tiefere Erforschung der Führung in der heutigen Zeit und unterstreicht die Notwendigkeit flexibler, kulturell sensibler und innovativer Führungsansätze.

Führung, die grundsätzlich als dynamischer und relationaler Prozess verstanden wird, geht über die konventionellen Grenzen von direktivem Management und hierarchischer Kontrolle hinaus. Dieses Konzept unterstreicht die Bedeutung der Interaktion, der Zusammenarbeit und der Verfolgung gemeinsamer Ziele und stellt Führung nicht als eine statische Rolle dar, sondern als eine Reise, die von kontinuierlicher Entwicklung und Veränderung geprägt ist.

Das Herzstück der Führungsarbeit ist die Beziehungsebene. Es geht darum, Verbindungen zu knüpfen, sich in die Teammitglieder einzufühlen und einen Sinn für gemeinsame Ziele zu entwickeln. Dieser Aspekt der Führung hebt sie über das reine Aufgabenmanagement hinaus; es geht darum, ein Umfeld zu schaffen, das eine effektive Zusammenarbeit und den gemeinsamen Erfolg fördert. Ein wesentlicher Bestandteil dieses beziehungsorientierten Ansatzes ist die emotionale Intelligenz -

die Fähigkeit von Führungskräften, Beziehungen zu verstehen, sich in sie einzufühlen und sie mit Sensibilität und Einsicht zu gestalten. Dies schafft eine Kultur, die auf Vertrauen, Respekt und gegenseitiger Unterstützung beruht. Die vielschichtigen Dimensionen der Führung erweitern ihren Anwendungsbereich noch weiter. Sie umfasst strategisches Denken, bei dem die Führungspersönlichkeiten nicht nur die Zukunft vorhersehen, sondern auch einen praktischen Weg dorthin einschlagen. Eine weitere wichtige Facette ist die Entscheidungsfindung, bei der es darum geht, Entscheidungen zu treffen, die mit den Werten und Zielen der Organisation in Einklang stehen. Darüber hinaus umfasst Führung auch Mentoring und Coaching, um Teams zu individuellem und kollektivem Wachstum zu führen.

Ein zentraler Aspekt moderner Führung ist die Rolle, die sie beim Management von Vielfalt und bei der Förderung von Inklusivität spielt. In einer globalisierten Welt arbeiten Führungskräfte oft in einem kulturübergreifenden Umfeld und leiten Teams mit unterschiedlichen Hintergründen und Perspektiven. Die Akzeptanz und Nutzung dieser Vielfalt ist für den Erfolg und die Innovation eines Unternehmens von entscheidender Bedeutung.

Führung als relationaler Prozess ist umfassend und umfasst eine Reihe von Fähigkeiten und Eigenschaften, die über das traditionelle Management hinausgehen. Es geht um den Aufbau von Beziehungen, strategische Visionen, integrative Entscheidungsfindung und die Schaffung eines Umfelds, in dem sowohl Einzelpersonen als auch Teams Höchstleistungen erbringen können. Diese Sichtweise ist der Schlüssel zum Verständnis der Dynamik moderner Organisationen und zur Steuerung ihres Erfolgs in einer sich ständig weiterentwickelnden Landschaft.

Effektive Führung und Gefolgschaft werden durch eine Kombination von wesentlichen Eigenschaften, Fähigkeiten und Einstellungen untermauert, die zum Erfolg und zur Gesundheit jeder Organisation beitragen. Diese Elemente sind entscheidend dafür, wie Führungskräfte und ihre Teams interagieren, Herausforderungen meistern und Ziele erreichen.

Eigenschaften effektiver Führungspersönlichkeiten und Gefolgsleute

- Integrität: Sowohl Führungskräfte als auch Mitarbeiter müssen einen ausgeprägten Sinn für Integrität haben. Von Führungskräften wird erwartet, dass sie in ihrem Handeln ehrlich und transparent sind und der Organisation einen moralischen Kompass vorgeben. Ebenso tragen integre Mitarbeiter zu einem vertrauenswürdigen und ethischen Arbeitsumfeld bei.

- Empathie: Die Fähigkeit, die Gefühle anderer zu verstehen und zu teilen, ist von entscheidender Bedeutung. Einfühlsame Führungskräfte können starke Beziehungen aufbauen, die Bedürfnisse der Teammitglieder verstehen und eine unterstützende Kultur fördern. Auch die Gefolgschaft profitiert von Empathie, da sie die Teamarbeit und Kooperation fördert.

- Widerstandsfähigkeit: Angesichts von Rückschlägen oder Misserfolgen ermöglicht es die Resilienz Führungskräften und Mitarbeitern gleichermaßen, sich zu erholen und aus ihren Erfahrungen zu lernen. Diese Eigenschaft ist wichtig, um die Höhen und Tiefen des Organisationslebens zu meistern.

Fähigkeiten effektiver Führungskräfte und Gefolgsleute

- Kommunikation: Effektive Kommunikationsfähigkeiten sind von entscheidender Bedeutung. Führungskräfte müssen in der Lage sein, ihre Visionen zu vermitteln, klare Anweisungen zu geben und auf Feedback zu hören. Die Mitarbeiter brauchen gute Kommunikationsfähigkeiten, um Anweisungen zu verstehen, sinnvolles Feedback zu geben und einen konstruktiven Dialog zu führen.

- Problemlösung: Führungspersönlichkeiten müssen oft schwierige Entscheidungen treffen und komplexe Probleme lösen. Ebenso sind Mitstreiter, die kritisch denken und

Lösungen anbieten können, von unschätzbarem Wert für ein Team.

- Anpassungsfähigkeit: Die Fähigkeit, sich an veränderte Umstände und Umgebungen anzupassen, ist sowohl für Führungskräfte als auch für Mitarbeiter von entscheidender Bedeutung. Diese Fähigkeit stellt sicher, dass das Team Strategien oder Prozesse bei Bedarf effektiv umstellen kann.

Einstellungen von effektiven Führungskräften und Gefolgsleuten

- Offenheit für das Lernen: Eine Führungskraft, die offen für Lernen und Entwicklung ist, ist ein positives Beispiel für ihr Team und fördert eine Kultur der ständigen Verbesserung. Nachfolger mit einer ähnlichen Einstellung tragen zu einem Umfeld bei, in dem Wachstum gefördert und geschätzt wird.

- Geist der Zusammenarbeit: Erfolgreiche Führungskräfte und Mitarbeiter wissen um die Bedeutung der Zusammenarbeit. Führungskräfte, die Teamarbeit fördern, sorgen für eine integrative Atmosphäre, während Mitarbeiter, die zur Zusammenarbeit bereit sind, zu einem kohärenteren und effektiveren Team beitragen.

- Rechenschaftspflicht: Führungskräfte sollten sich selbst für ihre Entscheidungen und Handlungen verantworten und damit einen Präzedenzfall für ihre Untergebenen schaffen. Gleichermaßen stärken Nachfolger, die Verantwortung für ihre Arbeit und ihr Handeln übernehmen, die Gesamtleistung des Teams.

Die Mischung aus diesen Eigenschaften, Fähigkeiten und Einstellungen bei Führungskräften und Mitarbeitern schafft eine synergetische Beziehung, die den Erfolg des Unternehmens fördert. Effektive Führung ist nicht nur eine Frage der Führungskraft; es geht auch darum, ein Team von effektiven Mitarbeitern zu fördern, die eine gemeinsame Vision und gemeinsame Werte teilen.

Führung, die von Natur aus anpassungsfähig ist, zeigt sich in verschiedenen Umgebungen unterschiedlich und spiegelt die einzigartigen Herausforderungen und die Dynamik der jeweiligen Umgebung wider. In Teamumgebungen ist Führung oft durch direkte Interaktion und einen praxisorientierten Ansatz gekennzeichnet. Effektive Teamleiter zeichnen sich dadurch aus, dass sie die Stärken jedes Einzelnen erkennen, die Zusammenarbeit fördern und für eine klare Kommunikation sorgen. Die intime Größe von Teams ermöglicht oft einen partizipativen Führungsstil, bei dem der Beitrag eines jeden Mitglieds entscheidend ist und geschätzt wird.

Wenn sich der Aufgabenbereich auf die Organisationsebene ausweitet, nimmt die Führung einen eher strategischen Charakter an. Hier sind die Führungskräfte damit betraut, die Feinheiten der Organisationsstrukturen, -kulturen und -politik zu durchschauen. Sie sind dafür verantwortlich, Visionen zu entwickeln, die Ziele der Organisation mit übergeordneten Werten in Einklang zu bringen und bedeutende Veränderungsinitiativen voranzutreiben. Dieser größere Maßstab verlangt von den Führungskräften ein Gleichgewicht zwischen internem Management und externen Faktoren wie Markttrends und Wettbewerb, was eine Mischung aus visionärem Denken und operativem Scharfsinn erfordert.

Auf gesellschaftlicher Ebene geht Führung über die Grenzen einer Organisation hinaus und umfasst die Leitung und Beeinflussung breiterer Bevölkerungsschichten. Führungskräfte in diesem Bereich müssen ein tiefgreifendes Verständnis der sozialen Dynamik, der öffentlichen Politik und der wirtschaftlichen Trends besitzen. Ihre Entscheidungen und Handlungen prägen oft die öffentliche Meinung, die Politik und soziale Bewegungen und erfordern eine Vision, die weit über den unmittelbaren Horizont hinausreicht. Diese Form der Führung ist mit einer großen ethischen Verantwortung verbunden, da ihre Auswirkungen weitreichend und oft von Dauer sind.

Der Schlüssel zu effektiver Führung in diesen unterschiedlichen Kontexten liegt in der Anpassungsfähigkeit. Der Ansatz, der in einem kleinen Team funktioniert und auf Zusammenarbeit und gemeinsame Verantwortung ausgerichtet ist, muss möglicherweise in einer größeren Organisation angepasst werden, in der direktere Strategien erforderlich sind. Ebenso steht das breit angelegte, visionäre Denken, das für die gesellschaftliche Führung unerlässlich ist, im Gegensatz zu der stärker fokussierten, operativen Denkweise, die auf Team- oder Organisationsebene erforderlich ist.

Führung ist ein vielschichtiges Unterfangen, das seine Form und Gestalt dem jeweiligen Kontext anpasst, in dem es stattfindet. Ob es sich um die Führung eines Teams oder einer Organisation handelt oder um die Beeinflussung des gesellschaftlichen Wandels, effektive Führung erfordert ein Verständnis der einzigartigen Herausforderungen und Chancen, die in jedem Umfeld vorhanden sind. Diese Anpassungsfähigkeit stellt sicher, dass Führungskräfte in der Lage sind, ihre jeweiligen Bereiche effektiv zu steuern und zum Erfolg und zu einer sinnvollen Wirkung zu führen.

Der Einfluss des technologischen Fortschritts auf Führungsstile und -strategien ist tiefgreifend und weitreichend. Im modernen Zeitalter ist die Technologie nicht nur ein Werkzeug für die betriebliche Effizienz, sondern ein entscheidender Faktor für die Art und Weise, wie Führungskräfte kommunizieren, Entscheidungen treffen und Strategien für die Zukunft entwickeln.

Eine der wichtigsten Auswirkungen der Technologie auf die Führung liegt im Bereich der Kommunikation. Digitale Plattformen, soziale Medien und Tools für die Zusammenarbeit haben die Art und Weise revolutioniert, wie Führungskräfte mit ihren Teams und Interessengruppen interagieren. Diese Technologien ermöglichen eine schnellere, effizientere und oft auch transparentere Kommunikation. Sie ermöglichen es den Führungskräften, mit ihren Teams unabhängig von geografischen Grenzen in Kontakt zu treten, was zu einem integrativeren und vielfältigeren Arbeitsplatz führt.

Auch die Entscheidungsprozesse haben sich durch die Technologie verändert. Die Verfügbarkeit von Big Data und fortschrittlichen Analysetools ermöglicht es Führungskräften, fundiertere, datengestützte Entscheidungen zu treffen. Durch den Einsatz dieser Technologien können Führungskräfte tiefere Einblicke in Markttrends, Kundenpräferenzen und interne Leistungskennzahlen gewinnen, was zu einer strategischeren und effektiveren Entscheidungsfindung führt.

Die Technologie hat neue Führungsstrategien ermöglicht, insbesondere im Hinblick auf Fernarbeit und flexible Arbeitsregelungen. Das Aufkommen von Fernarbeitstechnologien hat es Führungskräften ermöglicht, verstreute Teams effektiv zu managen, traditionelle Bürogrenzen zu überwinden und eine neue Dynamik in der Teamleitung und Zusammenarbeit einzuführen. Dies verlangt von den Führungskräften eine größere Anpassungsfähigkeit und Flexibilität. Der rasante technologische Wandel bedeutet, dass Führungskräfte sich ständig weiterbilden und über neue Tools und Trends, die sich auf ihr Unternehmen auswirken können, auf dem Laufenden bleiben müssen. Sie müssen in der Lage sein, ihre Organisationen durch die digitale Transformation zu führen, die oft erhebliche kulturelle und betriebliche Veränderungen erfordert.

Im Zusammenhang mit Innovation befähigt Technologie Führungskräfte, eine Innovationskultur in ihren Unternehmen zu fördern. Indem sie den technologischen Fortschritt nutzen, können sie Experimente fördern, neue Ideen unterstützen und Innovationen vorantreiben, um einen Wettbewerbsvorteil in ihrer jeweiligen Branche zu erhalten.
Die Globalisierung hat erhebliche Auswirkungen auf Führungspraktiken und -theorien und verändert die Art und Weise, wie Führungskräfte in der heutigen vernetzten Welt agieren, grundlegend. Die zunehmende Integration von Volkswirtschaften, Kulturen und Menschen, die die Globalisierung mit sich bringt, verlangt von Führungskräften, sich in einer komplexeren und vielfältigeren globalen Landschaft zurechtzufinden.

Eine der wichtigsten Auswirkungen der Globalisierung auf die Führungsarbeit ist der Bedarf an kultureller Intelligenz und

Sensibilität. Führungskräfte müssen heute in der Lage sein, unterschiedliche kulturelle Normen, Praktiken und Perspektiven zu verstehen und zu respektieren. Diese Fähigkeit ist für eine effektive Kommunikation, Teambildung und Konfliktlösung in einem multikulturellen Umfeld unerlässlich. Führungskräfte müssen in der Lage sein, ihren Stil und ihre Herangehensweise anzupassen, um in verschiedenen kulturellen Kontexten erfolgreich zu sein.

Eine weitere Folge der Globalisierung ist die Ausdehnung der organisatorischen Abläufe über Grenzen hinweg. Führungskräfte müssen oft geografisch verstreute Teams oder multinationale Unternehmen leiten. Dies erfordert ein differenziertes Verständnis der globalen Märkte sowie die Fähigkeit, entfernte Teams mit oft unterschiedlichen Arbeitsstilen und Zeitzonen effektiv zu managen.

Die Globalisierung hat auch die Führungstheorien beeinflusst, indem sie die Bedeutung von kooperativen und partizipativen Führungsstilen hervorhebt. In einer globalisierten Welt ist eine hierarchische Führung von oben nach unten weniger effektiv. Stattdessen wird von den Führungskräften erwartet, dass sie die Zusammenarbeit fördern, den Beitrag der verschiedenen Teammitglieder unterstützen und integrative Entscheidungsprozesse erleichtern. Die Globalisierung hat den Wettbewerb verschärft und rasche Marktveränderungen mit sich gebracht, die eine agile und anpassungsfähige Führung erfordern. Führungskräfte müssen in der Lage sein, schnell auf globale Markttrends, wirtschaftliche Veränderungen und internationale Ereignisse zu reagieren. Dieses Umfeld verlangt von den Führungskräften nicht nur strategisches Denken, sondern auch die Fähigkeit, rasche Veränderungen und Innovationen umzusetzen.

Ethische Führung hat im Kontext der Globalisierung an Bedeutung gewonnen. Führungskräfte müssen heute die globalen Auswirkungen ihrer Entscheidungen berücksichtigen, einschließlich ökologischer, sozialer und Governance-Aspekte. Ethische Erwägungen, die soziale Verantwortung von Unternehmen und die Nachhaltigkeit spielen bei

Führungspraktiken und -entscheidungen eine immer größere Rolle.

Die Globalisierung hat den Bereich der Führung erweitert und neue Herausforderungen und Chancen mit sich gebracht. Die Führungskräfte von heute müssen kulturell intelligent sein, mit Vielfalt umgehen können, flexibel in ihrer Entscheidungsfindung sein und sich ethischen Standards verpflichten, die auf globaler Ebene Gültigkeit haben. Diese Veränderungen haben zu einem Wandel der Führungspraktiken und -theorien geführt, wobei Anpassungsfähigkeit, Zusammenarbeit und ethische Verantwortung in einem globalen Kontext im Vordergrund stehen.

Die COVID-19-Pandemie hatte tiefgreifende und unmittelbare Auswirkungen auf die Organisationsstrukturen und die Führungsrolle, was zu einer raschen und oft drastischen Neubewertung der Arbeitsweise von Unternehmen und der Art und Weise, wie Führungskräfte ihre Teams führen, geführt hat. Der Ausbruch der Pandemie brachte beispiellose Herausforderungen mit sich, die sowohl von den Unternehmen als auch von ihren Führungskräften eine schnelle Anpassung und Widerstandsfähigkeit erforderten.

Eine der wichtigsten unmittelbaren Auswirkungen war die Umstellung auf Telearbeit. Als die Regierungen Schließungen und soziale Distanzierungsmaßnahmen verhängten, mussten die Unternehmen schnell auf ein Modell der Telearbeit umstellen. Dieser Wandel brach die traditionellen Bürostrukturen auf und verlangte von den Führungskräften, Teams virtuell zu führen. Die Umstellung stellte logistische Herausforderungen in Bezug auf die technologische Infrastruktur dar und erforderte eine Änderung der Kommunikationsstile und -methoden.

Als Reaktion auf die Pandemie veränderten sich auch die Führungsaufgaben. Es wurde mehr Wert auf eine einfühlsame und unterstützende Führung gelegt, da die Führungskräfte sich nicht nur um das berufliche, sondern auch um das persönliche und emotionale Wohlbefinden ihrer Mitarbeiter kümmern mussten.

Die Krise machte deutlich, dass Führungskräfte mehr sein mussten als nur Entscheidungsträger; sie mussten angesichts von Ungewissheit und Stress mitfühlend, kommunikativ und motivierend sein.

Die Pandemie beschleunigte auch die Einführung von digitalen Technologien. Unternehmen mussten schnell digitale Tools für die Zusammenarbeit, die Kommunikation und den Betrieb einführen, um die Kontinuität zu wahren. Dieser digitale Wandel zwang die Führungskräfte, sich schnell weiterzubilden und diese Technologien zu nutzen, nicht nur, um die betriebliche Effizienz zu steigern, sondern auch, um den Zusammenhalt und die Moral der Teams zu erhalten.

Eine weitere unmittelbare Auswirkung betraf die Entscheidungsprozesse. Die rasche Entwicklung der Pandemie erforderte von den Führungskräften schnelle und oft schwierige Entscheidungen in Bezug auf den Geschäftsbetrieb, die Sicherheit der Mitarbeiter und die Finanzverwaltung. Diese Situation erforderte einen agileren und reaktionsfähigeren Führungsansatz, bei dem der Schwerpunkt auf einer schnellen Entscheidungsfindung und Flexibilität lag.

Die organisatorischen Strukturen wurden fließender und weniger hierarchisch. Die Krise machte es erforderlich, Silos aufzubrechen und zu mehr kooperativen und funktionsübergreifenden Teams überzugehen. Die Führungskräfte mussten eine Kultur der Innovation und Anpassungsfähigkeit fördern und die Teams ermutigen, neue Lösungen für noch nie dagewesene Probleme zu finden.

Die Pandemie hat deutlich gemacht, wie wichtig Krisenmanagement und Notfallplanung in Führungspositionen sind. Die Führungskräfte mussten wirksame Strategien für das Krisenmanagement entwickeln und umsetzen, die eine klare Kommunikation und eine rasche Reaktion auf die veränderte Situation gewährleisten. Dieser Aspekt der Führung umfasste nicht nur die Steuerung der Organisation durch die Krise, sondern auch die Vorbereitung auf die Erholung nach der Pandemie und die zukünftige Widerstandsfähigkeit.

Die COVID-19-Pandemie hat langfristige Veränderungen und Anpassungen in der Geschäftswelt ausgelöst, von denen einige wahrscheinlich weit über die unmittelbare Krise hinaus andauern werden. Diese Veränderungen haben die Landschaft der Arbeit, der Führung und der organisatorischen Dynamik umgestaltet.

Die vielleicht nachhaltigste Veränderung ist der weit verbreitete Wechsel zur Telearbeit. Was als vorübergehende Lösung begann, hat sich für viele Unternehmen zu einer neuen Norm entwickelt. Dieser Wandel hat erhebliche Auswirkungen auf die Arbeitsplatzkultur, die Kommunikationsmethoden und die Work-Life-Balance. Die Unternehmen überdenken ihren Bedarf an physischen Büroräumen, was zu einer Neubewertung von Immobilieninvestitionen und Bürokonzepten führt. Darüber hinaus hat dieser Wandel das Potenzial für eine flexiblere Belegschaft aufgezeigt, die den traditionellen 9-bis-5-Arbeitstag in Frage stellt und den Mitarbeitern eine größere Autonomie bei ihren Zeitplänen bietet.

Die Pandemie hat den digitalen Wandel in verschiedenen Sektoren beschleunigt. Unternehmen haben schnell digitale Tools und Plattformen für die Zusammenarbeit, das Projektmanagement, die Kundenbindung und den elektronischen Handel eingeführt. Dieser digitale Sprung nach vorn hat auch zu Veränderungen in der IT-Infrastruktur und bei den Cybersicherheitsmaßnahmen geführt, da die Unternehmen versuchen, die Arbeit an entfernten Standorten zu unterstützen und sich vor den zunehmenden Cyberbedrohungen zu schützen. Sowohl Führungskräfte als auch Mitarbeiter mussten sich weiterbilden, um sich an diese digitalen Tools anzupassen, was zu einer stärkeren Konzentration auf digitale Kompetenz und kontinuierliches Lernen in Unternehmen führte.

Auch die Erwartungen der Arbeitnehmer an ihre Arbeit haben sich weiterentwickelt. Es gibt eine steigende Nachfrage nach Flexibilität, Work-Life-Balance und einem größeren Fokus auf das Wohlbefinden der Mitarbeiter. Die Mitarbeiter wünschen sich sinnvollere und engagiertere Arbeitserfahrungen, bei denen ihre Beiträge anerkannt werden und ihr Wohlbefinden im Vordergrund steht. Dieser Wandel hat die Führungskräfte dazu veranlasst, der psychischen Gesundheit einen höheren Stellenwert einzuräumen, eine integrativere und solidarischere Arbeitsplatzkultur zu schaffen und die Leistungen und Richtlinien für Mitarbeiter zu überdenken.

Als Reaktion auf diese Veränderungen haben sich die Führungsrollen angepasst. Von Führungskräften wird nun erwartet, dass sie einfühlsamer, anpassungsfähiger und digital versierter sind. Sie müssen mit einer menschlichen Note führen und ein Gleichgewicht zwischen Produktivität, Einfühlungsvermögen und Verständnis schaffen. Die Pandemie hat gezeigt, wie wichtig eine transparente und häufige Kommunikation, Belastbarkeit angesichts von Unsicherheit und die Fähigkeit sind, Teams aus der Ferne zu inspirieren und zu motivieren.

Die Organisationsstrukturen sind agiler und weniger hierarchisch geworden. Der Schwerpunkt liegt stärker auf funktionsübergreifenden Teams, Dezentralisierung und Befähigung auf verschiedenen Ebenen. Die Unternehmen überdenken auch ihre Geschäftsmodelle und Strategien, um sich an das veränderte wirtschaftliche Umfeld anzupassen, wobei viele ihre Angebote diversifizieren oder ihre digitalen Dienste beschleunigen.

Die Pandemie hat die Vorstellungen von der Zukunft der Arbeit grundlegend verändert. Das Potenzial von Remote- und hybriden Arbeitsmodellen wird zunehmend erkannt, digitale Technologien werden stärker genutzt, und in den Unternehmensstrategien wird mehr Wert auf Flexibilität und Widerstandsfähigkeit gelegt. Die nachhaltigen Veränderungen und Anpassungen, die durch die COVID-19-Pandemie hervorgerufen wurden, haben die Bühne für eine neue Ära der Arbeit bereitet. Diese Ära ist gekennzeichnet durch Flexibilität, digitale Integration, sich verändernde Erwartungen der Mitarbeiter und ein neues Konzept für Führung und Organisationsstruktur. Bei diesen Veränderungen handelt es sich nicht nur um reaktive Maßnahmen, sondern sie prägen die künftige Entwicklung der Arbeitsweise und des Wettbewerbs von Unternehmen.

Im Zuge der laufenden Veränderungen, die insbesondere durch die COVID-19-Pandemie beschleunigt wurden, ist der Bedarf an anpassungsfähigen, flexiblen und beziehungsorientierten Führungsstilen größer denn je geworden. Die sich rasch entwickelnde Unternehmenslandschaft, die durch Unsicherheit und ständigen Wandel gekennzeichnet ist, erfordert Führungskräfte, die sich in einem solchen Umfeld nicht nur zurechtfinden, sondern auch erfolgreich sein können.

Anpassungsfähigkeit in der Führung bezieht sich auf die Fähigkeit, Strategien, Ziele und Taktiken als Reaktion auf sich ändernde Umstände anzupassen. Diese Eigenschaft ist in der dynamischen Geschäftswelt von heute unverzichtbar geworden. Anpassungsfähige Führungskräfte sind diejenigen, die schnell auf neue Herausforderungen, Möglichkeiten und Informationen reagieren können. Sie sind offen für neue Ideen, bereit, überholte Praktiken aufzugeben, und suchen ständig nach innovativen Lösungen. Anpassungsfähige Führungskräfte sind auch in der Lage, ihre Unternehmen durch Übergänge zu führen, sei es eine Umstellung auf Telearbeit, eine Änderung des Geschäftsmodells oder die Bewältigung von Marktschwankungen.

Flexibilität in der Führung geht Hand in Hand mit Anpassungsfähigkeit, konzentriert sich aber mehr auf die Bereitschaft und Fähigkeit, den eigenen Führungsstil und -ansatz je nach Situation und den Bedürfnissen des Teams zu ändern. Flexible Führungskräfte sind nicht auf einen einzigen Führungsstil festgelegt; sie können fließend zwischen autoritativen, kooperativen und unterstützenden Stilen wechseln, je nachdem, was der Kontext erfordert. Diese Flexibilität ist für die Führung vielfältiger Teams von entscheidender Bedeutung, da sie es den Führungskräften ermöglicht, auf die unterschiedlichen individuellen und kollektiven Bedürfnisse einzugehen und so ein integratives und effektives Arbeitsumfeld zu fördern.

Beziehungsorientierte Führung betont die Bedeutung des Aufbaus starker, positiver Beziehungen mit und zwischen den Teammitgliedern. Dazu gehört die Schaffung eines unterstützenden Umfelds, in dem offene Kommunikation, gegenseitiger Respekt und Vertrauen an erster Stelle stehen. In Zeiten des Wandels und der Ungewissheit ist relationale Führung noch wichtiger, da sie den Zusammenhalt und die Moral des Teams aufrechterhalten hilft. Führungskräfte, die Beziehungen in den Vordergrund stellen, können die Anliegen, Motivationen und Bedürfnisse ihrer Teammitglieder besser verstehen und so einfühlsamer und effektiver führen.

Navigation durch laufende Veränderungen

Die ständigen Veränderungen in der Geschäftswelt, einschließlich des technologischen Fortschritts, der sich wandelnden Marktbedingungen und der Veränderungen in der Arbeitsplatzdynamik, erfordern Führungskräfte, die diesen anpassungsfähigen, flexiblen und beziehungsorientierten Stil anwenden können. Solche Führungskräfte sind besser in der Lage, ihre Organisationen durch die Komplexität des modernen Geschäftsumfelds zu führen. Sie können eine Kultur der Agilität und Widerstandsfähigkeit fördern und sicherstellen, dass ihre Organisationen nicht nur auf Veränderungen reagieren, sondern auch proaktiv neue Chancen nutzen.

Ein anpassungsfähiger, flexibler und beziehungsorientierter Führungsstil ist in der heutigen, sich ständig verändernden Unternehmenslandschaft unerlässlich. Führungskräfte, die diese Qualitäten verkörpern, sind eher in der Lage, ihre Organisationen durch Ungewissheit zu navigieren, Innovationen zu fördern und starke, effektive Teams zu unterhalten. Da sich die Geschäftswelt ständig weiterentwickelt, werden diese Führungsstile für nachhaltigen Erfolg und Wachstum immer wichtiger werden.

In der sich schnell entwickelnden und oft unvorhersehbaren Geschäftswelt von heute ist die Fähigkeit einer Organisation, Resilienz und Agilität zu entwickeln, ein entscheidender Schwerpunkt für effektive Führung geworden. Organisatorische Resilienz ist die Fähigkeit, Widrigkeiten und Herausforderungen zu widerstehen, sich anzupassen und zu erholen, während Agilität bedeutet, schnell und effektiv auf Veränderungen zu reagieren. Diese beiden Qualitäten sind unerlässlich, um die Komplexität und Ungewissheit der modernen Unternehmenslandschaft zu bewältigen.

Bei der Widerstandsfähigkeit von Organisationen geht es nicht nur darum, Schwierigkeiten zu überstehen, sondern auch darum, gestärkt aus ihnen hervorzugehen. Dies erfordert eine Kultur, die Herausforderungen als Chancen für Lernen und Wachstum betrachtet. Führungskräfte spielen eine wichtige Rolle bei der Förderung dieser Widerstandsfähigkeit, indem sie eine Mentalität der kontinuierlichen Verbesserung und Anpassungsfähigkeit fördern. Dazu gehören die Förderung von Innovation, die Unterstützung von Risikobereitschaft und die Einbettung des Lernens aus Fehlern in die Struktur der Organisation. Resiliente Organisationen zeichnen sich auch durch robuste Netzwerke und Beziehungen aus, sowohl intern als auch extern, die in Krisenzeiten entscheidende Unterstützung bieten.

Neben der Widerstandsfähigkeit ist die Agilität in einem Unternehmen von größter Bedeutung. Sie umfasst mehr als nur Geschwindigkeit; es geht darum, flink und reaktionsschnell auf Marktveränderungen, technologische Fortschritte und sich verändernde Kundenpräferenzen zu reagieren. Agile Unternehmen können schnell auf neue Chancen oder Bedrohungen reagieren. Führungskräfte können diese Agilität kultivieren, indem sie Entscheidungsprozesse straffen, die Zusammenarbeit zwischen verschiedenen Funktionen fördern und ein Umfeld schaffen, in dem aktiv nach Feedback gesucht wird und dieses umgehend umgesetzt wird. Die Einführung von Technologien ist ebenfalls ein Schlüsselelement bei der Verbesserung der organisatorischen Agilität, da sie die Fähigkeit zur raschen Anpassung der Abläufe erleichtert.

Während sich die Resilienz auf Stabilität und Ausdauer und die Agilität auf Veränderung und Bewegung konzentriert, ergänzen sich diese Eigenschaften. Eine resiliente Organisation bietet ein stabiles Fundament, das für die Agilität erforderlich ist und bei

Bedarf eine rasche Bewegung und Anpassung ermöglicht. Umgekehrt kann Agilität die Resilienz stärken und sicherstellen, dass eine Organisation sich schnell und effektiv anpassen kann, um Herausforderungen zu bewältigen.

Effektive Führung bedeutet in diesem Zusammenhang, eine Kultur zu schaffen, die sowohl Stabilität als auch Dynamik in sich vereint. Es geht darum, eine Organisation aufzubauen, die in der Lage ist, Schocks zu überstehen und aus diesen Erfahrungen zu lernen, während sie gleichzeitig beweglich genug bleibt, um neue Chancen zu ergreifen. Dieser ausgewogene Ansatz wird immer wichtiger, um in einem sich ständig verändernden und komplexen Geschäftsumfeld nachhaltig erfolgreich zu sein.

Die wachsende Bedeutung von Inklusion und Vielfalt für eine effektive Führung wird in der heutigen Geschäftswelt zunehmend anerkannt. In einer Welt, die durch globale Verflechtungen und eine vielfältige Belegschaft gekennzeichnet ist, sind Führungskräfte, die sich Vielfalt und Inklusion zu eigen machen und nutzen, besser in der Lage, Innovation, Kreativität und Unternehmenserfolg voranzutreiben.

Unter Inklusivität in der Führung versteht man die Praxis, allen Mitgliedern einer Organisation das Gefühl zu geben, wertgeschätzt und einbezogen zu werden, unabhängig von ihrem Hintergrund, ihrer Identität oder ihrer Perspektive. Dieser Ansatz geht über bloße Toleranz oder Akzeptanz hinaus; er beinhaltet die aktive Suche, Wertschätzung und Nutzung der unterschiedlichen Fähigkeiten, Erfahrungen und Standpunkte, die jeder Einzelne mitbringt. Integrative Führungskräfte schaffen ein Umfeld, in dem Unterschiede gewürdigt werden und jeder Einzelne sich in der Lage fühlt, sein volles Potenzial zu entfalten.

Vielfalt in der Führung ist ebenso wichtig. Sie umfasst ein breites Spektrum von Dimensionen, einschließlich, aber nicht beschränkt auf Rasse, Geschlecht, Alter, ethnische Zugehörigkeit, sexuelle Orientierung und kulturellen Hintergrund. Vielfältige Führungsteams sind repräsentativer für die Gesellschaft im Allgemeinen und den globalen Markt. Sie bringen eine Vielzahl von Perspektiven und Problemlösungsansätzen mit, was zu einer innovativeren und effektiveren Entscheidungsfindung führen kann. Untersuchungen haben immer wieder gezeigt, dass Unternehmen mit einer vielfältigen Führungsmannschaft erfolgreicher sind, sich besser an Veränderungen anpassen und neue Chancen besser erkennen und nutzen können.

Die Vorteile von Inklusion und Vielfalt in der Führung gehen über die Grenzen des Unternehmens hinaus. Sie fördern ein positives und fortschrittliches Unternehmensimage, ziehen Talente aus einem größeren Pool an und sprechen einen breiteren Kundenstamm an. Auf dem heutigen sozial bewussten Markt bevorzugen Kunden und Auftraggeber oft Unternehmen, die sich für Vielfalt und Integration einsetzen.

Eine integrative und vielfältige Führung ist entscheidend für die Bewältigung der Komplexität eines globalisierten Geschäftsumfelds. Führungskräfte, die kulturelle Nuancen und globale Perspektiven verstehen und zu schätzen wissen, können internationale Teams besser leiten, neue Märkte erschließen und Produkte und Dienstleistungen entwickeln, die in allen Kulturen Anklang finden. Das Streben nach Inklusion und Vielfalt spiegelt auch einen breiteren gesellschaftlichen Wandel hin zu Gleichheit und sozialer Gerechtigkeit wider. Führungskräfte sind dafür verantwortlich, diesen Wandel in ihren Unternehmen voranzutreiben und Arbeitsplätze zu schaffen, die nicht nur vielfältig und integrativ, sondern auch gleichberechtigt und gerecht sind.

Unser Buch "Leadership Transformed: Strategies for the Next Generation of Organizational Excellence" ist so aufgebaut, dass es eine umfassende Untersuchung der modernen Führungsdynamik bietet. Im Folgenden finden Sie einen Überblick über die folgenden Kapitel, die sich jeweils auf ein Schlüsselthema oder einen Bereich konzentrieren, der für das Verständnis und die Ausübung einer effektiven Führung in der sich schnell verändernden Welt von heute entscheidend ist.

1. Führung und Motivation in einer Post-COVID-Welt: In diesem Kapitel wird untersucht, wie die Pandemie die Arbeits- und Führungslandschaft umgestaltet hat, wobei der Schwerpunkt auf neuen Motivationsansätzen und der sich wandelnden Rolle der Führungskräfte in diesen schwierigen Zeiten liegt.

2. Teamdynamik, Innovation und Fernarbeit: Dieses Kapitel befasst sich mit der Komplexität des Managements von Teams in einer entfernten oder hybriden Umgebung und untersucht Strategien zur Aufrechterhaltung von Innovation und Zusammenarbeit, wenn traditionelle Büroumgebungen nicht mehr die Norm sind.

3. Organisationskultur und agiles Änderungsmanagement: Hier liegt der Schwerpunkt auf der Bedeutung des Aufbaus einer anpassungsfähigen Organisationskultur, die in der Lage ist, rasch auf Veränderungen zu reagieren, und auf der Rolle der Führungskräfte, die ihre Organisationen durch diese Veränderungen führen.

4. Komplexe menschliche Verhaltensweisen und neue Arbeitsrealitäten: Dieses Kapitel bietet Einblicke in die komplexen menschlichen Verhaltensweisen innerhalb von Organisationen, insbesondere im Zusammenhang mit neuen Arbeitsrealitäten, die durch technologische Fortschritte und sich verändernde gesellschaftliche Normen geprägt sind.

5. Führung in unterschiedlichen und flexiblen Arbeitsformen: Dieses Kapitel befasst sich mit den Herausforderungen und Chancen, die sich durch unterschiedliche Arbeitsformen ergeben, und erörtert die Notwendigkeit von Führungsstilen, die flexibel sind und sich an unterschiedliche Arbeitsbedingungen und Teamzusammensetzungen anpassen lassen.

6. Vielfalt, Gleichberechtigung und Integration in der Führung: In diesem Kapitel wird die wachsende Bedeutung von Inklusion und Vielfalt hervorgehoben und untersucht, wie

Führungskräfte ein Umfeld fördern können, in dem unterschiedliche Perspektiven und Hintergründe geschätzt und genutzt werden.

7. Technologiegestützte Führung: Dieses Kapitel befasst sich mit den Auswirkungen des technologischen Fortschritts und erörtert, wie Führungskräfte die Technologie für eine bessere Entscheidungsfindung, höhere Effizienz und die Förderung einer Innovationskultur nutzen können.

8. Globale Führung in einem multikulturellen Umfeld: Dieses Kapitel befasst sich mit den Nuancen des Führens in einer globalisierten Welt und bietet Strategien für die Leitung multikultureller Teams und die Bewältigung der Komplexität des internationalen Geschäfts.

9. Neu entstehende Führungsansätze: Mit Blick auf die Zukunft stellt dieses Kapitel neue und aufkommende Führungstheorien und -praktiken vor und zeigt auf, wie sie angewandt werden können, um den Herausforderungen einer sich rasch verändernden Unternehmenslandschaft zu begegnen.

10. Schlussfolgerung: Die Zukunft der Führung: Das abschließende Kapitel fasst die wichtigsten Erkenntnisse des Buches zusammen und wirft einen Blick auf mögliche künftige Entwicklungen im Bereich Führung und Organisationsdynamik.

Jedes Kapitel von "Leadership Transformed" ist so konzipiert, dass es fundiertes Wissen, praktische Strategien und anregende Einsichten vermittelt und aktuelle und angehende Führungskräfte mit den notwendigen Werkzeugen ausstattet, um die Komplexität der modernen Organisationsführung zu bewältigen.

In unserem Buch werden die Leser auf eine aufschlussreiche Reise durch die facettenreiche Welt der modernen Führung eingeladen. Diese Reise bietet eine Fülle von praktischem Wissen, Strategien und Einsichten, die aktuellen und angehenden Führungskräften das nötige Rüstzeug an die Hand geben, um sich in der komplexen

Organisationslandschaft von heute zurechtzufinden und zu behaupten.

Im Laufe des Buches werden die Leser ein tieferes Verständnis dafür entwickeln, wie die COVID-19-Pandemie den Arbeitsplatz und die Führungsrolle neu gestaltet hat. Sie werden neue Ansätze kennenlernen, um Teams in einer Welt zu motivieren und einzubinden, die sich rasch zu Remote- und Hybrid-Arbeitsmodellen verlagert hat. Sie erhalten wertvolle Einblicke in die Aufrechterhaltung von Teamzusammenhalt und Produktivität trotz räumlicher Distanz.

Wir bieten Strategien für den Aufbau anpassungsfähiger und agiler Organisationskulturen. Die Leser erfahren, wie sie Veränderungen in einem schnelllebigen Umfeld effektiv bewältigen und die Widerstandsfähigkeit und Flexibilität ihrer Teams und Organisationen fördern können. Dieses Wissen ist für Führungskräfte, die ihre Teams durch Ungewissheiten und Herausforderungen führen wollen, von entscheidender Bedeutung. Zusätzlich zu diesen Strategien auf der Makroebene bietet das Buch einen detaillierten Einblick in das menschliche Verhalten im organisatorischen Umfeld. Die Leser lernen die Dynamik menschlicher Interaktionen bei der Arbeit kennen und erhalten Einblicke in effektive Kommunikation, Konfliktlösung und die Förderung eines kollaborativen Arbeitsumfelds.

Ein großer Teil des Buches ist dem Verständnis und der Umsetzung von integrativen und vielfältigen Führungspraktiken gewidmet. Die Leser lernen, wie wichtig es ist, ein Umfeld zu schaffen, in dem sich jedes Teammitglied wertgeschätzt fühlt, und wie unterschiedliche Perspektiven zu innovativeren Lösungen und einer stärkeren Unternehmensleistung führen können. Ein weiterer wichtiger Lernbereich sind die technologischen Fortschritte und ihre Auswirkungen auf die Führung. Das Buch zeigt den Lesern auf, wie Technologie Entscheidungsprozesse verbessern, die Effizienz steigern und Innovationen vorantreiben kann. Dieses Wissen ist von entscheidender Bedeutung für Führungskräfte, die Technologie zum Vorteil ihrer Organisation einsetzen wollen.

Für diejenigen, die sich in der globalen Geschäftswelt zurechtfinden müssen, bietet das Buch Strategien für die Führung vielfältiger und geografisch verteilter Teams und gibt Einblicke in die Komplexität und die Vorteile der globalen Führung. Mit Blick auf die Zukunft werden die Leser neue Führungstheorien und -praktiken erforschen, die sie auf die sich entwickelnden Herausforderungen der Geschäftswelt vorbereiten. Diese zukunftsorientierte Perspektive stellt sicher, dass Führungskräfte der Zeit voraus sind und in ihren Rollen weiter wachsen können.

Wir fassen diese Erkenntnisse zusammen und bieten den Lesern ein umfassendes Verständnis der modernen Führung. "Leadership Transformed" ist mehr als nur ein Leitfaden; es ist eine Ressource, die vollgepackt ist mit umsetzbaren Ratschlägen, Beispielen aus der Praxis und Denkanstößen, die Führungskräfte auf allen Ebenen inspirieren und befähigen werden. Die Leser können davon ausgehen, dass sie das Buch mit einem besseren Verständnis dessen abschließen, was es heute bedeutet, eine Führungskraft zu sein, und wie sie diese Lektionen anwenden können, um in ihrer eigenen beruflichen Laufbahn mit größerer Wirkung, Widerstandsfähigkeit und Vision zu führen.

In diesem Einführungskapitel haben wir den grundlegenden Rahmen für das Verständnis des komplexen und dynamischen Charakters der modernen Führung geschaffen. Zu Beginn des Kapitels wurde der Rahmen abgesteckt, indem die sich entwickelnde Welt der Führung hervorgehoben und die Notwendigkeit neuer Strategien und Ansätze angesichts der globalen Veränderungen und Herausforderungen betont wurde. Anschließend wurde die historische und globale Perspektive der Führung untersucht und die Entwicklung der Führungstheorien und -praktiken von ihren frühen Anfängen bis zu ihrem heutigen Stand nachgezeichnet. Dieser Überblick diente als Hintergrund, um zu verstehen, wie sich Führung über verschiedene Kulturen und Epochen hinweg angepasst und verändert hat. Anschließend wurde das Konzept der Führung als dynamischer und relationaler Prozess vorgestellt. Es wurde die Vielschichtigkeit von Führung erörtert und dargelegt, dass zu einer effektiven Führung nicht nur die Leitung oder das Management gehört, sondern auch die Pflege von Beziehungen, das Verständnis der Teamdynamik und die Anpassung an verschiedene Situationen.

In diesem Kapitel wurden auch die wesentlichen Eigenschaften, Fähigkeiten und Haltungen untersucht, die eine effektive Führung und Nachfolge ausmachen. In der Diskussion wurden Eigenschaften wie Integrität, Einfühlungsvermögen, Belastbarkeit, Kommunikation, Problemlösung, Anpassungsfähigkeit, Lernbereitschaft, Kooperationsbereitschaft und Verantwortungsbewusstsein hervorgehoben, um zu zeigen, dass diese Qualitäten sowohl bei Führungskräften als auch bei Gefolgsleuten für den organisatorischen Erfolg entscheidend sind.

Als Nächstes ging es in unserer Einführung darum, wie sich Führung in verschiedenen Umgebungen - Teams, Organisationen und auf gesellschaftlicher Ebene - unterscheidet. Sie vermittelte Einblicke in die besonderen Herausforderungen und Ansätze, die in jedem dieser Kontexte erforderlich sind, und betonte die Notwendigkeit, dass Führungskräfte ihren Stil und ihre Strategien an die jeweilige Situation anpassen müssen.

Anschließend wurde der Einfluss des technologischen Fortschritts auf Führungsstile und -strategien erörtert, wobei hervorgehoben wurde, dass die Technologie zu einem zentralen Element der modernen Führung geworden ist, das die Kommunikation, die Entscheidungsfindung und die organisatorische Dynamik beeinflusst. Das Einführungskapitel bildete die Grundlage für eine tiefere Untersuchung der modernen Führung. Es stellte die Schlüsselthemen Anpassungsfähigkeit, Beziehungsdynamik, Umweltkontext und den Einfluss der Technologie vor, die allesamt für das Verständnis und die herausragenden Leistungen in den heutigen Führungsrollen entscheidend sind. Dieses Kapitel dient als Einstieg in die nuancierte und sich ständig weiterentwickelnde Welt der Führung und gibt den Ton an für die umfassende Reise, auf die "Leadership Transformed" seine Leser mitzunehmen verspricht.

Nachdem wir in diesem Einführungskapitel ein grundlegendes Verständnis des dynamischen und vielschichtigen Charakters der modernen Führung geschaffen haben, stehen wir nun an der Schwelle zu einer tieferen Erkundung eines der wichtigsten und aktuellsten Aspekte der heutigen Führung: Führung und Motivation in einer post-COVID-Welt.

Das nächste Kapitel wird sich mit der Frage befassen, wie die COVID-19-Pandemie nicht nur die traditionellen Arbeits- und Führungsparadigmen erschüttert hat, sondern auch einen Paradigmenwechsel in der Art und Weise bewirkt hat, wie Führungskräfte ihre Teams in diesen beispiellosen Zeiten inspirieren und motivieren. Wir werden die Herausforderungen und Chancen erkunden, die sich im Zuge der Pandemie ergeben haben, und untersuchen, wie die Krise den Arbeitsplatz umgestaltet, die Erwartungen der Mitarbeiter neu definiert und eine Neubewertung der Motivationsstrategien erforderlich gemacht hat.

Beim Übergang zu dieser Erkundung können sich die Leser auf eine Fülle von Einsichten und Strategien freuen, die auf die Navigation in der Zeit nach der Pandemie zugeschnitten sind. Das nächste Kapitel bietet praktische Anleitungen zur Anpassung des Führungsstils an die sich wandelnden Bedürfnisse der Teams, zur Förderung der Widerstandsfähigkeit und zur Aufrechterhaltung der Motivation inmitten der anhaltenden Unsicherheiten und Veränderungen. Bereiten Sie sich darauf vor, eine Reise anzutreten, die nicht nur Ihr Verständnis für die Komplexität der Führung in einer Post-COVID-Welt vertieft, sondern Sie auch mit den Instrumenten ausstattet, mit denen Sie Ihre Teams effektiv motivieren und durch die Herausforderungen und Chancen dieser neuen Ära führen können. Die im nächsten Kapitel gewonnenen Erkenntnisse sind für jede Führungskraft unerlässlich, die sich mit Zuversicht, Einfühlungsvermögen und Effektivität durch die Landschaft nach der Pandemie bewegen will.

1. Führung und Motivation in einer Post-COVID-Welt

Während die Welt allmählich aus dem Schatten der COVID-19-Pandemie heraustritt, läutet sie eine Ära ein, die neue Herausforderungen und Chancen für Führung und Motivation bietet. In diesem Kapitel soll das komplexe Geflecht der Führung nach der COVID-Epidemie entschlüsselt und untersucht werden, wie die Pandemie nicht nur die Unternehmenslandschaft umgestaltet, sondern auch das Wesen einer effektiven Führung und Mitarbeitermotivation neu definiert hat.

Der Ausbruch der Pandemie war ein Moment nie dagewesener Veränderungen. Unternehmen auf der ganzen Welt befanden sich in unbekannten Gewässern und mussten sich mit der raschen Umstellung auf Telearbeit, schwankenden Marktanforderungen und der übergreifenden Notwendigkeit, die Sicherheit und das Wohlbefinden der Mitarbeiter zu gewährleisten, auseinandersetzen. Diese Zeit der Krise und der Anpassung hat die Arbeitswelt nachhaltig geprägt und die Art und Weise, wie Führungskräfte mit ihren Teams umgehen und sie motivieren, grundlegend verändert.

In dieser neuen Landschaft wurden die herkömmlichen Führungsmodelle auf den Prüfstand gestellt. Die Krise hat gezeigt, dass Führungskräfte nicht nur strategische Denker und Entscheidungsträger sein müssen, sondern auch einfühlsam, kommunikativ und fürsorglich. Die Eigenschaften Belastbarkeit, Anpassungsfähigkeit und emotionale Intelligenz sind in den Vordergrund gerückt und haben sich als unerlässlich erwiesen, um durch Zeiten der Unsicherheit und des Wandels zu navigieren.

Durch die Pandemie hat sich die Dynamik der Mitarbeitermotivation verändert. Traditionelle Motivationsfaktoren wie Arbeitsplatzsicherheit und finanzielle

Anreize sind zwar nach wie vor relevant, aber sie sind jetzt Teil eines breiteren Spektrums, das auch die Vereinbarkeit von Beruf und Privatleben, die psychische Gesundheit sowie das Gefühl von Sinn und Zugehörigkeit umfasst. Führungskräfte müssen nun diese verschiedenen Motivationsfaktoren in einem Umfeld verstehen und ansprechen, in dem die Grenzen zwischen Privat- und Berufsleben verschwimmen.

Dieses Kapitel befasst sich mit diesen veränderten Paradigmen und untersucht die neuen Fähigkeiten und Ansätze, die Führungskräfte anwenden müssen, um ihre Teams in der Post-COVID-Ära effektiv zu führen. Es werden Strategien für die Aufrechterhaltung des Teamzusammenhalts und der Motivation in einem hybriden oder vollständig ferngesteuerten Arbeitsumfeld untersucht und erörtert, wie Führungskräfte eine Kultur der Widerstandsfähigkeit und kontinuierlichen Anpassung fördern können. Die hier dargelegten Erkenntnisse sind nicht nur eine Reflexion über eine Krise, sondern ein Fahrplan für die Zukunft, der Anhaltspunkte dafür bietet, wie man in einer Welt führen und motivieren kann, die sich nach COVID-19 weiter entwickelt.

Eine der bedeutendsten Veränderungen war der weit verbreitete Übergang zur Telearbeit. Unternehmen auf der ganzen Welt waren gezwungen, sich schnell an diese neue Arbeitsweise anzupassen und von traditionellen Büroumgebungen auf virtuelle Plattformen umzustellen. Dieser Wandel veränderte nicht nur den physischen Arbeitsort, sondern revolutionierte auch die Arbeitsmethoden, indem er die Interaktion zwischen den Teams, die Kommunikationsmodi und die Zusammenarbeitsmethoden veränderte. Dieser Wandel ging einher mit einer tiefgreifenden Veränderung der Arbeitsplatzkulturen und -praktiken. Unternehmen mussten ihren Ansatz für die Verwaltung von Arbeitsabläufen, die Einbindung von Mitarbeitern und die Bewertung von Leistungen erneuern - und das alles in einem entfernten Kontext. Die verschwimmenden Grenzen zwischen Privat- und Berufsleben brachten eine neue Betonung der Work-Life-Balance mit sich und erforderten Anpassungen in der Organisationskultur und den Managementpraktiken.

Die Pandemie warf auch ein Schlaglicht auf das geistige und emotionale Wohlbefinden der Mitarbeiter. Die Führungskräfte mussten sich nicht nur mit den physischen Gesundheitsproblemen im Zusammenhang mit der Pandemie auseinandersetzen, sondern auch mit den psychologischen Auswirkungen wie Isolation und Stress. Diese Situation erforderte einen mitfühlenden und einfühlsamen Führungsansatz, der das ganzheitliche Wohlbefinden der Teammitglieder berücksichtigt.

Eine weitere wichtige Entwicklung war die Beschleunigung des digitalen Wandels. Die Notwendigkeit, aus der Ferne zu operieren, führte zu einer verstärkten Abhängigkeit von digitalen Tools für grundlegende betriebliche Anforderungen und zwang sowohl die Führungskräfte als auch die Mitarbeiter zu einer raschen Anpassung an diese Technologien.

Die Erwartungen der Arbeitnehmer an ihren Arbeitsplatz haben sich dramatisch verändert. In der Pandemie-Ära verschoben sich die Prioritäten: Die Mitarbeiter wünschten sich mehr Flexibilität, ein sinnvolles Engagement, eine Anpassung an die Unternehmenswerte und ein unterstützendes Arbeitsumfeld. Diese veränderten Erwartungen erforderten eine Neubewertung dessen, was Mitarbeiter in ihrer beruflichen Rolle motiviert und zufriedenstellt.

Die durch die Pandemie ausgelösten wirtschaftlichen und marktbezogenen Unsicherheiten haben zu Schwankungen im Verbraucherverhalten, Unterbrechungen der Lieferketten und Verschiebungen der Geschäftsmodelle geführt. Von den Führungskräften wurde verlangt, dass sie diese Unwägbarkeiten flexibel und vorausschauend meistern, um die Kontinuität des Geschäftsbetriebs und die Widerstandsfähigkeit des Unternehmens in einem äußerst volatilen Umfeld zu gewährleisten. Im Mittelpunkt dieses Kapitels steht die Frage, wie sich entscheidende Aspekte von Führung und Motivation in dem durch die COVID-19-Pandemie geschaffenen "neuen Normalzustand" verändert haben. Diese Untersuchung ist von wesentlicher Bedeutung, da die tiefgreifenden Veränderungen, die

die Pandemie mit sich gebracht hat, neu definiert haben, wie wirksame Führung in modernen Organisationen aussieht.

In dieser neuen Landschaft müssen Führungskräfte eine Reihe von noch nie dagewesenen Herausforderungen und Veränderungen bewältigen. Der abrupte Wechsel zur Telearbeit, die dringende Notwendigkeit digitaler Kompetenz, die Neubewertung der Arbeitsplatzkulturen und die stärkere Betonung des Wohlbefindens der Mitarbeiter - all diese Elemente haben zusammen ein neues Paradigma für die Führung geschaffen.

Dieses Kapitel befasst sich mit dieser veränderten Dynamik und versucht zu verstehen, wie Führungskräfte ihre Teams in einer Welt, in der die einzige Konstante der Wandel ist, effektiv führen können. Es wird untersucht, welche Anpassungen des Führungsstils erforderlich sind, um den sich wandelnden Bedürfnissen und Erwartungen von Teams und Organisationen gerecht zu werden. Der Schwerpunkt liegt dabei nicht nur auf der Bewältigung der unmittelbaren Herausforderungen, die die Pandemie mit sich bringt, sondern auch auf der Nutzung dieser Veränderungen als Chance für Wachstum und Innovation. Im Laufe dieses Kapitels werden wir untersuchen, wie Führungskräfte die Widerstandsfähigkeit und Agilität ihrer Teams fördern können, um sicherzustellen, dass Organisationen in diesem neuen Umfeld nicht nur überleben, sondern gedeihen. Wir werden auch untersuchen, wie die Pandemie den Übergang zu einer einfühlsameren und integrativeren Führung beschleunigt hat, bei der das Verständnis für die unterschiedlichen Bedürfnisse der Mitarbeiter und das Eingehen auf diese Bedürfnisse im Vordergrund stehen.

In diesem Kapitel wird auch die entscheidende Rolle der Motivation in diesem neuen Kontext beleuchtet. Da traditionelle Motivationsfaktoren neu definiert werden, müssen Führungskräfte neue Wege finden, um ihre Teams zu inspirieren und zu engagieren und so Produktivität und Zufriedenheit in einer von Unsicherheit und ständiger Anpassung geprägten Landschaft zu gewährleisten.

Bevor wir uns mit den Veränderungen der Motivationstheorien und -praktiken in der Post-COVID-Ära befassen, ist es wichtig, die traditionellen Rahmenwerke zu verstehen, die unser Verständnis von Motivation am Arbeitsplatz geprägt haben. Diese Motivationstheorien und -praktiken aus der Zeit vor der COVID-Ära legten den Grundstein dafür, wie Führungskräfte und Unternehmen die Motivation und Arbeitszufriedenheit ihrer Mitarbeiter betrachten.

Maslowsche Bedürfnishierarchie

Eine der grundlegenden Motivationstheorien ist die Hierarchie der Bedürfnisse von Abraham Maslow, die in den 1940er Jahren eingeführt wurde. Maslow schlug vor, dass der Mensch eine Hierarchie von Bedürfnissen hat, die von den physiologischen Grundbedürfnissen über Sicherheit, Liebe/Zugehörigkeit und Wertschätzung bis hin zur Selbstverwirklichung reicht. Für den Arbeitsplatz besagt diese Theorie, dass die Grundbedürfnisse der Mitarbeiter erfüllt sein müssen, bevor sie durch höhere Bedürfnisse wie Anerkennung und persönliche Entwicklung motiviert werden können.

Die Zwei-Faktoren-Theorie von Herzberg

Diese in den 1950er Jahren von Frederick Herzberg entwickelte Theorie, die auch als Motivation-Hygiene-Theorie bekannt ist, geht davon aus, dass es zwei Faktoren gibt, die die Motivation und Zufriedenheit der Mitarbeiter beeinflussen: Hygienefaktoren und Motivatoren. Hygienefaktoren, wie z. B. Gehalt und Arbeitsbedingungen, motivieren die Mitarbeiter nicht unbedingt, können aber zu Unzufriedenheit führen, wenn sie unzureichend sind. Motivatoren, wie Anerkennung und anspruchsvolle Arbeit, fördern Arbeitszufriedenheit und Motivation.

McGregors Theorie X und Theorie Y

In den 1960er Jahren stellte Douglas McGregor diese beiden gegensätzlichen Theorien der menschlichen Arbeitsmotivation vor. Theorie X geht davon aus, dass Arbeitnehmer von Natur aus faul sind und Arbeit vermeiden, wenn sie können. Im Gegensatz dazu geht die Theorie Y davon aus, dass Mitarbeiter von Natur aus motiviert sind, zu arbeiten und Verantwortung zu übernehmen. Diese Theorien beeinflussten die Führungsstile - entweder autoritär (Theorie X) oder partizipativ (Theorie Y).

Die Erwartungstheorie von Vroom

Die in den 1960er Jahren formulierte Theorie von Victor Vroom basiert auf der Überzeugung, dass die Anstrengung eines Mitarbeiters zu Leistung und die Leistung zu einer Belohnung führt. Nach dieser Theorie ist die Motivation das Ergebnis des Wunsches nach einer Belohnung (Valenz), der Einschätzung, dass die Anstrengung zu einer erwarteten Leistung führt (Erwartung), und der Überzeugung, dass die Leistung zu einer Belohnung führen wird (Instrumentalität).

Diese Theorien boten insgesamt eine vielfältige Perspektive auf die Frage, was Menschen am Arbeitsplatz motiviert. Sie betonten verschiedene Faktoren, von Grundbedürfnissen und Arbeitszufriedenheit bis hin zum Einfluss von Führungsstilen und dem Verhältnis zwischen Anstrengung, Leistung und Belohnung. Das Verständnis dieser traditionellen Motivationstheorien ist wichtig, um zu verstehen, wie sich der Kontext der Motivation in der Zeit nach der COVID-Epidemie entwickelt hat. Die Pandemie hat nicht nur das Arbeitsumfeld verändert, sondern auch die Art und Weise beeinflusst, wie diese klassischen Theorien im zeitgenössischen Kontext interpretiert oder angewandt werden können - ein Übergang, den wir in den folgenden Abschnitten untersuchen werden.

Es gibt mehrere moderne, sich entwickelnde Konzepte und Rahmenwerke, die als neu entstehende Theorien oder als Anpassungen bestehender Theorien als Reaktion auf die veränderte Dynamik am Arbeitsplatz oder nach der COVID-19 betrachtet werden können. Hier sind einige solcher Konzepte:

Theorie des digitalen Engagements

Dieses Konzept konzentriert sich auf die Motivation von Mitarbeitern durch digitale Medien. Es untersucht, wie digitale Tools für das Engagement, die Anerkennung und die Schaffung eines Gemeinschaftsgefühls unter Telearbeitern genutzt werden können. Diese Theorie passt Elemente traditioneller Engagement-Theorien an das digitale Arbeitsumfeld und die Telearbeit an.

Die Theorie der agilen Führung

Ausgehend von den Grundsätzen des agilen Managements geht diese Theorie davon aus, dass die Motivation am Arbeitsplatz durch agile Führungspraktiken wie Flexibilität, Anpassungsfähigkeit und die Konzentration auf kontinuierliche Verbesserung verbessert wird. Sie besagt, dass ein agiles Umfeld, das sich durch eine schnelle Reaktion auf Veränderungen und die Befähigung der Mitarbeiter auszeichnet, die Motivation und Arbeitszufriedenheit erheblich steigern kann.

Eudämonisches Wohlbefinden am Arbeitsplatz

Aufbauend auf dem Konzept der Eudaimonia (ein Begriff aus der aristotelischen Philosophie, der sich auf das Glück bezieht, das sich aus der Erfüllung des eigenen Potenzials ergibt) legt diese Theorie nahe, dass die Motivation nach dem COVID durch Möglichkeiten der persönlichen und beruflichen Weiterentwicklung, sinnvolle Arbeit und den Beitrag zu einem größeren Ziel bestimmt wird.

Psychologische Sicherheit und Resilienztheorie

Diese Theorie verbindet die Bedeutung der psychologischen Sicherheit (ein von Amy Edmondson verbreitetes Konzept) mit der Resilienz. Sie besagt, dass die Motivation nach einer Pandemie in einem Umfeld gestärkt wird, in dem sich die Mitarbeiter sicher fühlen, Risiken einzugehen und sich selbst auszudrücken, ohne negative Konsequenzen befürchten zu müssen, und in dem sie dabei unterstützt werden, angesichts von Herausforderungen Resilienz aufzubauen.

Hybride Theorie der Mitarbeitermotivation

Diese neu entstehende Theorie untersucht die Motivationsdynamik in einer hybriden Belegschaft (eine Mischung aus Mitarbeitern an entfernten Standorten und im Büro). Sie legt nahe, dass die Motivation in einem solchen Umfeld von Faktoren wie Flexibilität, Autonomie und dem Gleichgewicht zwischen digitaler Konnektivität und persönlicher Interaktion abhängt.

Theorie der nachhaltigen Motivation

Diese Theorie, die sich aus der zunehmenden Betonung von Nachhaltigkeit und sozialer Verantwortung von Unternehmen ergibt, geht davon aus, dass Mitarbeiter zunehmend motiviert sind, in Unternehmen zu arbeiten, die nachhaltigen Praktiken Vorrang einräumen und einen positiven Beitrag zu sozialen und ökologischen Fragen leisten.

Diese sich weiterentwickelnden Konzepte spiegeln eine Anpassung traditioneller Motivationstheorien an die einzigartigen Umstände und Herausforderungen der Post-COVID-Ära wider und betonen Flexibilität, digitales Engagement, psychologisches Wohlbefinden sowie Sinn für Zweck und Nachhaltigkeit. Sie bieten einen zeitgemäßen Rahmen für das Verständnis dessen, was Mitarbeiter in der heutigen, sich schnell verändernden Arbeitsumgebung antreibt und inspiriert.

Die Pandemie hat nicht nur die Art und Weise verändert, wie wir arbeiten, sondern auch die Bedürfnisse, Werte und Motivationen der Arbeitnehmer auf tiefgreifende Weise. Eine der auffälligsten Veränderungen betrifft die Vereinbarkeit von Berufs- und Privatleben. Die Vermischung von Privat- und Berufsleben, vor allem bei denjenigen, die aus der Ferne arbeiten, hat zu einer Neubewertung dessen geführt, was Work-Life-Balance bedeutet. Die Arbeitnehmer wünschen sich zunehmend Flexibilität bei ihren Arbeitszeiten und -vereinbarungen und schätzen die Autonomie, mit der sie ihre Zeit und ihre Aufgaben verwalten können. Auch Gesundheit und Wohlbefinden rücken stärker in den Mittelpunkt.

Die Mitarbeiter achten stärker auf ihre körperliche und geistige Gesundheit, was zu einer Nachfrage nach besseren Gesundheitsleistungen, Unterstützung für die psychische Gesundheit und Wellness-Programmen am Arbeitsplatz führt. Von den Arbeitgebern wird zunehmend erwartet, dass sie diese Anliegen nicht nur zur Kenntnis nehmen, sondern das Wohlbefinden ihrer Mitarbeiter aktiv unterstützen.

Eine weitere Verschiebung ist das größere Bedürfnis nach Arbeitsplatzsicherheit und Stabilität. Die durch die Pandemie hervorgerufene wirtschaftliche Ungewissheit hat die Arbeitsplatzsicherheit zu einem wichtigeren Motivationsfaktor gemacht. Die Arbeitnehmer erwarten von ihren Arbeitgebern die Zusicherung von Stabilität und Transparenz in Bezug auf die Zukunft ihrer Aufgaben und des Unternehmens.

Auch der Stellenwert einer sinnvollen Arbeit hat sich erhöht. Die Pandemie war für viele eine Zeit der Reflexion über persönliche und berufliche Ziele. Arbeitnehmer sind zunehmend durch eine Arbeit motiviert, die sie als erfüllend empfinden und die mit ihren persönlichen Werten und Zielen übereinstimmt. Der Wunsch, einen Beitrag zu etwas Größerem als sich selbst zu leisten, ist stärker geworden, sei es für soziale Zwecke, das Wohlergehen der Gemeinschaft oder einflussreiche Unternehmensprojekte.

Was die berufliche Entwicklung betrifft, so haben die raschen Veränderungen in der Unternehmenslandschaft die Bedeutung von kontinuierlichem Lernen und Anpassungsfähigkeit unterstrichen. Die Mitarbeiter sind motiviert durch die Möglichkeit, zu wachsen, sich weiterzubilden und neue Kompetenzen zu entwickeln, die mit den sich wandelnden Anforderungen der Welt nach der Pandemie übereinstimmen. Kommunikation und Vernetzung haben sich ebenfalls als wichtige Motivatoren erwiesen. Da viele Teams aus der Ferne arbeiten, besteht ein erhöhter Bedarf an effektiver Kommunikation und einem Gefühl der Verbundenheit mit Kollegen und dem Unternehmen. Die Mitarbeiter suchen nach Führungskräften, die in der Lage sind, effektiv zu kommunizieren, den Zusammenhalt im Team zu stärken und das Gefühl der Zugehörigkeit zu fördern, selbst in einer entfernten Umgebung.

Die Pandemie hat neue Herausforderungen für die Motivation der Mitarbeiter mit sich gebracht und die traditionelle Dynamik des Arbeitsplatzes erheblich verändert. Zu diesen Herausforderungen gehören die Ermüdung durch Fernarbeit, das Verschwimmen der Grenzen zwischen Arbeit und Privatleben und die zunehmende Sorge um die psychische Gesundheit, die Führungskräfte und Unternehmen angehen müssen, um die Motivation und das Wohlbefinden der Mitarbeiter zu erhalten.

Ermüdung bei Fernarbeit

Eine der größten Herausforderungen in der Post-COVID-Arbeitsumgebung ist die Ermüdung durch Fernarbeit. Die Neuheit der Arbeit von zu Hause aus hat bei vielen zu einem Gefühl der Ermüdung geführt. Ständige virtuelle Meetings, die fehlende physische Trennung zwischen Arbeit und Privatleben und das Fehlen informeller, sozialer Interaktionen, wie sie die Büroumgebung bot, haben bei den Mitarbeitern zu einem Gefühl des Ausgebranntseins geführt. Diese Müdigkeit kann zu geringerer Motivation, niedrigerer Produktivität und einer Abkopplung vom Team und den Unternehmenszielen führen.

Work-Life-Balance

Die Pandemie hat die Grenzen zwischen Arbeit und Privatleben erheblich verwischt, insbesondere für diejenigen, die von zu Hause aus arbeiten. Die Flexibilität der Telearbeit kann sich oft in längeren Arbeitszeiten und der Erwartung niederschlagen, ständig erreichbar zu sein. Diese Verwischung der Grenzen kann zu Stress und Burnout führen, was es für die Mitarbeiter schwierig macht, motiviert zu bleiben. Das richtige Gleichgewicht zu finden, bei dem die Flexibilität nicht zu Lasten der persönlichen Zeit geht, ist entscheidend für die Aufrechterhaltung von Motivation und Produktivität.

Psychische Gesundheitsprobleme

Die Pandemie hat auch die Probleme der psychischen Gesundheit in den Vordergrund gerückt. Die Isolation durch die Fernarbeit, die Angst vor der Pandemie selbst, die Sorge um die Sicherheit des Arbeitsplatzes und die Herausforderung, die Arbeit mit den häuslichen Pflichten (z. B. Kinderbetreuung) in Einklang zu bringen, haben die psychische Gesundheit der Arbeitnehmer beeinträchtigt. Diese Probleme können sich erheblich auf die Motivation und das Engagement der Mitarbeiter bei der Arbeit auswirken.

Die Bewältigung dieser Herausforderungen erfordert einen vielschichtigen Ansatz. Bei Übermüdung durch Fernarbeit können Unternehmen Maßnahmen zur Verringerung der Belastung einführen, z. B. eine flexible Zeitplanung, die Förderung regelmäßiger Pausen, die Festlegung von Grenzen für die Arbeitszeit und die Verringerung der Abhängigkeit von virtuellen Meetings durch die Förderung asynchroner Kommunikation.

Um die Work-Life-Balance zu verbessern, können Führungskräfte klare Erwartungen an die Arbeitszeiten stellen, die persönliche Zeit respektieren und dieses Verhalten selbst vorleben. Es kann auch hilfreich sein, die Mitarbeiter zu ermutigen, einen eigenen Arbeitsplatz einzurichten, wenn dies möglich ist, und den Bedarf an flexiblen Arbeitsregelungen anzuerkennen.

Zur Bewältigung von Problemen mit der psychischen Gesundheit gehört die Schaffung eines unterstützenden Arbeitsumfelds, in dem psychische Erkrankungen offen diskutiert und entstigmatisiert werden. Der Zugang zu Ressourcen für psychische Gesundheit, das Angebot von Wellness-Programmen und die Sicherstellung, dass die Mitarbeiter jemanden haben, mit dem sie über ihre Probleme sprechen können, sind entscheidende Schritte. Führungskräfte sollten darin geschult werden, Anzeichen für psychische Probleme zu erkennen, und sie sollten in der Lage sein, ihren Mitarbeitern die nötige Hilfe zukommen zu lassen.

In diesem neuen, von der Pandemie geprägten Kontext stehen Führungskräfte vor der Herausforderung, ihre Teams inmitten von Arbeitsmüdigkeit, einer gestörten Work-Life-Balance und weit verbreiteten psychischen Problemen zu motivieren. Um dies effektiv zu bewältigen, können Führungskräfte eine Reihe praktischer Strategien anwenden, die sich auf Empathie, Flexibilität und robuste Unterstützungssysteme konzentrieren.

1. Einfühlungsvermögen als Führungskraft: Führungskräfte sollten eine einfühlsame Herangehensweise kultivieren, d. h. sie sollten den Anliegen ihrer Teammitglieder aktiv zuhören und ihre besondere Situation verstehen. Regelmäßige Gespräche, die über arbeitsbezogene Diskussionen hinausgehen, können Führungskräften helfen, das Wohlbefinden ihrer Teammitglieder zu beurteilen. Ein aufrichtiges Interesse und Verständnis für die Herausforderungen, mit denen die Mitarbeiter beruflich und persönlich konfrontiert sind, kann ein unterstützendes und motivierendes Arbeitsumfeld fördern.

2. Förderung der Flexibilität: Flexibilität ist der Schlüssel für den Arbeitsplatz nach einer Pandemie. Die Führungskräfte sollten erkennen, dass eine Einheitslösung in diesen Zeiten nicht funktionieren kann. Flexible Arbeitszeiten zuzulassen, die Notwendigkeit gelegentlicher Pausen anzuerkennen und Verständnis dafür aufzubringen, wenn das Leben die Arbeit beeinträchtigt, kann viel dazu beitragen, die Motivation zu erhalten. Diese Flexibilität kann sich in verschiedenen Formen manifestieren, von der Anpassung von Fristen bis hin zur Berücksichtigung unterschiedlicher Arbeitsstile.

3. Aufbau robuster Unterstützungssysteme: Die Schaffung starker Unterstützungssysteme innerhalb der Organisation ist von entscheidender Bedeutung. Dies kann die Einrichtung von Peer-Support-Gruppen, das Angebot von Mentorenprogrammen oder den Zugang zu professionellen Beratungsdiensten umfassen. Die Führungskräfte sollten auch sicherstellen, dass die Mitarbeiter diese Ressourcen kennen und leicht darauf zugreifen können.

4. Ermutigung zu einer gesunden Work-Life-Balance: Führungskräfte sollten mit gutem Beispiel vorangehen, wenn

es darum geht, eine gesunde Work-Life-Balance aufrechtzuerhalten, und ihrem Team zeigen, dass es in Ordnung ist, nach der Arbeit und an den Wochenenden abzuschalten. Die Ermutigung der Mitarbeiter, ihren Urlaub zu nehmen und von der Arbeit abzuschalten, kann helfen, Burnout zu verhindern.

5. Klare Kommunikation und Festlegung von Erwartungen: Eine transparente Kommunikation über organisatorische Veränderungen, Arbeitsplatzsicherheit und Zukunftspläne kann Ängste und Unsicherheiten abbauen. Führungskräfte sollten Erwartungen, Rollenveränderungen oder Strategiewechsel klar kommunizieren, um alle Beteiligten bei der Stange zu halten und zu motivieren.

6. Anerkennung und Wertschätzung: Regelmäßige Anerkennung und Wertschätzung der harten Arbeit und der Leistungen der Teammitglieder können die Arbeitsmoral steigern. Diese Anerkennung kann durch formale Mechanismen wie Auszeichnungen und Prämien oder informelle Methoden wie Anerkennungen in Teamsitzungen oder persönliche Dankesschreiben erfolgen.

7. Berufliche Entwicklungsmöglichkeiten: Auch das Anbieten von Möglichkeiten zur beruflichen Weiterentwicklung kann ein starker Motivator sein. Wenn Sie Ihre Mitarbeiter ermutigen, Online-Kurse zu belegen, Webinare zu besuchen oder an virtuellen Konferenzen teilzunehmen, können Sie ihnen das Gefühl geben, dass sie in das Unternehmen investiert sind und von ihm geschätzt werden.

8. Förderung der Teamverbindung und des Zusammenhalts: Schließlich kann die Schaffung von Gelegenheiten für virtuelle teambildende Aktivitäten dazu beitragen, das Gefühl des Zusammenhalts und der Zugehörigkeit des Teams zu erhalten. Diese Aktivitäten können von informellen virtuellen Kaffeepausen bis hin zu strukturierteren teambildenden Übungen reichen.

Durch den Einsatz dieser Strategien, bei denen Einfühlungsvermögen, Flexibilität und starke Unterstützungssysteme im Mittelpunkt stehen, können Führungskräfte ihre Teams in diesem neuen und sich weiterentwickelnden Arbeitskontext wirksam motivieren und unterstützen.

Nachdem wir die praktischen Strategien für die Motivation von Teams im post-pandemischen Kontext untersucht haben, ist es wichtig, den Fokus zu verlagern und einen Hintergrund zu schaffen, vor dem diese modernen Ansätze besser verstanden werden können. Dieser Hintergrund ist das Reich der traditionellen Führungsstile. Durch die Betrachtung dieser Stile gewinnen wir einen Kontext und ein tieferes Verständnis dafür, wie sich Führung entwickelt und an die aktuelle Situation angepasst hat.

Traditionelle Führungsstile haben den Grundstein für unser Verständnis von Führungsdynamik gelegt und die Organisationskulturen über Jahrzehnte geprägt. Diese Stile, jeder mit seinen eigenen einzigartigen Merkmalen und Methoden, haben den Führungskräften bei der Entscheidungsfindung, dem Teammanagement und der strategischen Planung geholfen.

- Autoritäres Führen: Dieser Stil ist durch eine starke Kontrolle über alle Entscheidungen und wenig Mitsprache der Teammitglieder gekennzeichnet. Die Führungskraft diktiert Richtlinien und Verfahren, entscheidet, welche Ziele zu erreichen sind, und leitet alle Aktivitäten ohne sinnvolle Beteiligung der Untergebenen.

- Demokratische Führung: Im Gegensatz zur autoritären Führung beinhaltet der demokratische Führungsstil die Aufteilung der Entscheidungsbefugnisse mit den Teammitgliedern. Diese Führungspersönlichkeit ermutigt die Gruppe zur Teilnahme und zum Mitwirken und fördert so ein kooperatives und integratives Umfeld. Entscheidungen werden im Konsens getroffen, und die Beiträge der Teammitglieder werden geschätzt und berücksichtigt.

- Laissez-faire-Führung: Die Laissez-faire-Führungskraft nimmt die Hände aus dem Spiel, gibt nur wenige Anweisungen und überlässt es den Teammitgliedern, Entscheidungen zu treffen und Probleme selbst zu lösen. Dieser Stil basiert auf der Überzeugung, dass die Mitarbeiter zur Selbststeuerung fähig sind und Autonomie bei ihren Aufgaben bevorzugen.

- Transaktionale Führung: Dieser Stil basiert auf dem Konzept des Austauschs zwischen der Führungskraft und den Gefolgsleuten. Die Führungskraft gibt klare Anweisungen und Erwartungen, und Belohnungen oder Bestrafungen sind von der Leistung abhängig. Dieser Ansatz ist häufig in Organisationen anzutreffen, in denen Ergebnisse und Effizienz im Vordergrund stehen.

- Transformatorische Führung: Transformatorische Führungskräfte inspirieren und motivieren ihre Mitarbeiter, außergewöhnliche Ergebnisse zu erzielen und dabei ihre eigenen Führungsqualitäten zu entwickeln. Sie konzentrieren sich auf das große Ganze, leiten Veränderungen ein und inspirieren ihre Mitarbeiter, sich für eine gemeinsame Vision und Ziele einzusetzen.

Die Betrachtung dieser traditionellen Führungsstile liefert einen wertvollen Kontext für das Verständnis der Entwicklung der Führungspraktiken. Es ist klar, dass die starren Strukturen und definierten Rollen dieser traditionellen Stile in der Welt nach der Pandemie umgestaltet werden. Der Wandel hin zu einfühlsameren, flexibleren und unterstützenden Führungspraktiken spiegelt eine Abkehr von einigen dieser traditionellen Methoden wider. Im weiteren Verlauf unserer Untersuchung werden wir sehen, wie diese klassischen Stile angepasst und neu konzipiert werden, um den Anforderungen einer sich schnell verändernden und zunehmend komplexen Arbeitsumgebung gerecht zu werden.

Bei der Anpassung an die Anforderungen von Remote- und hybriden Arbeitsumgebungen haben die Führungskräfte einen erheblichen Wandel in ihrem Managementansatz vollzogen. Dieser Wandel ist durch spezifische Anpassungen gekennzeichnet, die ein effektives Teammanagement trotz der räumlichen Entfernung gewährleisten. Die Kommunikation ist im Remote-Kontext nuancierter geworden. Die Führungskräfte sind über die traditionellen E-Mails und Meetings hinausgegangen und haben eine Vielzahl digitaler Tools wie Videokonferenzen, Instant Messaging und Plattformen für die Zusammenarbeit eingeführt. Sie haben gelernt, bewusster zu kommunizieren und für Klarheit zu sorgen, um Missverständnisse zu vermeiden, die ohne die Feinheiten der persönlichen Interaktion auftreten können.

Vertrauen und Eigenverantwortung haben sich zu den Eckpfeilern der Remote-Führung entwickelt. Da es keine physische Aufsicht gibt, konzentrieren sich die Führungskräfte mehr auf die Ergebnisse als auf traditionelle Messgrößen wie die erfassten Arbeitsstunden. Bei diesem Ansatz wird den Teammitgliedern mehr Autonomie zugestanden, und man vertraut ihnen, dass sie ihre Zeitpläne und ihr Arbeitspensum effektiv verwalten. Es ist eine Abkehr vom Mikromanagement hin zu einem ergebnisorientierten Stil.

Emotionale Intelligenz hat eine neue Bedeutung erlangt. Führungskräfte mussten ein stärkeres Gefühl für Empathie und Verständnis entwickeln, da sie erkannt haben, dass Fernarbeit besondere Herausforderungen wie Isolation oder Burnout mit sich bringen kann. Sie sind aufmerksamer geworden und sprechen regelmäßig mit ihren Teammitgliedern nicht nur über die Arbeit, sondern auch über ihr allgemeines Wohlbefinden. Anpassungsfähigkeit und Flexibilität sind zu wichtigen Eigenschaften von Führungskräften in der Telearbeit geworden. Diese Flexibilität äußert sich auf verschiedene Weise, von der Anpassung an unterschiedliche Zeitzonen und Work-Life-Szenarien bis hin zur Offenheit für neue Methoden und Tools, die die Effizienz der Fernarbeit verbessern. Die Schaffung eines Gemeinschaftsgefühls und des Teamzusammenhalts in der virtuellen Welt hat kreatives Denken erfordert. Führungskräfte haben virtuelle Teambuilding-Aktivitäten und informelle soziale Online-Veranstaltungen initiiert. Das Feiern von persönlichen und beruflichen Meilensteinen, das früher Teil der Bürokultur war, hat nun im digitalen Arbeitsbereich eine neue Form gefunden.

Die berufliche Entwicklung hat nach wie vor Priorität, wobei die Führungskräfte innovative Wege finden, um Wachstumschancen zu bieten. Dazu gehören virtuelle Schulungssitzungen, E-Learning-Kurse und regelmäßige persönliche Gespräche über die berufliche Entwicklung. Die Führungskräfte haben dafür gesorgt, dass trotz der Entfernung die berufliche Weiterentwicklung und die Lernmöglichkeiten weiterhin einen Schwerpunkt in der Entwicklung ihres Teams bilden.

Die Nutzung der Technologie geht über die grundlegenden Kommunikationsanforderungen hinaus. Führungskräfte haben fortschrittliche Projektmanagement-Tools, Systeme zur Verfolgung von Arbeitsabläufen und Software für die Zusammenarbeit erforscht und integriert, um die Produktivität zu steigern und virtuelle Abläufe zu rationalisieren.

Die Verlagerung auf virtuelle Umgebungen, die durch die COVID-19-Pandemie noch beschleunigt wurde, hat von den Führungskräften ein Umdenken und eine Neuausrichtung ihrer Konzepte für Kommunikation, Teamzusammenhalt und Leistungsmanagement erfordert.

Herausforderungen und Möglichkeiten der Kommunikation

In einer virtuellen Umgebung kann das Fehlen von Interaktionen von Angesicht zu Angesicht und von nonverbalen Hinweisen zu Missverständnissen und einem Gefühl der Unverbundenheit führen. Führungskräfte müssen diese Herausforderungen durch eine klare, präzise und häufige Kommunikation meistern. Die Chance liegt hier in der Nutzung verschiedener digitaler Kommunikationsmittel - von Videoanrufen bis hin zu Messaging-Plattformen - um regelmäßigen Kontakt zu halten und Klarheit zu schaffen. Die virtuelle Kommunikation bietet auch die Flexibilität, über geografische Grenzen und Zeitzonen hinweg in

Kontakt zu treten, was zu einer integrativeren und vielfältigeren Interaktion führen kann.

Aufrechterhaltung des Teamzusammenhalts

Eine weitere Herausforderung ist der Aufbau und die Aufrechterhaltung des Teamzusammenhalts ohne die organischen Interaktionen, die in physischen Büroräumen stattfinden. Führungskräfte in virtuellen Umgebungen müssen unter den Teammitgliedern, die sich möglicherweise isoliert fühlen, ein Gefühl der Zugehörigkeit und Gemeinschaft schaffen. Diese Herausforderung wird durch die Förderung einer integrativen Kultur durch virtuelle Teambuilding-Aktivitäten, regelmäßige Teambesprechungen und informelle virtuelle Zusammenkünfte bewältigt. Es besteht auch die Möglichkeit, unterschiedliche Perspektiven zu nutzen, da virtuelle Teams geografisch und kulturell vielfältiger sein können.

Leistungsmanagement in einem virtuellen Umfeld

Die Bewertung und Verwaltung von Leistungen aus der Ferne erfordert eine Verlagerung von traditionellen, überwachungsbasierten Methoden hin zu einem stärker ergebnisorientierten Ansatz. Die Herausforderung für die Führungskräfte besteht darin, Verantwortlichkeit und hohe Leistung zu gewährleisten, ohne die Arbeitsabläufe vor Ort beobachten zu können. Die größte Chance besteht darin, klare Ziele zu setzen, regelmäßiges Feedback zu geben und die Fortschritte mithilfe von Technologien zu verfolgen. Virtuelle Umgebungen ermöglichen auch flexiblere Leistungsmanagementpraktiken, die auf die individuellen Bedürfnisse und Arbeitsstile zugeschnitten sind.

Anpassung des Führungsstils

Virtuelle Umgebungen erfordern einen anpassungsfähigen Führungsstil. Die Führungskräfte müssen sich in die besonderen Umstände und Herausforderungen ihrer Teammitglieder einfühlen können. Sie sollten auch offen dafür sein, neue

Technologien und Methoden zu erlernen und zu übernehmen, um die Zusammenarbeit und Produktivität des Teams zu verbessern.

Einsatz von Technologie für Engagement

Eine große Chance in virtuellen Umgebungen ist der Einsatz von Technologie nicht nur für Aufgaben und Projekte, sondern auch für die Einbindung und Motivation von Teammitgliedern. Der innovative Einsatz digitaler Tools kann interaktive und ansprechende Erfahrungen schaffen, die den Teamgeist und das Zugehörigkeitsgefühl fördern.

Förderung des Selbstmanagements und der Eigenständigkeit

Virtuelle Arbeitsumgebungen bieten den Führungskräften die Möglichkeit, ein größeres Selbstmanagement und eine größere Autonomie der Teammitglieder zu fördern. Indem sie den Mitarbeitern zutrauen, ihre Arbeit und ihre Zeit effektiv zu verwalten, können die Führungskräfte eine Kultur der Befähigung und Verantwortung fördern.

Die Auswirkungen der Pandemie auf den Arbeitsplatz haben zu bemerkenswerten Beispielen und Fallstudien von Führungskräften geführt, die ihren Führungsstil erfolgreich an die Herausforderungen der Fernarbeit und die allgemeinen Auswirkungen von COVID-19 angepasst haben.

Satya Nadella - Microsoft: Als CEO von Microsoft hat Satya Nadella eine bemerkenswerte Führungsrolle bei der Anpassung an die Pandemie bewiesen. Unter seiner Führung unternahm Microsoft früh und entschlossen Schritte, um seine Belegschaft auf Telearbeit umzustellen. Nadella konzentrierte sich auf eine einfühlsame Führung und erkannte die Herausforderungen an, mit denen die Mitarbeiter konfrontiert sind, von der Ermüdung bei der Fernarbeit bis hin zu psychischen Problemen. Er betonte die Bedeutung von Flexibilität und Wohlbefinden und ermutigte sein Team, der Vereinbarkeit von Beruf und Privatleben Priorität einzuräumen. Microsoft beschleunigte auch sein digitales Angebot und erkannte die steigende Nachfrage nach Cloud-

Diensten und Tools für die Zusammenarbeit, die nicht nur für die Unterstützung der eigenen Geschäftstätigkeit, sondern auch für die seiner Kunden weltweit von entscheidender Bedeutung sind.

Mary Barra - General Motors (GM): Mary Barra, die Vorstandsvorsitzende von General Motors, zeigte eine anpassungsfähige Führung, indem sie den Betrieb des Unternehmens bei Ausbruch der Pandemie schnell umstellte. GM verlagerte einen Teil seiner Produktionskapazitäten auf die Herstellung von Beatmungsgeräten und bewies damit Flexibilität und Reaktionsfähigkeit auf gesellschaftliche Bedürfnisse. Barra legte Wert auf eine transparente Kommunikation und informierte die Mitarbeiter regelmäßig über die Unternehmenspläne und Sicherheitsmaßnahmen, was dazu beitrug, Ängste und Unsicherheiten abzubauen. Sie setzte sich auch für Flexibilität ein, indem sie ihren Mitarbeitern, wenn möglich, die Möglichkeit gab, von zu Hause aus zu arbeiten, und konzentrierte sich auf die Aufrechterhaltung des Teamzusammenhalts durch virtuelle Zusammenkünfte.

Indra Nooyi - ehemalige CEO von PepsiCo: Obwohl Indra Nooyi vor der Pandemie als CEO zurücktrat, bietet ihr Führungsstil während ihrer Amtszeit bei PepsiCo wertvolle Einblicke in die Führung in Krisenzeiten. Nooyi, die für ihre einfühlsame und integrative Führung bekannt ist, machte deutlich, wie wichtig es ist, die Bedürfnisse und Herausforderungen der Mitarbeiter während der Pandemie zu verstehen. Ihr Eintreten für die Vereinbarkeit von Beruf und Privatleben, die psychische Gesundheit und das Wohlbefinden der Mitarbeiter sowie ihre Betonung einer anpassungsfähigen und mitfühlenden Führung bieten eine wichtige Fallstudie für die Führung in schwierigen Zeiten.

Eric Yuan - Zoom: Als CEO von Zoom stand Eric Yuan an der Spitze eines Unternehmens, das während der Pandemie plötzlich für die globale Kommunikation unverzichtbar wurde. Yuan konzentrierte sich auf die schnelle Skalierung der Zoom-Infrastruktur, um die steigende Nachfrage zu befriedigen und gleichzeitig die Servicequalität aufrechtzuerhalten, was ein

Beweis für agile Führung war. Er betonte auch den Kundensupport und Sicherheitsverbesserungen als Reaktion auf neue Herausforderungen und zeigte damit seine Anpassungsfähigkeit an sich ändernde Benutzerbedürfnisse und - anliegen.

Diese Führungskräfte zeigen beispielhaft, wie Anpassungsfähigkeit, Einfühlungsvermögen, transparente Kommunikation und die Konzentration auf Innovation und das Wohlbefinden der Mitarbeiter entscheidend sind, um die komplexen Herausforderungen der Pandemie zu meistern. Ihre Handlungen und Strategien bieten wertvolle Lektionen und Inspirationen für Führungskräfte auf der ganzen Welt und zeigen effektive Wege zur Anpassung des Führungsstils als Reaktion auf eine sich schnell verändernde Welt.

Die Verlagerung zur Telearbeit, die durch die COVID-19-Pandemie beschleunigt wurde, hat die Landschaft der Mitarbeiterbindung grundlegend verändert. In einer entfernten Umgebung sind die traditionellen Methoden zur Förderung des Engagements, wie persönliche Treffen und Interaktionen im Büro, nicht mehr durchführbar. Dieser Wandel hat Führungskräfte dazu veranlasst, neue Instrumente und Techniken zu erforschen, um ihre Teams effektiv zu motivieren.

Beziehung zwischen Fernarbeit und Mitarbeiterengagement

Fernarbeit bietet sowohl Herausforderungen als auch Chancen für das Engagement der Mitarbeiter. Auf der einen Seite kann die fehlende physische Präsenz zu einem Gefühl der Isolation und der Unverbundenheit unter den Teammitgliedern führen. Das Fehlen zwangloser, spontaner Interaktionen, wie sie typischerweise in einer Büroumgebung stattfinden, kann sich auf den Teamzusammenhalt und das Zugehörigkeitsgefühl auswirken. Auf der anderen Seite bietet die Telearbeit Flexibilität und Autonomie, die sich als wichtige Motivationsfaktoren erweisen und zu einer höheren Arbeitszufriedenheit und einem größeren Engagement beitragen können, wenn sie effektiv gehandhabt werden.

Effektive Tools und Techniken für die Einbindung von Remote-Teams

1. Digitale Kommunikationsplattformen: Tools wie Slack, Microsoft Teams und Zoom sind für die Aufrechterhaltung der Kommunikation in Remote-Teams unerlässlich geworden. Diese Plattformen ermöglichen Messaging in Echtzeit, Videokonferenzen und die gemeinsame Nutzung von Dateien, halten die Teammitglieder in Verbindung und erleichtern die Zusammenarbeit.

2. Projektmanagement-Software: Tools wie Asana, Trello und Monday.com helfen bei der Organisation von Aufgaben, der Festlegung von Fristen und der Verfolgung des Fortschritts. Sie sorgen für Transparenz in den Arbeitsprozessen und sorgen dafür, dass sich alle an den Projektzielen und Zeitplänen orientieren.

3. Virtuelle teambildende Aktivitäten: Kreative Online-Teambuilding-Aktivitäten, wie z. B. virtuelle Kaffeepausen, Online-Spiele und Team-Herausforderungen, können dazu beitragen, das Gemeinschaftsgefühl und die Verbundenheit unter Fernarbeitern zu fördern.

4. Regelmäßige Besprechungen und virtuelle Meetings: Geplante Einzel- und Teambesprechungen können den Führungskräften helfen, mit ihren Teammitgliedern in Kontakt zu bleiben, Fortschritte zu besprechen, Feedback zu geben und etwaige Bedenken anzusprechen. Diese Treffen können auch als Plattform für die Anerkennung von Leistungen und das Feiern von Meilensteinen dienen, was für die Aufrechterhaltung von Moral und Motivation entscheidend ist.

5. Online-Schulungs- und Entwicklungsprogramme: Die Bereitstellung von Möglichkeiten zur beruflichen Weiterentwicklung durch Online-Kurse, Webinare und virtuelle Workshops kann dazu beitragen, dass sich die

Mitarbeiter engagieren und sich für ihre persönliche und berufliche Entwicklung einsetzen.

6. Plattformen zur Mitarbeiteranerkennung: Die Nutzung von Plattformen wie Bonusly oder Kudos kann ein effektiver Weg sein, um die Beiträge der Mitarbeiter anzuerkennen und zu belohnen und so eine Kultur der Wertschätzung und positiven Verstärkung zu fördern.

7. Flexible Zeiteinteilung: Wenn Teammitglieder ihre Arbeitszeiten selbst bestimmen können (sofern dies möglich ist), kann dies zu höherer Arbeitszufriedenheit und größerem Engagement führen. Es erkennt die unterschiedlichen persönlichen Umstände an und fördert ein Gleichgewicht zwischen Arbeit und Privatleben.

8. Ressourcen für psychische Gesundheit und Wellness: Das Angebot von Ressourcen wie virtuelle Wellness-Sitzungen, Zugang zu Fachleuten für psychische Gesundheit oder Abonnements für Achtsamkeits-Apps kann für das allgemeine Wohlbefinden von Fernarbeitern entscheidend sein.

Die Beziehung zwischen Fernarbeit und Mitarbeiterengagement ist nuanciert und erfordert von den Führungskräften eine Kombination von Instrumenten und Techniken, um ihre Teams effektiv einzubinden. Durch die Nutzung digitaler Kommunikationsplattformen, die Organisation virtueller Teambuilding-Aktivitäten, regelmäßige Besprechungen, das Angebot beruflicher Weiterbildungsmöglichkeiten, die Anerkennung der Beiträge der Mitarbeiter und die Förderung der psychischen Gesundheit und des Wohlbefindens können Führungskräfte ein stabiles und engagiertes Umfeld für Telearbeit schaffen.

Die Schaffung einer unterstützenden und integrativen virtuellen Arbeitskultur im Zeitalter der Telearbeit ist eine wichtige Aufgabe, die über die einfache Verwaltung der Arbeit aus der Ferne hinausgeht. Der Übergang von traditionellen Büroumgebungen zu virtuellen Räumen erfordert einen differenzierten Ansatz, um ein Gefühl der Zugehörigkeit, der Inklusion und der Unterstützung unter verstreuten Teammitgliedern zu fördern. Ohne die physische Anwesenheit und die subtilen Interaktionen von Angesicht zu Angesicht können sich Mitarbeiter in einer virtuellen Umgebung leicht isoliert und abgekoppelt fühlen. Um dies zu vermeiden, müssen die Führungskräfte bewusst eine Kultur aufbauen, die diese Kluft überbrückt.

Die Förderung des Zugehörigkeitsgefühls ist entscheidend. Die Führungskräfte müssen dafür sorgen, dass sich jedes Teammitglied als fester Bestandteil des Unternehmens fühlt, auch wenn es keine physische Interaktion gibt. Dazu gehört die Schaffung von Gelegenheiten für regelmäßige Teamsitzungen und virtuelle gesellschaftliche Veranstaltungen, die informelle Interaktionen und eine offene Kommunikation fördern. Das Feiern von Teamerfolgen und die Anerkennung persönlicher Meilensteine tragen zum Aufbau eines Gemeinschaftsgefühls innerhalb des Teams bei.

Effektive Kommunikation in einem virtuellen Umfeld sollte integrativ sein und sicherstellen, dass alle Teammitglieder unabhängig von ihrem Standort, ihrer Rolle oder ihrer Zeitzone auf dem Laufenden gehalten werden und die gleichen Möglichkeiten haben, einen Beitrag zu leisten. Die Strukturierung von Besprechungen, die eine gleichberechtigte Teilnahme ermöglichen, und der Einsatz von Collaboration-Tools für die asynchrone Kommunikation sind Möglichkeiten, dies zu erreichen.

Auch die Vielfalt der Arbeitsstile und persönlichen Bedürfnisse gewinnt in einem virtuellen Umfeld an Bedeutung. Das Verständnis und die Berücksichtigung individueller Präferenzen in Bezug auf Kommunikation, Arbeitszeiten und das Bedürfnis nach Flexibilität, insbesondere für diejenigen, die ihre Arbeit mit anderen Aufgaben vereinbaren, ist der Schlüssel zu einer integrativen Arbeitskultur. Die Bereitstellung einer Vielzahl von Arbeitsinstrumenten und -optionen kann dazu beitragen, den unterschiedlichen Bedürfnissen gerecht zu werden, und so Flexibilität und Integration fördern.

Barrierefreiheit und Gleichberechtigung sind von entscheidender Bedeutung. Die Gewährleistung, dass virtuelle Arbeitsräume und -werkzeuge für alle zugänglich sind, auch für Menschen mit Behinderungen, ist für die Schaffung eines gerechten Umfelds von entscheidender Bedeutung. Dies kann die Bereitstellung von Hilfstechnologien und die Gestaltung von Sitzungen und Inhalten beinhalten, die für alle zugänglich sind. Angesichts der fließenden Grenzen zwischen Berufs- und Privatleben bei Fernarbeit ist die Förderung der psychischen Gesundheit und des Wohlbefindens wichtiger denn je. Dazu gehören die Bereitstellung von Unterstützungsressourcen, die Förderung von Pausen, die Respektierung von arbeitsfreien Zeiten und die Normalisierung von Gesprächen über psychische Gesundheit.

Kontinuierliche Weiterbildung und Entwicklung sind ebenfalls wichtig, um das Engagement und das Wachstum der Mitarbeiter in einer virtuellen Umgebung aufrechtzuerhalten. Die Bereitstellung von Möglichkeiten für virtuelle Schulungen, E-Learning und Networking hilft bei der persönlichen und beruflichen Entwicklung. Regelmäßiges Feedback und Anerkennung sind in einer virtuellen Umgebung genauso wichtig wie in einem physischen Büro. Führungskräfte sollten in virtuellen Einzelsitzungen konstruktives Feedback geben und Beiträge in Teamgesprächen oder über digitale Plattformen anerkennen.

In der Arbeitswelt nach der Einführung des COVID, die durch ihre rasche Entwicklung und Unvorhersehbarkeit gekennzeichnet ist, ist der Aufbau von Widerstandsfähigkeit und Anpassungsfähigkeit in Teams wichtiger denn je. Die Fähigkeit eines Teams, Herausforderungen zu bewältigen und sich an neue Umstände anzupassen, ist nicht nur entscheidend für das Überleben, sondern auch für das Gedeihen angesichts künftiger Ungewissheiten.
Resilienz in Teams bedeutet eine kollektive Stärke, die es ihnen ermöglicht, mit Rückschlägen, Veränderungen und Druck effektiv

umzugehen. Diese Eigenschaft ist besonders wichtig in der heutigen schnelllebigen Arbeitswelt, in der es häufig zu Störungen und ständigen Veränderungen kommt. Ein belastbares Team ist besser in der Lage, solche Herausforderungen zu bewältigen und auch in schwierigen Zeiten Produktivität und Moral aufrechtzuerhalten. Diese Widerstandsfähigkeit wird durch eine unterstützende Arbeitskultur gefördert, in der Misserfolge als Chance zum Lernen und Wachsen gesehen werden und in der eine offene Kommunikation und gegenseitige Unterstützung die Norm sind.

Bei der Anpassungsfähigkeit geht es dagegen um die Flexibilität und die Bereitschaft des Teams, sich auf Veränderungen einzulassen. In einer sich ständig wandelnden Geschäftslandschaft ist die Fähigkeit, schnell und effektiv umzuschwenken, ein bedeutender Wettbewerbsvorteil. Anpassungsfähige Teams können auf veränderte Marktbedingungen, neue Technologien und sich wandelnde Kundenbedürfnisse mit Flexibilität und Kreativität reagieren. Diese Anpassungsfähigkeit wird gefördert, indem man eine Mentalität des kontinuierlichen Lernens unterstützt, eine Kultur der Innovation fördert und offen für neue Ideen und Ansätze ist.

Es kann nicht hoch genug eingeschätzt werden, wie wichtig es ist, diese Qualitäten in Teams zu entwickeln. Teams, die belastbar und anpassungsfähig sind, sind mit größerer Wahrscheinlichkeit innovativ, da sie sich nicht scheuen, Risiken einzugehen, und offen dafür sind, neue Wege zu beschreiten. Sie sind auch besser in der Lage, Probleme zu lösen, da sie Herausforderungen aus verschiedenen Blickwinkeln angehen können und sich von Rückschlägen nicht abschrecken lassen.

Belastbare und anpassungsfähige Teams tragen zu einem positiven Arbeitsumfeld bei. Sie neigen zu einer optimistischeren Einstellung, können Stress besser bewältigen und unterstützen sich gegenseitig, was die Gesamtleistung und das Wohlbefinden des Teams steigert. Bei der Vorbereitung auf künftige Herausforderungen spielen Führungskräfte eine entscheidende Rolle bei der Förderung dieser Qualitäten in ihren Teams. Dazu gehört, dass sie die notwendigen Ressourcen und die nötige

Unterstützung bereitstellen, in Bezug auf Einstellung und Verhalten mit gutem Beispiel vorangehen und ein Umfeld schaffen, in dem Belastbarkeit und Anpassungsfähigkeit geschätzt und gefördert werden.

Die Befähigung der Mitarbeiter und Investitionen in ihre Weiterbildung sind entscheidende Strategien, um in der dynamischen Arbeitswelt von heute nachhaltige Motivation und Wachstum zu fördern. Diese Ansätze haben angesichts der raschen Veränderungen und Herausforderungen, die die moderne Unternehmenslandschaft mit sich bringt, noch mehr an Relevanz gewonnen, unter anderem durch die Verlagerung zu mehr Fernarbeit und digitalen Arbeitsbedingungen.

Mitarbeiter befähigen

Die Befähigung der Mitarbeiter bedeutet, ihnen die Autonomie, die Ressourcen und die Autorität zu geben, Entscheidungen über ihre Arbeit zu treffen. Diese Befähigung beruht auf Vertrauen und Respekt und trägt der Tatsache Rechnung, dass Mitarbeiter fähig und motiviert sind, ihre beste Arbeit zu leisten, wenn sie das Gefühl haben, Verantwortung zu tragen. Befähigte Mitarbeiter sind mit größerer Wahrscheinlichkeit engagiert und motiviert, da sie sich wertgeschätzt fühlen und wissen, dass ihre Beiträge wichtig sind.

Die Rolle der Führungskräfte in diesem Prozess besteht darin, ein Umfeld zu schaffen, in dem die Eigenverantwortung nicht nur gefördert, sondern aktiv unterstützt wird. Dazu gehört es, sinnvolle Aufgaben zu delegieren, die notwendigen Instrumente und Ressourcen bereitzustellen und eine Kultur zu schaffen, in der Eigeninitiative belohnt wird. Empowerment bedeutet auch, den Mitarbeitern ein Mitspracherecht bei Entscheidungen einzuräumen, die sich auf ihre Arbeit und das Unternehmen auswirken, und so ein Gefühl der Beteiligung und Zugehörigkeit zu fördern.

Upskilling für Wachstum

Ein weiterer Schlüsselfaktor für die Aufrechterhaltung der Motivation und die Förderung des Wachstums ist die Weiterbildung, d. h. die Vermittlung neuer und fortgeschrittener Fähigkeiten an die Mitarbeiter. Der rasante technologische Fortschritt und die sich ändernden Anforderungen der Branche machen kontinuierliches Lernen und Entwickeln unabdingbar. Indem Unternehmen in die Weiterbildung ihrer Mitarbeiter investieren, verbessern sie nicht nur die Fähigkeiten ihrer Belegschaft, sondern zeigen auch ihr Engagement für die berufliche Entwicklung und das berufliche Fortkommen ihrer Mitarbeiter.

Upskilling kann viele Formen annehmen, von formalen Schulungs- und Ausbildungsprogrammen bis hin zu eher informellen Methoden wie Mentoring, Cross-Training und Lernmöglichkeiten am Arbeitsplatz. Ziel ist es, die Fähigkeiten der Mitarbeiter relevant und auf dem neuesten Stand zu halten, damit sie in einem sich ständig weiterentwickelnden Arbeitsumfeld flexibel und anpassungsfähig bleiben.

Weiterbildungsmaßnahmen tragen zur Motivation der Mitarbeiter bei, indem sie ihnen Herausforderungen und Aufstiegsmöglichkeiten bieten. Sie trägt dazu bei, eine kompetentere und selbstbewusstere Belegschaft aufzubauen, was wiederum Innovation und Produktivität fördert. Mitarbeiter, die das Gefühl haben, dass ihr Arbeitgeber in ihre Entwicklung investiert, sind eher bereit, sich für das Unternehmen einzusetzen und zu engagieren.

In diesem Kapitel wurden die verschiedenen Anpassungen und Strategien untersucht, die Führungskräfte eingesetzt haben, um die Herausforderungen und Chancen zu meistern, die sich durch die Verlagerung auf Fernarbeit und hybride Arbeitsumgebungen nach COVID-19 ergeben. Im Mittelpunkt dieser Diskussion stand die Erkenntnis, wie die Pandemie den Arbeitsplatz umgestaltet und die traditionellen Vorstellungen von Mitarbeiterengagement, Motivation und Führung verändert hat.

Eine wichtige Erkenntnis ist die Entwicklung der Kommunikationsstrategien in entfernten Umgebungen. Die Führungskräfte mussten ihre Kommunikation bewusster und innovativer gestalten, um Klarheit zu schaffen und die Verbindung zu ihren Teams aufrechtzuerhalten. Dazu gehört auch die Nutzung digitaler Tools, um nahtlose und häufige Interaktionen zu ermöglichen und so die Barrieren der räumlichen Entfernung zu überwinden. In diesem Kapitel wurde auch hervorgehoben, wie wichtig es ist, den Zusammenhalt des Teams in einer virtuellen Umgebung zu fördern. Die Führungskräfte haben kreative Wege gefunden, um ein Gefühl der Gemeinschaft und der Zugehörigkeit unter den Teammitgliedern aus der Ferne zu fördern. Dies war entscheidend für die Aufrechterhaltung der Teammoral und des Engagements in Abwesenheit von persönlichen Interaktionen.

Das Leistungsmanagement in entfernten Einrichtungen hat sich deutlich von überwachungsbasierten Methoden hin zu einer Konzentration auf Ergebnisse und Resultate verschoben. Die Führungskräfte haben sich darauf eingestellt, indem sie klare Ziele setzen, regelmäßiges Feedback geben und Technologien einsetzen, um den Fortschritt des Teams zu verfolgen und zu unterstützen.

Die Rolle des Einfühlungsvermögens wurde in diesen Zeiten als eine wichtige Führungsqualität hervorgehoben. Die Führungskräfte müssen sich stärker auf die emotionalen und psychologischen Bedürfnisse ihrer Teammitglieder einstellen und Verständnis und Unterstützung für die Herausforderungen der Telearbeit zeigen.

Wir haben beschrieben, wie wichtig es ist, die Belastbarkeit und Anpassungsfähigkeit von Teams zu fördern. In einer sich ständig verändernden Unternehmenslandschaft sind diese Qualitäten für Teams unerlässlich, um Herausforderungen effektiv zu bewältigen und Veränderungen anzunehmen. Die Befähigung der Mitarbeiter und die Investition in ihre Weiterbildung haben sich als Schlüsselstrategien für die Aufrechterhaltung von Motivation und Wachstum erwiesen. Beim Empowerment geht es darum, den

Mitarbeitern die Autonomie zu geben, Entscheidungen zu treffen und Verantwortung für ihre Arbeit zu übernehmen, während bei der Fortbildung die Bereitstellung kontinuierlicher Lernmöglichkeiten im Vordergrund steht, um mit den sich entwickelnden Anforderungen der Branche Schritt zu halten.

Das Kapitel liefert wertvolle Erkenntnisse und Strategien für Führungskräfte, die ihre Teams in der neuen Arbeitsumgebung nach der Pandemie effektiv führen und motivieren wollen. Dazu gehören eine verbesserte Kommunikation, die Förderung des Teamzusammenhalts, die Anpassung von Leistungsmanagementtechniken, die Demonstration von Einfühlungsvermögen, der Aufbau von Widerstandsfähigkeit und Anpassungsfähigkeit, die Befähigung von Mitarbeitern und die Konzentration auf Fortbildung. Diese Ansätze bieten einen Fahrplan für Führungskräfte, um die Herausforderungen von Fernarbeit und hybriden Arbeitsumgebungen zu meistern und den Erfolg des Teams und das Wachstum des Unternehmens zu gewährleisten.

Nach den Erkenntnissen und Strategien, die im aktuellen Kapitel erörtert wurden, verspricht das nächste Kapitel eine Vertiefung der sich entwickelnden Dynamik von Teamzusammenarbeit und Innovation in der Zeit nach der Pandemie. Aufbauend auf den Konzepten der Motivation und Führung wird in diesem Kapitel untersucht, wie diese grundlegenden Elemente eine entscheidende Rolle bei der Förderung eines Umfelds spielen, das die Zusammenarbeit und die Innovation in Teams begünstigt.

Die Pandemie hat nicht nur die Art und Weise verändert, wie Teams arbeiten, sondern auch, wie sie zusammenarbeiten und innovativ sind. Im nächsten Kapitel werden wir die Herausforderungen und Chancen untersuchen, die Remote- und hybride Arbeitsmodelle für die Teamzusammenarbeit darstellen. Wir werden untersuchen, wie die zuvor erörterten Motivationsstrategien und Führungsanpassungen genutzt werden können, um die Teamsynergie und -kreativität zu verbessern, selbst wenn die Teammitglieder nicht am selben Ort sind.

Wir werden uns auch mit der Dynamik der Förderung einer Innovationskultur in diesem neuen Umfeld befassen. Bei der Innovation geht es heute nicht mehr nur um technologische Fortschritte, sondern auch um neue Arbeitsweisen, Problemlösungen und Wertschöpfung. Die Rolle der Führung bei der Förderung einer innovativen Denkweise und der Ermutigung zu Experimenten und Risikobereitschaft wird ein Schwerpunkt sein.

Das nächste Kapitel befasst sich mit praktischen Ansätzen zur Erleichterung einer effektiven Zusammenarbeit zwischen unterschiedlichen und verstreuten Teams. Es wird untersucht, wie Technologie, Kommunikation und Organisationskultur zusammenwirken, um ein Umfeld zu schaffen, in dem Ideen frei ausgetauscht werden können und gemeinsame Anstrengungen zu wirkungsvollen Innovationen führen.

2. Teamdynamik, Innovation und Fernarbeit

Das Aufkommen von Remote- und hybriden Arbeitsmodellen, das durch die COVID-19-Pandemie erheblich beschleunigt wurde, hat zu einem grundlegenden Wandel der Teamdynamik geführt. Zu Beginn dieses Kapitels ist es wichtig zu verstehen, wie diese Veränderungen die Art und Weise, wie Teams interagieren, zusammenarbeiten und Innovationen vorantreiben, neu gestaltet haben.

Mit dem Übergang zur Tele- und Hybridarbeit hat sich die traditionelle Büroumgebung - ein Raum, der spontane Interaktionen, persönliche Treffen und ein Gefühl der physischen Gemeinschaft förderte - gewandelt. Die Teams bewegen sich nun in einer Landschaft, in der die Kommunikation über Bildschirme erfolgt und die Zusammenarbeit über digitale Plattformen stattfindet. Das Fehlen der physischen Präsenz hat ein Umdenken darüber erforderlich gemacht, wie der Zusammenhalt im Team aufrechterhalten, wie Vertrauen aufgebaut und ein gemeinsames Ziel kultiviert werden kann.

In diesem neuen Kontext hat sich auch die Dynamik der Teamarbeit verändert. Die Leichtigkeit, mit der man für eine kurze Diskussion zum Schreibtisch eines Kollegen hinübergehen konnte, wurde durch geplante Videoanrufe und asynchrone Kommunikation über E-Mails und Messaging-Apps ersetzt. Dieser Wandel hat sowohl seine Herausforderungen als auch seine Vorteile. Sie kann zwar zu mehr Flexibilität und Autonomie führen, birgt aber auch das Risiko der Isolation, der Fehlkommunikation und eines möglichen Rückgangs der Moral und des Zusammenhalts im Team.

Das hybride Modell, bei dem einige Teammitglieder aus der Ferne arbeiten, während andere im Büro sitzen, birgt seine eigene

Dynamik. Die Gewährleistung von Inklusion, Fairness und effektiver Zusammenarbeit in einer solchen Konstellation erfordert durchdachte Strategien und ein Verständnis für die einzigartigen Herausforderungen und Chancen, die sich daraus ergeben.

In diesem Kapitel soll diese neue Dynamik eingehend untersucht werden. Es wird untersucht, wie Führungskräfte ihre Ansätze anpassen können, um starke, kohäsive Teams in einem entfernten oder hybriden Umfeld zu fördern. Wir werden uns mit Strategien befassen, die eine wirksame Kommunikation erleichtern, eine gleichberechtigte Beteiligung gewährleisten und ein Gefühl der Einheit und des gemeinsamen Ziels des Teams aufrechterhalten. Wir werden diesen Aspekt der Innovation in Remote- und Hybrid-Teams untersuchen. In diesem Kapitel wird untersucht, wie diese neuen Arbeitsmodelle genutzt werden können, um Kreativität und Innovation zu fördern, und was Führungskräfte tun können, um ein Umfeld zu schaffen, in dem innovative Ideen gefördert und verwirklicht werden.

Die Einstellung von Mitarbeitern aus der Ferne, eine Notwendigkeit in der heutigen Zeit, bringt einzigartige Herausforderungen mit sich. Ohne die traditionellen persönlichen Gespräche wird die Beurteilung des vollen Potenzials eines Bewerbers und seiner Eignung für das Team zu einer vielschichtigeren Aufgabe. Die Beurteilung nicht nur der technischen Fähigkeiten, sondern auch der Anpassungsfähigkeit an eine Kultur der Telearbeit ist entscheidend. Auch der Onboarding-Prozess, der für die Integration neuer Mitarbeiter in bestehende Teams entscheidend ist, muss sorgfältig durchdacht werden, um sicherzustellen, dass er virtuell genauso effektiv ist wie persönlich. Sobald das Team zusammengestellt ist, besteht die Herausforderung darin, den Zusammenhalt ohne die natürlichen, informellen Interaktionen, die in einem physischen Büro stattfinden, aufrechtzuerhalten. Das Fehlen spontaner Gespräche am Wasserspender bedeutet, dass Führungskräfte alternative Wege finden müssen, um diese Interaktionen in der digitalen Welt zu fördern. Diese Bemühungen erfordern oft eine strukturiertere Planung und einen proaktiven Ansatz, um eine regelmäßige und effektive Kommunikation zu fördern und so das Zusammengehörigkeitsgefühl der Teammitglieder zu stärken.

Der virtuelle Arbeitsraum öffnet zwar die Türen zu einer geografisch vielfältigen Belegschaft, bringt aber auch die Herausforderung mit sich, Vielfalt und Integration zu gewährleisten. Die Leitung eines Teams, das sich über verschiedene Zeitzonen, Kulturen und Hintergründe erstreckt, erfordert ein erhöhtes Bewusstsein für die Einbeziehung aller Mitarbeiter. Dazu gehört es, die Zeitplanung zu berücksichtigen, kulturelle Unterschiede zu respektieren und eine gleichberechtigte Teilnahme an virtuellen Meetings sicherzustellen.

Die Kommunikation in einer virtuellen Umgebung, in der es keine nonverbalen Hinweise gibt, kann leicht zu Missverständnissen führen. Die Abhängigkeit von der Technologie für die Interaktion kann manchmal zu einem Mangel an Klarheit und Verbindung führen, was eine effektive Kommunikation zu einem Eckpfeiler eines erfolgreichen Remote-Team-Managements macht. Ein weiterer wichtiger Aspekt ist der Aufbau von Vertrauen zwischen Teammitgliedern, die sich möglicherweise nie persönlich treffen. In einer Remote-Umgebung wird Vertrauen durch beständige und transparente Interaktionen aufgebaut, was die Bedeutung von Zuverlässigkeit und offener Kommunikation unterstreicht.

Um diese Herausforderungen zu meistern, müssen Führungskräfte anpassungsfähig, einfühlsam und vorausschauend sein. Die virtuelle Umgebung erfordert einen innovativen Führungsansatz, der die besonderen Bedürfnisse eines verstreuten Teams erkennt und berücksichtigt. Durch den Einsatz effektiver Strategien zur Förderung von Kommunikation, Vertrauen und Gemeinschaftssinn können Führungskräfte sicherstellen, dass ihre Teams zusammenhalten und produktiv bleiben, unabhängig von der räumlichen Entfernung, die sie voneinander trennt.

Im Folgenden finden Sie einige Strategien, die Führungskräften helfen können, starke, kohärente und effiziente Remote-Teams aufzubauen:

Strukturierte und transparente Kommunikation

Legen Sie klare Kommunikationskanäle und -protokolle fest. Verwenden Sie eine Mischung aus synchronen (z. B. Videoanrufe, Chats in Echtzeit) und asynchronen (z. B. E-Mails, aufgezeichnete Videobotschaften) Kommunikationsmitteln, um den unterschiedlichen Bedürfnissen und Zeitzonen gerecht zu werden. Regelmäßige Teambesprechungen und persönliche Besprechungen können dazu beitragen, dass alle Beteiligten auf dem gleichen Stand sind. Eine transparente Kommunikation, bei der die Teammitglieder über Unternehmensaktualisierungen, Projektfortschritte und Änderungen informiert werden, ist von entscheidender Bedeutung.

Vertrauen fördern

Das Vertrauen in Remote-Teams beruht auf Zuverlässigkeit und Beständigkeit. Ermutigen Sie die Teammitglieder, sich auf ihre Zusagen zu verlassen und ihre Fähigkeiten und ihre Bandbreite transparent darzustellen. Als Führungskraft sollten Sie dieses Verhalten vorleben, indem Sie offen über Herausforderungen sprechen und auf die Bedürfnisse des Teams eingehen. Vertrauen entsteht auch dadurch, dass man Einfühlungsvermögen und Verständnis für die individuellen Umstände zeigt, die in einem Remote-Umfeld sehr unterschiedlich sein können.

Ein Gefühl der Gemeinschaft kultivieren

Schaffen Sie Gelegenheiten für informelle Interaktionen und soziale Kontakte, die für den Aufbau eines Gemeinschaftsgefühls unerlässlich sind. Virtuelle Kaffeepausen, Online-Übungen zur Teamentwicklung oder zwanglose Gruppenchats können Teammitgliedern die Möglichkeit bieten, sich auf einer persönlichen Ebene auszutauschen. Das Feiern von Erfolgen und Meilensteinen, sowohl arbeitsbezogener als auch persönlicher Art, kann ebenfalls ein Gefühl der Zugehörigkeit und des Teamgeistes fördern.

Effiziente Teamstrukturen und -zusammensetzungen

In einer entfernten Umgebung ist es wichtig, Teams so zu strukturieren, dass die Zusammenarbeit und die Effizienz maximiert werden. Dies kann bedeuten, dass kleinere Unterteams oder Paare für bestimmte Projekte gebildet werden, um die Kommunikation und Verantwortlichkeit zu optimieren. Berücksichtigen Sie bei der Bildung dieser Gruppen die unterschiedlichen Fähigkeiten und Stärken der Teammitglieder und achten Sie auf ein Gleichgewicht, das die Fähigkeiten des Teams insgesamt ergänzt und verbessert.

Klare Rollen und Zuständigkeiten

Definieren Sie klar die Rollen, Verantwortlichkeiten und Erwartungen für jedes Teammitglied. Diese Klarheit hilft, Überschneidungen und Lücken in der Arbeit des Teams zu vermeiden, und stellt sicher, dass jeder seinen Beitrag zu den Zielen des Teams versteht. Eine regelmäßige Überprüfung und Aktualisierung dieser Rollen und Zuständigkeiten im Zuge der Projektentwicklung kann ebenfalls dazu beitragen, dass das Team ausgerichtet und fokussiert bleibt.

Effektive Nutzung der Technologie

Nutzen Sie geeignete technologische Hilfsmittel nicht nur für die Kommunikation und das Projektmanagement, sondern auch für die Stärkung des Teamzusammenhalts. Tools wie digitale Whiteboards für Brainstorming, Projektmanagement-Software für die Fortschrittsverfolgung und Plattformen für informelle soziale Interaktionen können sowohl die Produktivität als auch die Teamdynamik verbessern.

Förderung von Eigenständigkeit und Flexibilität
Geben Sie den Teammitgliedern die Autonomie, ihre Aufgaben und Zeitpläne zu verwalten. Dies zeugt von Vertrauen und Respekt für ihre Fähigkeit, unabhängig zu arbeiten, was in einem entfernten Umfeld entscheidend ist. Flexibilität, insbesondere in Bezug auf unterschiedliche Zeitzonen und die Vereinbarkeit von Beruf und Privatleben, ist ebenfalls wichtig.

Förderung des kontinuierlichen Lernens und der Entwicklung

Förderung und Erleichterung des kontinuierlichen Lernens und der Kompetenzentwicklung. Dies kann virtuelle Schulungen, Online-Kurse und regelmäßige Treffen zum Wissensaustausch innerhalb des Teams umfassen. Kontinuierliches Lernen trägt dazu bei, dass das Team auf dem neuesten Stand bleibt und sich an neue Herausforderungen und Technologien anpassen kann.

Durch die Umsetzung dieser Strategien können Führungskräfte die Herausforderungen der Telearbeit wirksam angehen und ein Umfeld schaffen, in dem Kommunikation, Vertrauen, Gemeinschaft und Effizienz gedeihen. Dieser Ansatz verbessert nicht nur die aktuelle Leistung des Teams, sondern positioniert es auch für den langfristigen Erfolg in einer zunehmend ferngesteuerten Arbeitswelt.

Die Verlagerung zur Telearbeit bringt zwar Herausforderungen mit sich, eröffnet aber auch eine Fülle einzigartiger Möglichkeiten, insbesondere im Hinblick auf den Zugang zu globalen Talenten und die Berücksichtigung unterschiedlicher Perspektiven. Diese neue Arbeitslandschaft hat die Grenzen des traditionellen Arbeitsplatzes im Wesentlichen neu definiert und bietet potenzielle Vorteile, die in einer herkömmlichen Büroumgebung weniger realisierbar waren.

Einer der wichtigsten Vorteile von Remote-Teams ist der Zugang zu einem globalen Talentpool. Da geografische Beschränkungen kein Hindernis mehr darstellen, können Unternehmen die besten Kandidaten aus der ganzen Welt einstellen, unabhängig von ihrem Standort. Dieser Zugang zu einem breiteren Talentpool verbessert nicht nur die Qualität der Rekrutierung, sondern bringt auch unterschiedliche Qualifikationen mit sich, die auf dem lokalen Markt möglicherweise nicht vorhanden sind. Auf diese Weise können Unternehmen genau die Fähigkeiten und das Fachwissen finden, die sie benötigen, und dabei die Grenzen ihres unmittelbaren geografischen Standorts überwinden.

Die Vielfalt, die globale Teams mit sich bringen, geht über die fachlichen Fähigkeiten hinaus. Sie umfasst eine Reihe von kulturellen, sprachlichen und sozialen Perspektiven, die das kollektive Wissen und die Erfahrung des Teams bereichern. Diese Vielfalt kann zu kreativeren und innovativeren Problemlösungen führen, da unterschiedliche Standpunkte aufeinander treffen. Teams, die sich aus Mitgliedern mit unterschiedlichem Hintergrund zusammensetzen, sind oft besser in der Lage, einen globalen Kundenstamm zu verstehen und zu betreuen, was die Wettbewerbsfähigkeit des Unternehmens auf einem globalen Markt erhöht.

Remote-Teams bieten auch Flexibilität, was zu einer höheren Produktivität und Arbeitszufriedenheit führen kann. Die Teammitglieder können dort arbeiten, wo sie sich am wohlsten fühlen, und zu Zeiten, die ihnen am besten passen, vorausgesetzt, sie können sich mit dem Rest des Teams gut abstimmen. Diese Flexibilität kann zu einem höheren Motivationsniveau führen, da die Mitarbeiter ihre Arbeit und ihre persönlichen Verpflichtungen besser miteinander vereinbaren können.

Fernarbeit kann sowohl für Arbeitnehmer als auch für Arbeitgeber zu Kosteneinsparungen führen. Die Arbeitnehmer sparen Zeit und Kosten für das Pendeln, während die Arbeitgeber die Kosten für die Unterhaltung von Büroräumen reduzieren können. Diese Einsparungen können dann in andere Bereiche des Unternehmens oder in Mitarbeiterentwicklungsprogramme umgelenkt werden. Der virtuelle Charakter der Fernarbeit fördert die Einführung fortschrittlicher Technologien und digitaler Werkzeuge. Dadurch werden nicht nur die Arbeitsabläufe gestrafft, sondern es wird auch sichergestellt, dass das Unternehmen an der Spitze des technologischen Fortschritts bleibt. Die Notwendigkeit, sich auf Telearbeit einzustellen, kann den digitalen Wandel beschleunigen und Effizienz und Innovation fördern.

Anhand von Beispielen aus der Praxis wird gezeigt, wie mehrere Unternehmen die Herausforderungen der Telearbeit erfolgreich gemeistert und effektive Teamzusammensetzungen geschaffen haben, die Produktivität, Innovation und Mitarbeiterzufriedenheit gefördert haben. Diese Fallstudien bieten Einblicke in die praktische Anwendung der Strategien für das Management von Remote-Teams.

GitHub: Umfassender Einsatz von Mitarbeitern aus der Ferne

GitHub, eine Plattform für die Software-Entwicklung, ist ein führendes Beispiel für ein Unternehmen, das sich erfolgreich für eine vollständig ferngesteuerte Belegschaft entschieden hat. Schon vor der Pandemie arbeitete ein erheblicher Teil der Mitarbeiter von GitHub aus der Ferne. Sie haben Tools wie Slack, Zoom und natürlich ihre eigene GitHub-Plattform genutzt, um eine nahtlose Zusammenarbeit zu gewährleisten. Der Erfolg von GitHub liegt in seiner robusten Kultur der Telearbeit, die eine klare Dokumentation, asynchrone Kommunikation und eine starke Betonung der Work-Life-Balance umfasst. Das Unternehmen organisiert außerdem regelmäßig soziale Online-Veranstaltungen und fördert eine integrative Kultur, in der sich jeder Mitarbeiter, unabhängig vom Standort, wertgeschätzt fühlt.

Puffer: Transparente und asynchrone Kommunikation

Buffer, ein Unternehmen für Social-Media-Management-Tools, arbeitet mit einem vollständig dezentralisierten Team, das über mehrere Zeitzonen verteilt ist. Buffer ist für seine transparente Unternehmenskultur bekannt, die sich auch auf seine Remote-Arbeitspraktiken erstreckt. Das Unternehmen setzt stark auf asynchrone Kommunikation, um die Teammitglieder in Verbindung zu halten, ohne dass sie gleichzeitig online sein müssen. Dieser Ansatz respektiert die individuellen Arbeitszeiten und fördert eine gesunde Work-Life-Balance. Buffer legt auch großen Wert auf regelmäßige Teamtreffen (während der Pandemie virtuell), um den Zusammenhalt des Teams zu stärken und die Übereinstimmung mit den Werten und Zielen des Unternehmens zu gewährleisten.

Zapier: Förderung einer "Remote-First"-Kultur

Zapier, eine Web-Automatisierungsanwendung, ist seit seiner Gründung ein Unternehmen, das auf Fernzugriff setzt. Ihr Erfolg mit einem vollständig verteilten Team ist auf mehrere Schlüsselpraktiken zurückzuführen. Dazu gehören eine übermäßige Kommunikation, bei der Klarheit und Häufigkeit der Kommunikation im Vordergrund stehen, und eine starke Betonung der Dokumentation, die sicherstellt, dass Informationen für alle Teammitglieder zugänglich sind. Zapier konzentriert sich auch darauf, Mitarbeiter einzustellen, die in einem selbstmotivierten und autonomen Umfeld gedeihen und ihre Teamzusammensetzung auf die Anforderungen der dezentralen Arbeit abstimmen.

Automattic: Blogs für die Kommunikation nutzen

Automattic, das Unternehmen, das hinter WordPress.com steht, arbeitet mit einer 100 %igen Remote-Belegschaft. Das Unternehmen nutzt ein einzigartiges System für die interne Kommunikation, bei dem ein Großteil des Unternehmensdialogs und der Aktualisierungen in internen Blogs stattfindet, die in verschiedene Streams für verschiedene Teams und Projekte unterteilt sind. Dieses System fördert die Transparenz und sorgt für einen effektiven Informationsfluss zwischen den Teammitgliedern. Der Ansatz von Automattic zeigt, wie nicht-traditionelle Kommunikationsmethoden erfolgreich in einer entfernten Umgebung genutzt werden können.

Diese Unternehmen sind Beispiele für die erfolgreiche Zusammensetzung von Remote-Teams, die jeweils eine bestimmte Mischung aus Kommunikationsstrategien, kulturellen Praktiken und technologischen Tools einsetzen, um eine produktive und kohärente Remote-Arbeitsumgebung zu schaffen. Ihre Erfahrungen liefern wertvolle Lehren für andere Unternehmen, die ihre Remote-Arbeitsmodelle optimieren möchten.

Kommunikation in entfernten Teams

Eine der größten Herausforderungen in entfernten Umgebungen ist die Überbrückung der räumlichen Distanz zwischen den Teammitgliedern. Wenn diese Distanz nicht proaktiv durch regelmäßige und bewusste Kommunikation überwunden wird, kann dies zu einem Gefühl der Isolation und des Abgehängtseins führen. Effektive Kommunikation ist in diesem Zusammenhang ein wichtiges Bindeglied, das das Team auf dem Laufenden hält, das sicherstellt, dass alle auf der gleichen Seite stehen, was Ziele und Projekte angeht, und das ein Gefühl der Einheit des Teams aufrechterhält.

Das Fehlen von Interaktionen von Angesicht zu Angesicht mit den dazugehörigen nonverbalen Hinweisen erhöht das Risiko von Missverständnissen in einer entfernten Umgebung. Um dem entgegenzuwirken, muss die Kommunikation klar, prägnant und häufig sein. Bei dieser Klarheit geht es nicht nur um die Art und Weise, wie Nachrichten übermittelt werden, sondern auch darum, sicherzustellen, dass sie wie beabsichtigt verstanden werden, was oft Folge- oder Feedback-Mechanismen erfordert, um das Verständnis zu bestätigen.

Die Schaffung eines integrativen Umfelds durch Kommunikation ist besonders wichtig in Remote-Teams, deren Mitglieder oft aus verschiedenen Zeitzonen, Kulturen und Sprachen kommen. Effektive Kommunikationspraktiken in solchen Teams müssen inklusiv sein und diese Unterschiede berücksichtigen, sei es durch die Planung von Besprechungen zu Zeiten, die allen passen, durch die Verwendung einer klaren und einfachen Sprache oder durch die Förderung der Teilnahme aller Mitglieder.

Vertrauen und Transparenz sind die Grundvoraussetzungen für den Zusammenhalt eines Teams, und in entfernten Umgebungen wird dies durch transparente und konsistente Kommunikation erreicht. Führungskräfte spielen in dieser Hinsicht eine zentrale Rolle: Durch offene und regelmäßige Kommunikation schaffen sie ein Vorbild für den Rest des Teams und fördern eine Kultur des Vertrauens. Effektive Kommunikation ist entscheidend für die Zusammenarbeit und Kreativität in Remote-Teams. Digitale Tools können zwar die Zusammenarbeit erleichtern, aber die

Qualität und Effektivität der Kommunikation während dieser Interaktionen sind der wahre Motor für Kreativität und Problemlösung.

Die Aufrechterhaltung der Arbeitsmoral und des Engagements eines Teams an einem entfernten Standort hängt stark von der Kommunikation ab. Die Anerkennung von Leistungen, das Feiern von Meilensteinen und informelle Gespräche sind allesamt Teil der Schaffung eines virtuellen Arbeitsplatzes, der lebendig und unterstützend ist und sich nicht nur auf Aufgaben konzentriert. Kommunikation ist die Lebensader von Remote-Teams und spielt eine entscheidende Rolle bei der Überbrückung von Entfernungen, der Sicherstellung von Klarheit, der Förderung von Inklusion, dem Aufbau von Vertrauen, der Förderung der Zusammenarbeit und der Aufrechterhaltung der Moral. Um eine gesunde Teamdynamik und einen guten Zusammenhalt in einer virtuellen Arbeitsumgebung aufrechtzuerhalten, müssen die Kommunikationspraktiken auf die besonderen Bedürfnisse eines Remote-Teams zugeschnitten sein.

Effektive Kommunikation in Remote-Teams ist entscheidend für die Aufrechterhaltung von Produktivität, Zusammenhalt und Moral. Der richtige Einsatz von Technologie und die Erstellung klarer Kommunikationsprotokolle sind dabei von zentraler Bedeutung. Im Folgenden finden Sie einige praktische Ratschläge zu effektiven Kommunikationsmethoden für Remote-Teams:

1. Wählen Sie die richtigen Kommunikationsmittel: Nutzen Sie eine Reihe von Kommunikationswerkzeugen und -plattformen, die den Bedürfnissen des Teams am besten entsprechen. Dazu können Videokonferenz-Tools wie Zoom oder Microsoft Teams für persönliche Besprechungen, Instant-Messaging-Plattformen wie Slack für schnelle, informelle Chats und E-Mail für formellere oder detaillierte Kommunikation gehören. Es ist wichtig, diese Tools mit Bedacht einzusetzen - nicht jede Kommunikation erfordert beispielsweise einen Videoanruf, und einige Diskussionen lassen sich vielleicht besser über Messaging oder E-Mail abwickeln.

2. Erstellen Sie klare Kommunikationsprotokolle: Entwickeln Sie Richtlinien, wie die verschiedenen Kommunikationsmittel genutzt werden sollen. Dazu gehört die Festlegung, welche Kommunikationsarten für die jeweilige Plattform am besten geeignet sind, die Festlegung von Erwartungen an die Reaktionszeiten und die Festlegung von Umgangsformen für virtuelle Meetings (z. B. Stummschaltung, wenn nicht gesprochen wird, Anwesenheit vor der Kamera).

3. Regelmäßige Besprechungen und Treffen: Planen Sie regelmäßige Teamsitzungen und Einzelgespräche, um eine kontinuierliche, offene Kommunikation zu gewährleisten. Dies hilft bei der Abstimmung von Teamzielen, der Verfolgung von Fortschritten und der Behandlung von Problemen oder Bedenken. Außerdem bietet es den Teammitgliedern ein regelmäßiges Forum, um miteinander in Kontakt zu treten und sich auszutauschen.

4. Fördern Sie eine offene und integrative Kommunikation: Fördern Sie eine Kultur, in der sich die Teammitglieder wohl fühlen, wenn sie ihre Ideen, ihr Feedback und ihre Bedenken mitteilen. Bei virtuellen Meetings sollten Sie sich bewusst darum bemühen, alle Teilnehmer einzubeziehen und jedem die Möglichkeit zu geben, sich zu äußern. Die Berücksichtigung unterschiedlicher Zeitzonen und kultureller Unterschiede ist ebenfalls wichtig, um die Einbeziehung aller zu gewährleisten.

5. Nutzen Sie Tools für die Zusammenarbeit: Verwenden Sie Projektmanagement- und Kollaborationstools wie Asana, Trello oder Monday.com, um Aufgaben, Fristen und Fortschritte zu verfolgen. Diese Tools bieten Transparenz und können den Bedarf an übermäßigen Meetings oder E-Mails reduzieren.

6. Fördern Sie informelle Interaktionen: Schaffen Sie Gelegenheiten für informelle Interaktionen und geselliges Beisammensein, die für den Zusammenhalt des Teams von entscheidender Bedeutung sind und oft zu kreativen Ideen und Lösungen führen können. Dazu können virtuelle

Kaffeepausen, Team-Lunches per Videochat oder Online-Teambuilding-Aktivitäten gehören.

7. Schulungen zu Kommunikationswerkzeugen anbieten: Stellen Sie sicher, dass alle Teammitglieder mit den gewählten Kommunikations- und Kollaborationstools vertraut sind. Das Angebot von Schulungen oder Ressourcen kann Teammitgliedern helfen, diese Tools effektiv zu nutzen.

8. Asynchrone Kommunikation: Setzen Sie auf asynchrone Kommunikation, insbesondere wenn das Team über verschiedene Zeitzonen verteilt ist. Das bedeutet, dass nicht alle Mitteilungen sofort beantwortet werden müssen, so dass die Teammitglieder dann arbeiten und antworten können, wenn es für sie am bequemsten ist.

9. Klarheit und Prägnanz: Fördern Sie Klarheit und Prägnanz in allen Formen der Kommunikation. In einer entfernten Umgebung ist es sogar noch wichtiger, klar und direkt zu sein, um Missverständnisse zu vermeiden.

10. Feedback-Mechanismen: Schaffen Sie Mechanismen für regelmäßiges Feedback. Dies könnte durch Umfragen, Vorschlagsboxen oder regelmäßige Check-ins geschehen, um die Kommunikationsstrategien kontinuierlich zu verbessern.

Durch die Integration dieser Praktiken in ihren Kommunikationsansatz können Führungskräfte sicherstellen, dass ihre Remote-Teams unabhängig von ihrem physischen Standort in Verbindung bleiben, sich abstimmen und produktiv arbeiten.

Förderung der Innovation aus der Ferne

Die Förderung von Innovationen in verteilten Teams bringt besondere Herausforderungen mit sich, vor allem die Verringerung spontaner Interaktionen, die in traditionellen Büroumgebungen oft kreative Ideen hervorbringen. Die räumliche Trennung von Teammitgliedern in einer entfernten Umgebung bedeutet, dass die Möglichkeiten für zwanglose, spontane

Gespräche - am Wasserspender, auf dem Flur oder in der Mittagspause - deutlich geringer sind. Diese zwanglosen Interaktionen spielen traditionell eine entscheidende Rolle beim Austausch von Ideen und Perspektiven und fördern so ein innovationsfreundliches Umfeld. Eine weitere Herausforderung besteht darin, dafür zu sorgen, dass sich alle Teammitglieder, unabhängig von ihrem Standort, gleichermaßen einbezogen und gehört fühlen. In einem verteilten Team kann es vorkommen, dass sich entfernte Mitglieder von der Hauptgruppe abgekoppelt fühlen, vor allem, wenn einige Teammitglieder an einem Ort arbeiten, andere aber nicht. Dies kann zu einer Situation führen, in der Ideen und Beiträge ungleichmäßig verteilt sind, was den für die Innovation notwendigen Geist der Zusammenarbeit behindert.

Die Aufrechterhaltung eines gleichbleibenden Niveaus von Engagement und Motivation im gesamten Team ist in einer entfernten Umgebung ebenfalls komplexer. Ohne die Energie und Dynamik eines gemeinsam genutzten physischen Arbeitsbereichs erfordert es gezielte Anstrengungen und Strategien, um die Teammitglieder zu inspirieren und kreativ anzuregen. Das Fehlen von physischen Whiteboards, gemeinsam genutzten Räumen und persönlichen Brainstorming-Sitzungen kann ein Hindernis für visuelle und gemeinschaftliche Ideenfindungsprozesse darstellen. Digitale Tools bieten zwar Alternativen, aber sie können die Spontaneität und den Fluss eines persönlichen Brainstormings nicht vollständig wiedergeben.

Um diese Herausforderungen zu bewältigen, müssen Führungskräfte strukturierte Gelegenheiten zur Interaktion und zum Austausch von Ideen schaffen. Dazu können regelmäßige Brainstorming-Sitzungen, innovationsorientierte Meetings und virtuelle Kooperationsräume gehören, in denen Teammitglieder spontan Ideen austauschen und entwickeln können. Die Förderung einer Kultur, in der alle Ideen willkommen sind und geschätzt werden, unabhängig davon, wie unförmig oder unkonventionell sie sein mögen, kann ebenfalls zur Förderung der Innovation beitragen. Die Führungskräfte müssen auch sicherstellen, dass die Kommunikationskanäle offen und für alle Teammitglieder zugänglich sind, um ein integratives Umfeld zu schaffen, in dem jede Stimme gehört werden kann. Regelmäßige Check-Ins, Feedback-Sitzungen und eine klare, offene Kommunikation können dazu beitragen, das Engagement und die Motivation in verstreuten Teams aufrechtzuerhalten.

Auch die Technologie spielt eine entscheidende Rolle bei der Bewältigung dieser Herausforderungen. Der effektive Einsatz digitaler Tools für die Zusammenarbeit kann das Brainstorming und den Ideenaustausch in einer virtuellen Umgebung erleichtern. Tools wie digitale Whiteboards, Mind-Mapping-Software und Online-Ideenplattformen können dabei helfen, einen Teil der kollaborativen Energie von physischen Räumen zu replizieren.

Die Förderung und Aufrechterhaltung von Kreativität und Innovation in Remote-Teams kann trotz der damit verbundenen Herausforderungen durch konkrete und umsetzbare Strategien erreicht werden. Diese Strategien zielen darauf ab, ein Umfeld zu schaffen, in dem Ideen gedeihen können, die Zusammenarbeit gefördert wird und jedes Teammitglied die Möglichkeit hat, einen kreativen Beitrag zu leisten.

1. Strukturierte virtuelle Brainstorming-Sitzungen: Planen Sie regelmäßig virtuelle Brainstorming-Sitzungen, in denen die Teammitglieder ihre Ideen austauschen und aufeinander aufbauen können. Verwenden Sie digitale Tools wie virtuelle Whiteboards oder Brainstorming-Apps, um diese Sitzungen zu erleichtern. Legen Sie klare Ziele fest, lassen Sie aber auch freie, ergebnisoffene Diskussionen zu, um kreatives Denken zu fördern.

2. Plattformen für den Ideenaustausch: Richten Sie eine Online-Plattform oder einen speziellen Bereich ein, in dem Teammitglieder jederzeit Ideen, Inspirationen oder interessante Fundstücke posten können. Dies kann ein Kanal auf einer Kommunikationsplattform wie Slack oder ein Bereich in einem Projektmanagement-Tool wie Asana sein. Er dient als digitales Äquivalent zu einer physischen Ideentafel und fördert den kontinuierlichen Austausch von Ideen.

3. Regelmäßige Innovationsherausforderungen: Organisieren Sie regelmäßige Herausforderungen oder Hackathons, bei denen Teammitglieder an innovativen Projekten außerhalb ihrer regulären Aufgaben arbeiten können. Dabei kann es sich um Einzel- oder Teamprojekte handeln, die dazu anregen sollen, über den Tellerrand zu schauen. Bieten Sie Anerkennung oder Belohnungen für die besten Ideen oder Lösungen.

4. Fördern Sie die funktionsübergreifende Zusammenarbeit: Schaffen Sie Gelegenheiten für Teammitglieder aus verschiedenen Funktionen oder Abteilungen, an Projekten zusammenzuarbeiten. Diese gegenseitige Befruchtung von Fähigkeiten und Perspektiven kann zu innovativeren Lösungen und Ideen führen.

5. Flexible Zeitplanung für kreative Arbeit: Erkennen Sie an, dass sich Kreativität nicht immer einplanen lässt. Erlauben Sie den Teammitgliedern flexible Arbeitszeiten, damit sie dann arbeiten können, wenn sie sich am kreativsten oder inspiriertesten fühlen, und respektieren Sie die individuellen Spitzen der Kreativität.

6. Berufliche Entwicklungsmöglichkeiten: Bieten Sie Ihren Teammitgliedern die Möglichkeit, neue Fähigkeiten zu erlernen und zu entwickeln. Dies kann durch Online-Kurse, Webinare oder virtuelle Workshops geschehen. Die Erweiterung von Fähigkeiten kann zu neuen Ideen und Ansätzen inspirieren.

7. Fördern Sie eine Kultur der Offenheit und des Experimentierens: Fördern Sie eine Teamkultur, in der Experimente willkommen sind und Misserfolge als Lernchance betrachtet werden. Sorgen Sie dafür, dass sich die Teammitglieder sicher fühlen und unterstützt werden, um Risiken einzugehen und neue Ideen auszuprobieren.

8. Regelmäßige Rückmeldungen und Anerkennungen: Geben Sie regelmäßig Feedback zu kreativen Initiativen und

erkennen Sie innovative Beiträge an. Die Anerkennung und Wertschätzung kreativer Bemühungen kann die Motivation erheblich steigern und zu weiteren Innovationen anregen.

9. Virtuelle soziale Interaktionen: Ermöglichen Sie virtuelle soziale Interaktionen, um die informellen Interaktionen im Büro nachzuahmen, bei denen oft viele kreative Ideen ausgetauscht werden. Dies könnte durch virtuelle Kaffeepausen, zwanglose Treffen oder interessenbezogene Gruppen geschehen.

Der Mangel an physischer Interaktion in Remote-Teams hat den Einsatz digitaler Lösungen erforderlich gemacht, um die Kluft zu überbrücken und Brainstorming, Projektentwicklung und nahtlose Kommunikation zu erleichtern.

Virtuelle Whiteboard-Tools sind für Remote-Teams unverzichtbar geworden. Plattformen wie Miro oder Mural bieten eine digitale Leinwand, auf der Teammitglieder gemeinsam Brainstorming betreiben, Ideen skizzieren und Konzepte visuell abbilden können, was der Erfahrung einer physischen Whiteboard-Sitzung entspricht. Diese Tools unterstützen die Zusammenarbeit in Echtzeit und eignen sich hervorragend, um kreative Sitzungen zu erleichtern, Gedanken zu ordnen und Ideen auf visuell ansprechende Weise zu entwickeln.

Projektmanagement-Software wie Asana, Trello oder Monday.com spielt ebenfalls eine wichtige Rolle bei der Ferninnovation. Diese Plattformen helfen bei der Organisation von Ideen, der Verfolgung von Fortschritten bei innovativen Projekten und der Verwaltung von Aufgaben und Zeitplänen. Sie bieten einen zentralen Knotenpunkt, an dem alle Teammitglieder das Gesamtbild sehen, ihre individuellen Rollen verstehen und erkennen können, wie ihre Arbeit zu den übergeordneten Projektzielen beiträgt.

Für die Kommunikation haben sich Plattformen wie Slack und Microsoft Teams zum Rückgrat der Interaktion von Remote-Teams entwickelt. Diese Plattformen unterstützen nicht nur

Textnachrichten, sondern auch die gemeinsame Nutzung von Dateien, Videoanrufe und die Integration mit anderen Tools, was sie zu einer zentralen Anlaufstelle für die Kommunikation und Zusammenarbeit im Team macht. Sie ermöglichen auch die Einrichtung spezieller Kanäle für bestimmte Projekte oder Themen, so dass die Unterhaltungen konzentriert und organisiert bleiben. Videokonferenz-Tools wie Zoom oder Google Meet sind entscheidend für die Interaktion von Angesicht zu Angesicht, was für die Aufrechterhaltung von Teamverbindungen und die Förderung des Kooperationsgeistes unerlässlich ist. Diese Tools sind für die Durchführung regelmäßiger Teambesprechungen, Einzelgespräche und Brainstorming-Sitzungen unverzichtbar und tragen dazu bei, trotz der räumlichen Entfernung eine persönliche Verbindung aufrechtzuerhalten.

Cloud-Speicher- und Kollaborationsdienste wie Google Drive, Dropbox oder OneDrive sind für die gemeinsame Nutzung und Bearbeitung von Dokumenten unerlässlich. Sie ermöglichen es den Teammitgliedern, auf Dokumente, Tabellen oder Präsentationen in Echtzeit zuzugreifen, sie zu bearbeiten und zu kommentieren, um sicherzustellen, dass alle mit den aktuellsten Informationen arbeiten.

Software für das Innovationsmanagement, wie Planbox oder Brightidea, kann auch für Remote-Teams nützlich sein. Diese Plattformen sind darauf ausgelegt, den Innovationsprozess von der Ideenfindung bis zur Umsetzung zu managen. Sie bieten Tools für die Einreichung von Ideen, ihre Bewertung und die Verfolgung ihrer Fortschritte bei der Umsetzung. Kreativitäts- und Mind-Mapping-Software wie MindMeister oder XMind bietet den Teammitgliedern eine Möglichkeit, ihre Gedanken und Ideen visuell zu organisieren. Diese Tools sind besonders in der Anfangsphase eines Projekts oder einer Brainstorming-Sitzung nützlich, um kreatives Denken zu fördern und Ideen strukturiert zu erfassen.

Die Einbindung dieser technologischen Tools und Plattformen in die Fernarbeit kann die Fähigkeit des Teams zur Innovation und effektiven Zusammenarbeit erheblich verbessern. Sie kompensieren nicht nur den Mangel an physischer Interaktion, sondern bieten auch einzigartige Möglichkeiten, die den kreativen Prozess bereichern können.

Mehrere Remote-Teams aus verschiedenen Branchen haben durch den Einsatz von Technologie und effektiven Remote-Arbeitspraktiken erfolgreich Innovationen vorangetrieben. Ihre Erfahrungen liefern aufschlussreiche Fallstudien darüber, wie Kreativität und Fortschritt in einem virtuellen Umfeld gefördert werden können.

Der erste Erfolg von GitLab per Fernzugriff

GitLab, die Open-Source-DevOps-Plattform, ist bekannt für seine ausschließlich aus der Ferne arbeitenden Mitarbeiter und war schon vor der Pandemie ein Musterbeispiel für Innovation aus der Ferne. Mit über 1 300 Mitarbeitern, die aus mehr als 65 Ländern aus der Ferne arbeiten, hat GitLab erfolgreich ein äußerst transparentes Arbeitsumfeld geschaffen. GitLab nutzt eine Reihe digitaler Tools für die Zusammenarbeit und legt Wert auf asynchrone Kommunikation, was Flexibilität und Produktivität über verschiedene Zeitzonen hinweg ermöglicht. Die GitLab-Kultur der Open-Source-Beiträge und des kontinuierlichen Feedbacks fördert die Innovation unter den Teammitgliedern, was zu einem robusten, von der Gemeinschaft getragenen Produktentwicklungsprozess führt.

Die transparente Kultur der Fernarbeit bei Buffer

Buffer, eine Plattform zur Verwaltung sozialer Medien, arbeitet mit einem vollständig dezentralisierten Team und ist für seine starke Kultur der Transparenz und Kommunikation bekannt. Buffer hat erfolgreich Tools wie Trello und Zoom eingesetzt, um die Zusammenarbeit und Innovation im Team zu fördern. Die regelmäßig stattfindenden "Buffer Retreats", die während der Pandemie allerdings nur virtuell stattfanden, haben sich als hilfreich erwiesen, um den Zusammenhalt des Teams zu fördern und neue Ideen zu entwickeln. Trotz der geografischen Streuung seines Teams hält Buffer ein hohes Maß an Innovation und Agilität in der Produktentwicklung aufrecht, was auf die Betonung einer offenen Kommunikation und die Ermächtigung der Mitarbeiter zurückzuführen ist.

Effiziente Remote-Operationen von Zapier
Zapier, ein Automatisierungstool, das verschiedene Apps und Dienste miteinander verbindet, wird zu 100 % remote betrieben. Das Unternehmen zeichnet sich durch seinen effizienten Remote-Betrieb und seine Fähigkeit aus, eine Innovationskultur unter seinen Mitarbeitern zu fördern. Zapier nutzt eine Kombination aus Slack, GitHub und Zoom, um seine Teammitglieder miteinander zu verbinden und die Zusammenarbeit zu fördern. Das Unternehmen führt auch regelmäßige "Hack-Wochen" ein, in denen die Mitarbeiter an kreativen Projekten außerhalb ihres regulären Aufgabenbereichs arbeiten können, um Innovation und neue Ideen zu fördern.

Aufrechterhaltung von Team-Moral und Engagement

Die Aufrechterhaltung der Arbeitsmoral und des Engagements eines Teams ist in jedem Arbeitsumfeld von entscheidender Bedeutung, gewinnt aber in einem Fernarbeitskontext zusätzlich an Bedeutung. Die räumliche Trennung und die fehlende persönliche Interaktion, die für die Fernarbeit kennzeichnend sind, können bei den Teammitgliedern zu einem Gefühl der Isolation und des Unbeteiligtseins führen. Dies kann sich wiederum auf ihr Engagement, ihre Produktivität und ihre allgemeine Arbeitszufriedenheit auswirken. Daher ist die Aufrechterhaltung einer hohen Arbeitsmoral und eines hohen Engagements von entscheidender Bedeutung für die Gesundheit und den Erfolg von Remote-Teams.

Die Moral ist eng mit der Motivation verknüpft. Wenn Teammitglieder sich positiv und wertgeschätzt fühlen, sind sie eher motiviert und engagieren sich bei ihrer Arbeit. Eine hohe Arbeitsmoral führt zu einer aktiveren und enthusiastischeren Belegschaft, was Produktivität und Kreativität steigern kann. In einer entfernten Umgebung, in der die üblichen Anreize und Motivationen der Büroumgebung fehlen, erfordert die

Aufrechterhaltung einer hohen Arbeitsmoral mehr bewusste Anstrengungen und Strategien der Führungskräfte.

Das Engagement in einer Remote-Umgebung ist entscheidend dafür, dass sich die Teammitglieder mit ihrer Arbeit und dem Unternehmen verbunden fühlen. Fernarbeit kann manchmal dazu führen, dass der Einzelne das Gefühl hat, in einem Vakuum zu arbeiten, was zu einem Gefühl der Loslösung von den übergeordneten Zielen und der Mission des Unternehmens führt. Um den Zusammenhalt und die Effizienz eines Teams zu gewährleisten, ist es wichtig, dass sich die Mitarbeiter mit ihrer Arbeit auseinandersetzen und verstehen, wie ihre Beiträge in das Gesamtbild passen.

Eine hohe Arbeitsmoral und ein hohes Engagement sind für den Zusammenhalt des Teams und das Gefühl der Zugehörigkeit von entscheidender Bedeutung. Remote-Teams fehlt die natürliche Bindung, die in einem physischen Arbeitsbereich entsteht, was sich auf die Teamdynamik und die Zusammenarbeit auswirken kann. Der Aufbau eines Gemeinschaftsgefühls und einer kollaborativen Teamkultur ist für Remote-Teams wichtig, und dies wird stark von der allgemeinen Moral und dem Engagement der Mitglieder beeinflusst.

Die Aufrechterhaltung der Arbeitsmoral und des Engagements ist entscheidend für die Mitarbeiterbindung. Die Remote-Arbeitsumgebung bietet zwar Flexibilität, kann aber auch zu einer höheren Fluktuation führen, wenn sich die Teammitglieder abgekoppelt, unterbewertet oder nicht unterstützt fühlen. Die Förderung eines positiven und ansprechenden Umfelds für Telearbeit kann dazu beitragen, Talente zu halten und die mit hohen Fluktuationsraten verbundenen Kosten und Unterbrechungen zu reduzieren.

Bei der Aufrechterhaltung der Arbeitsmoral und des Engagements in einem Remote-Kontext geht es nicht nur um das Wohlbefinden der Mitarbeiter, sondern auch um die Produktivität, den Zusammenhalt und die langfristige Nachhaltigkeit des Teams. Führungskräfte spielen in diesem Prozess eine entscheidende

Rolle. Sie müssen verschiedene Strategien und Instrumente einsetzen, um sicherzustellen, dass ihre Remote-Teams motiviert, engagiert und verbunden bleiben.

Um das Engagement und die Motivation von Remote-Teams aufrechtzuerhalten, bedarf es durchdachter Strategien und Aktivitäten, die den besonderen Herausforderungen einer virtuellen Arbeitsumgebung gerecht werden. Führungskräfte können eine Vielzahl von Ansätzen anwenden, um sicherzustellen, dass ihre Teams produktiv, verbunden und motiviert bleiben:

1. Regelmäßige virtuelle Besprechungen: Halten Sie regelmäßige Teambesprechungen und Einzelgespräche ab, um eine offene Kommunikation zu gewährleisten. Nutzen Sie diese Besprechungen nicht nur für arbeitsbezogene Aktualisierungen, sondern auch für persönliche Rückmeldungen, um ein gutes Verhältnis und ein Gemeinschaftsgefühl innerhalb des Teams aufzubauen.

2. Anerkennung und Belohnungen: Erkennen Sie große und kleine Erfolge an und feiern Sie sie. Die Anerkennung von Einzel- und Teamleistungen kann die Moral und Motivation steigern. Dies kann durch Anerkennungen während der Sitzungen, virtuelle Auszeichnungen oder sogar kleine Belohnungen geschehen.

3. Teambildende Aktivitäten: Organisieren Sie virtuelle Teambuilding-Aktivitäten, um Kameradschaft und Teamarbeit zu fördern. Dazu könnten Online-Spiele, virtuelle Happy Hours oder lustige Herausforderungen gehören, an denen die Teammitglieder teilnehmen können.

4. Flexible Arbeitsvereinbarungen: Berücksichtigen Sie die unterschiedlichen persönlichen Umstände von Fernarbeitern und bieten Sie flexible Arbeitsregelungen an. Flexibilität kann die Arbeitszufriedenheit und Motivation erheblich steigern.

5. Berufliche Entwicklungsmöglichkeiten: Fördern und erleichtern Sie Möglichkeiten zur beruflichen Weiterentwicklung. Dies könnte den Zugang zu Online-Kursen, Webinaren, virtuellen Konferenzen oder internen Schulungen umfassen.

6. Transparente Kommunikation: Sorgen Sie für eine transparente Kommunikation in Bezug auf Unternehmensnachrichten, Aktualisierungen und Änderungen. Wenn die Teammitglieder auf dem Laufenden gehalten werden, fördert dies Vertrauen und ein Gefühl der Sicherheit.

7. Ermutigen Sie zu Pausen und Auszeiten: Fördern Sie eine gesunde Work-Life-Balance, indem Sie zu regelmäßigen Pausen, Auszeiten und Urlaub ermutigen. Dies beugt Burnout vor und hält das Team erfrischt und motiviert.

8. Schaffung einer virtuellen Politik der offenen Tür: Geben Sie bekannt, dass sich Teammitglieder mit Anliegen, Ideen oder zur Unterstützung an die Führungskräfte wenden können. Eine Politik der offenen Tür in einer virtuellen Umgebung fördert Vertrauen und offene Kommunikation.

9. Kollaborative Projektmanagement-Tools: Nutzen Sie Projektmanagement-Tools, die die Zusammenarbeit und Transparenz der Arbeitsabläufe ermöglichen. Tools wie Asana, Trello oder Monday.com können dazu beitragen, dass alle Beteiligten an einem Strang ziehen und sich um ihre Aufgaben kümmern.

10. Virtuelle Mentorenschaft und Buddy-Systeme: Führen Sie Mentorenprogramme oder Buddy-Systeme für neue Mitarbeiter oder für die berufliche Entwicklung ein. Dies kann beim Aufbau von Beziehungen innerhalb des Teams helfen und Unterstützung für die persönliche und berufliche Entwicklung bieten.

11. Gesundheits- und Wellness-Initiativen: Bieten Sie Programme oder Ressourcen an, die sich auf die geistige Gesundheit und das körperliche Wohlbefinden konzentrieren, wie z. B. virtuelle Fitnesskurse, Meditationssitzungen oder Zugang zu Beratungsdiensten.

12. Feedback-Mechanismen: Bitten Sie die Teammitglieder regelmäßig um Feedback zu ihren Arbeitserfahrungen und Verbesserungsvorschlägen. Dies kann durch Umfragen, Vorschlagskästen oder während der Sitzungen geschehen.

Durch die Umsetzung dieser Strategien können Führungskräfte eine Fernarbeitsumgebung schaffen, die nicht nur produktiv, sondern auch unterstützend, ansprechend und motivierend für alle Teammitglieder ist.

In einer Remote-Arbeitsumgebung kann es schwierig sein, die Arbeitsmoral und das Engagement eines Teams zu messen, obwohl dies für die Aufrechterhaltung eines gesunden und produktiven Teams entscheidend ist. Es gibt verschiedene Tools und Methoden, die Führungskräften helfen, den Puls ihrer Remote-Teams effektiv zu messen.

Umfragen sind ein beliebtes Instrument, um die Arbeitsmoral und das Engagement des Teams zu messen. Mit Plattformen wie SurveyMonkey oder Google Forms können anonyme Umfragen erstellt werden, in denen Teammitglieder Feedback zu ihren Arbeitserfahrungen, ihrer Arbeitszufriedenheit und etwaigen Bedenken geben können. Regelmäßige Umfragen können Veränderungen der Arbeitsmoral im Laufe der Zeit verfolgen und Einblicke in verbesserungsbedürftige Bereiche geben.

Pulsumfragen, die kürzer und häufiger durchgeführt werden als herkömmliche Umfragen, sind eine weitere wirksame Methode. Tools wie Officevibe oder TinyPulse bieten Pulsbefragungsfunktionen, mit denen sich schnell feststellen lässt, wie sich die Teammitglieder fühlen, so dass die Führungskräfte Probleme umgehend angehen können.

Engagement-Softwareplattformen bieten eine umfassende Lösung für die Messung und Verbesserung des Engagements und der Moral von Teams. Plattformen wie Qualtrics Employee Experience oder Culture Amp bieten Tools für Umfragen, das Sammeln von Feedback und die Analyse von Daten, um Trends und verbesserungswürdige Bereiche zu ermitteln.

Virtuelle Einzelgespräche sind eine direkte und persönliche Methode, um die Moral des Teams zu messen. Diese Treffen geben den Teammitgliedern die Möglichkeit, Probleme unter vier Augen zu besprechen, und bieten den Führungskräften wertvolle Einblicke in das individuelle Wohlbefinden und Engagement. Leistungskennzahlen, die sich zwar in erster Linie auf den Output konzentrieren, können auch indirekte Indikatoren für die Arbeitsmoral eines Teams liefern. Ein plötzlicher Rückgang der Produktivität oder der Arbeitsqualität kann ein Hinweis auf zugrunde liegende Probleme im Zusammenhang mit der Arbeitsmoral oder dem Engagement sein.

Online-Kommunikationstools können anekdotische Hinweise auf die Stimmung im Team liefern. Der Ton und die Häufigkeit von Nachrichten auf Plattformen wie Slack oder Microsoft Teams können den Führungskräften einen Eindruck von der Stimmung und dem Engagement des Teams vermitteln. Soziale Interaktionsplattformen oder virtuelle Teambuilding-Events können ebenfalls Aufschluss geben. Wie die Teammitglieder während dieser Veranstaltungen interagieren, wie stark sie sich beteiligen und welche Art von Interaktion sie pflegen, kann Aufschluss über die allgemeine Stimmung im Team geben.

In Projektmanagement-Software oder Intranets eingebettete Feedback- und Vorschlagstools ermöglichen es Teammitgliedern, ihre Gedanken und Vorschläge anonym mitzuteilen. Dies kann eine wertvolle Informationsquelle sein, um die Stimmung im Team zu verstehen. Apps oder Programme für psychische Gesundheit und Wellness können Einblicke in das allgemeine Wohlbefinden des Teams geben, das eng mit der Arbeitsmoral verbunden ist. Programme wie Headspace oder Calm können, wenn sie als Teil der Sozialleistungen für Mitarbeiter angeboten werden, anonyme Gesamtberichte über Nutzung und Engagement enthalten. Durch den Einsatz dieser Tools und Methoden können Führungskräfte die Moral und das Engagement ihrer Remote-Teams effektiv messen und verfolgen. Dieses Wissen ist entscheidend, um proaktive Schritte zu unternehmen, um Probleme anzugehen und ein positives und produktives Arbeitsumfeld zu erhalten.

Aufbau einer Kultur des Vertrauens und der Zusammenarbeit

Vertrauen ist ein grundlegender Bestandteil erfolgreicher Remote-Teams und spielt in virtuellen Umgebungen eine noch wichtigere Rolle als in traditionellen Büroumgebungen. In Abwesenheit regelmäßiger, persönlicher Interaktionen wird Vertrauen zur Grundlage, auf der effektive Kommunikation, Zusammenarbeit und die gesamte Teamdynamik aufbauen.

In Remote-Teams ist Vertrauen entscheidend, um ein Gefühl der Sicherheit und Zuverlässigkeit unter den Teammitgliedern zu fördern. Wenn die Teammitglieder einander vertrauen, kommunizieren sie offener, sind bereit, Ideen auszutauschen, und trauen sich, Bedenken oder Herausforderungen zu äußern. Diese Offenheit ist für die Zusammenarbeit und Innovation von entscheidender Bedeutung, da sie den freien Austausch von Ideen und konstruktivem Feedback fördert.

Vertrauen ermöglicht es den Teammitgliedern, selbständig zu arbeiten. Fernarbeit erfordert oft ein Maß an Flexibilität und Selbstmanagement, das in Büroumgebungen nicht so häufig anzutreffen ist. Teammitgliedern zuzutrauen, ihr Arbeitspensum zu bewältigen, Entscheidungen zu treffen und Fristen ohne ständige Aufsicht einzuhalten, ist der Schlüssel zur Aufrechterhaltung von Produktivität und Motivation in einer Remote-Umgebung.

Für Führungskräfte bedeutet der Aufbau und die Aufrechterhaltung von Vertrauen in einem Remote-Team, dass sie konsequent und transparent kommunizieren, Einfühlungsvermögen und Verständnis für die individuellen

Umstände der Teammitglieder zeigen und Zusagen und Versprechen einhalten. Es bedeutet auch, den Teammitgliedern die notwendige Unterstützung und Ressourcen zur Verfügung zu stellen, damit sie ihre Aufgaben effektiv erfüllen können. Vertrauen in Remote-Teams mildert die Herausforderungen, die durch die räumliche Entfernung entstehen. Es hilft bei der Überwindung möglicher Gefühle der Isolation und der Trennung und trägt zu einer stärkeren Teamkultur und einer besseren Gesamtleistung des Teams bei.

Vertrauen ist der Klebstoff, der Remote-Teams zusammenhält. Es ist entscheidend für die Schaffung eines positiven und unterstützenden Arbeitsumfelds, in dem sich die Teammitglieder wertgeschätzt, verbunden und den gemeinsamen Zielen verpflichtet fühlen. Der Aufbau und die Aufrechterhaltung von Vertrauen in einem virtuellen Team erfordert bewusste Anstrengungen und konsequente Praxis, ist aber für den langfristigen Erfolg und den Zusammenhalt des Teams entscheidend.

Der Aufbau und die Pflege einer Kultur der Zusammenarbeit in Remote-Teams erfordert einen strategischen Ansatz, der die besonderen Herausforderungen virtueller Arbeitsumgebungen berücksichtigt. Der Schlüssel liegt darin, eine Atmosphäre zu schaffen, in der sich die Teammitglieder trotz der räumlichen Entfernung verbunden, geschätzt und zur Zusammenarbeit motiviert fühlen.

Die Schaffung einer soliden Grundlage für die Zusammenarbeit beginnt mit einer effektiven und umfassenden Kommunikation. Durch die Einrichtung klarer Kommunikationskanäle und regelmäßiger Rückmeldungen wird sichergestellt, dass alle Teammitglieder auf dem gleichen Stand sind. Es ist wichtig, einen offenen Dialog zu fördern, bei dem die Teammitglieder Ideen, Bedenken und Feedback frei austauschen können. Diese Offenheit fördert nicht nur die Transparenz, sondern trägt auch zum Aufbau gegenseitigen Vertrauens bei.

Die Förderung der aktiven Teilnahme ist entscheidend. Bemühen Sie sich zum Beispiel bei virtuellen Sitzungen bewusst darum, jedes Teammitglied einzubeziehen und ihm eine Plattform zu bieten, um einen Beitrag zu leisten. Dies könnte bedeuten, dass die Rolle des Sitzungsleiters rotiert oder jedem Mitglied Zeit für den Austausch von Neuigkeiten und Ideen eingeräumt wird. Auf diese Weise wird sichergestellt, dass die Stimme jedes Einzelnen gehört und wertgeschätzt wird. Der effektive Einsatz von Technologie spielt eine wichtige Rolle bei der Förderung der Zusammenarbeit. Verwenden Sie Tools für die Zusammenarbeit und Projektmanagement-Software, die es den Teammitgliedern ermöglichen, unabhängig von ihrem Standort effizient zusammenzuarbeiten. Diese Tools sollten die gemeinsame Nutzung von Dokumenten, die Verfolgung des Fortschritts und die nahtlose Koordinierung von Aufgaben erleichtern.

Der Aufbau eines Gemeinschaftsgefühls und Teamgeistes ist ebenfalls wichtig. Dies kann durch virtuelle Teambuilding-Aktivitäten, zwanglose Treffen oder interessenbezogene Gruppen innerhalb des Teams erreicht werden. Solche Initiativen tragen dazu bei, Bindungen über arbeitsbezogene Aufgaben hinaus zu schaffen, was für den Zusammenhalt des Teams wichtig ist.

Die Festlegung klarer Ziele und Erwartungen ist ein weiterer wichtiger Aspekt. Wenn die Teammitglieder ihre Rollen verstehen und wissen, wie ihre Arbeit zu den übergeordneten Zielen beiträgt, werden sie eher effektiv zusammenarbeiten. Wenn diese Ziele regelmäßig überprüft und bei Bedarf angepasst werden, bleibt das Team ausgerichtet und konzentriert. Die Förderung einer Kultur des Lernens und der Entwicklung trägt zur Aufrechterhaltung eines kollaborativen Umfelds bei. Wenn Teammitglieder dazu ermutigt werden, Wissen auszutauschen, voneinander zu lernen und sich an gemeinsamen Problemlösungsaktivitäten zu beteiligen, kann dies eine kollaborative Einstellung fördern.

Die Anerkennung und Würdigung gemeinsamer Leistungen ist von entscheidender Bedeutung. Die Anerkennung der Bemühungen und Erfolge des Teams bei der Zusammenarbeit stärkt den Wert der Zusammenarbeit und ermutigt zu weiterem kooperativen Verhalten. Es ist wichtig, auf ein ausgewogenes Verhältnis zwischen Arbeit und Privatleben zu achten. Der Schlüssel zur Aufrechterhaltung eines gesunden und kooperativen Teamumfelds liegt darin, sicherzustellen, dass sich die Teammitglieder nicht überfordert oder ausgebrannt fühlen.

Die Förderung einer vertrauensvollen und kollaborativen Fernarbeitsumgebung erfordert eine Kombination aus bewährten Verfahren und Techniken, die darauf zugeschnitten sind, die Herausforderungen der Entfernung und der virtuellen Interaktion zu bewältigen. Der Schlüssel ist die Schaffung einer Kultur, in der offene Kommunikation, gegenseitiger Respekt und Teamgeist im Vordergrund stehen.

Die Förderung einer offenen und transparenten Kommunikation ist von grundlegender Bedeutung. Regelmäßige Teambesprechungen und Einzelgespräche sind unerlässlich, um alle Beteiligten auf dem Laufenden zu halten und aufeinander abzustimmen. Es ist wichtig, eine Kultur zu schaffen, in der sich die Teammitglieder wohl fühlen, wenn sie ihre Gedanken, Herausforderungen und Erfolge mitteilen. Führungskräfte sollten mit gutem Beispiel vorangehen, indem sie offen über ihre eigenen Herausforderungen sprechen und andere ermutigen, davon zu erzählen. Der Aufbau von Vertrauen unter den Teammitgliedern ist entscheidend. Dies kann erreicht werden, indem man Verpflichtungen und Fristen konsequent einhält, zuverlässig kommuniziert und zu Teambesprechungen und Diskussionen erscheint. Vertrauen wird auch gefördert, wenn die Teammitglieder das Gefühl haben, dass ihre Beiträge geschätzt werden und ihre Stimme gehört wird.

Die Schaffung von Gelegenheiten für informelle Interaktionen und soziale Kontakte kann den Zusammenhalt und die Zusammenarbeit im Team erheblich verbessern. Virtuelle Kaffeepausen, Teamessen per Videochat oder Online-Teambuilding-Aktivitäten können den Teammitgliedern helfen, sich auf einer persönlichen Ebene kennenzulernen, was für den Aufbau von Vertrauen und Zusammenarbeit unerlässlich ist.

Die Festlegung klarer Rollen und Zuständigkeiten bei gleichzeitiger Förderung von Autonomie und Befähigung ist wichtig. Wenn die Teammitglieder ihre Rollen und die an sie gestellten Erwartungen klar verstehen und sich befähigt fühlen, Entscheidungen zu treffen, fördert dies das Gefühl der Eigenverantwortung und des Verantwortungsbewusstseins, was der Schlüssel zur Zusammenarbeit ist. Der wirksame Einsatz von Tools und Technologien für die Zusammenarbeit kann den Aufbau eines kollaborativen Umfelds erheblich unterstützen. Tools für das Projektmanagement, die gemeinsame Nutzung von Dokumenten und die Kommunikation sollten eingesetzt werden, um alle Beteiligten auf dem gleichen Stand zu halten und eine nahtlose Zusammenarbeit zu ermöglichen.

Die Anerkennung und Würdigung von Teamleistungen und gemeinsamen Anstrengungen ist ebenfalls eine bewährte Praxis. Dies motiviert nicht nur das Team, sondern unterstreicht auch den Wert, der der Zusammenarbeit und dem gemeinsamen Erfolg beigemessen wird.

Die Förderung von kontinuierlichem Lernen und Wissensaustausch unter den Teammitgliedern kann eine Kultur der Zusammenarbeit fördern. Wenn Teammitglieder gemeinsam und voneinander lernen, entsteht ein Gefühl der Kameradschaft und des gemeinsamen Ziels. Führungskräfte müssen auf das Wohlbefinden ihrer Teammitglieder achten. Regelmäßige Kontrollen des geistigen und emotionalen Zustands der Teammitglieder sind wichtig, um ein positives und unterstützendes Arbeitsumfeld aufrechtzuerhalten, vor allem in einem entfernten Umfeld.

Anpassungsfähigkeit und Flexibilität, vor allem in Bezug auf die Arbeitszeiten und die individuellen Bedürfnisse, sind in einem entfernten Umfeld von entscheidender Bedeutung. Flexibilität zeugt von Respekt für die individuellen Umstände und schafft gegenseitiges Vertrauen. Die Umsetzung dieser bewährten Verfahren und Techniken kann dazu beitragen, ein Arbeitsumfeld zu schaffen, in dem Vertrauen, Zusammenarbeit und Teamgeist gedeihen, was zu einem engagierten, produktiven und zufriedenen Team führt.

Das Kapitel über die Förderung der Zusammenarbeit und des Vertrauens in Remote-Teams befasste sich mit mehreren Schlüsselpunkten und Strategien, die für den Erfolg virtueller Arbeitsumgebungen unerlässlich sind. Diese konzentrierten sich auf die Bewältigung der einzigartigen Herausforderungen, die sich bei der Fernarbeit ergeben, um den Teamzusammenhalt, die Produktivität und eine positive Arbeitskultur zu erhalten.

Offene und transparente Kommunikation wurde als Eckpfeiler erfolgreicher Remote-Teams hervorgehoben. Regelmäßige Teambesprechungen und Einzelgespräche sind unerlässlich, um alle Beteiligten auf dem Laufenden zu halten und aufeinander abzustimmen. Die Förderung einer Kultur, in der sich die Teammitglieder wohlfühlen, wenn sie ihre Ideen und Herausforderungen mitteilen können, trägt zum Aufbau von Vertrauen bei und sorgt dafür, dass sich jeder gehört und wertgeschätzt fühlt.

Vertrauen zwischen den Teammitgliedern wurde als entscheidend erkannt und kann durch die konsequente Einhaltung von Verpflichtungen, die Zuverlässigkeit der Kommunikation und den Respekt vor den Beiträgen der anderen aufgebaut werden. Das Vertrauen wird weiter gestärkt, wenn die Beiträge aller Teammitglieder anerkannt und gewürdigt werden und wenn die Führungskräfte dieses Verhalten vorleben. Die Bedeutung informeller Interaktionen und sozialer Kontakte in einem virtuellen Umfeld wurde hervorgehoben. Aktivitäten wie virtuelle Kaffeepausen und Teamessen fördern persönliche Beziehungen und die Teambindung, die für ein kooperatives und unterstützendes Arbeitsumfeld unerlässlich sind. Die klare Definition von Rollen und Zuständigkeiten sowie die Ermächtigung der Teammitglieder, Entscheidungen zu treffen, wurden als wichtig für die Förderung des Gefühls der Eigenverantwortung und des Verantwortungsbewusstseins hervorgehoben, die der Schlüssel zu einer effektiven Zusammenarbeit sind. Die effektive Nutzung von Technologien für die Zusammenarbeit wurde erörtert, einschließlich der Verwendung von Projektmanagement-Tools, Plattformen für die gemeinsame Nutzung von Dokumenten und Kommunikationssoftware zur Erleichterung einer nahtlosen Teamarbeit.

Die Anerkennung und Würdigung von Teamergebnissen und gemeinsamen Anstrengungen trägt dazu bei, das Team zu motivieren und den Wert der Zusammenarbeit zu stärken. Kontinuierliches Lernen und Wissensaustausch unter den Teammitgliedern wurden als Mittel zur Förderung einer Kultur der Zusammenarbeit vorgeschlagen, die die Teammitglieder ermutigt, miteinander und voneinander zu lernen.

Das Wohlergehen der Teammitglieder wurde als Priorität hervorgehoben, wobei die Führungskräfte auf die geistige und emotionale Gesundheit ihrer Teams achten müssen, insbesondere in einem entfernten Umfeld. Anpassungsfähigkeit und Flexibilität wurden als entscheidende Elemente genannt, insbesondere in Bezug auf Arbeitspläne und individuelle Bedürfnisse, um gegenseitiges Vertrauen und Respekt in einem Remote-Team aufzubauen.

Zum Abschluss unserer ausführlichen Diskussion über Vertrauen und Zusammenarbeit in Remote-Teams kommen wir natürlich zum nächsten wichtigen Thema im Bereich der Remote-Arbeit: Organisationskultur und agiles Änderungsmanagement. Dieses Kapitel baut auf den grundlegenden Konzepten des Vertrauens und der Zusammenarbeit auf und geht der Frage nach, wie diese in die breitere Organisationskultur eingebettet sind und diese beeinflussen, insbesondere im Zusammenhang mit dem Management von Veränderungen.

Im nächsten Kapitel werden wir die Dynamik der Gestaltung und Aufrechterhaltung einer positiven und effektiven Organisationskultur in einer entfernten Arbeitsumgebung untersuchen. Dazu gehört auch das Verständnis für die Feinheiten der Schaffung einer Unternehmenskultur, die physische Grenzen überwindet und ein Gefühl für gemeinsame Werte und Aufgaben in verstreuten Teams fördert.

Wir werden uns mit dem Konzept des agilen Änderungsmanagements befassen. In der heutigen schnelllebigen und sich ständig weiterentwickelnden Unternehmenslandschaft ist die Fähigkeit, sich anzupassen und rasch auf Veränderungen zu reagieren, wichtiger denn je. Wir werden untersuchen, wie Unternehmen agile Prinzipien anwenden können, um Veränderungen effektiver zu managen und sicherzustellen, dass sie angesichts der ständigen Markt- und Technologieveränderungen widerstandsfähig und wettbewerbsfähig bleiben.

Dieses Kapitel befasst sich auch mit der Rolle der Führung bei der Steuerung der Unternehmenskultur und des Veränderungsmanagements. Wir werden untersuchen, wie Führungskräfte als Katalysatoren für die Kultivierung einer Kultur fungieren können, die den Wandel begrüßt, und wie sie ihre Teams durch die damit verbundenen Ungewissheiten und Chancen führen können.

Das kommende Kapitel über Organisationskultur und agiles Veränderungsmanagement wird einen umfassenden Leitfaden für die Verankerung einer Kultur der Agilität und Widerstandsfähigkeit in einer Organisation bieten. Es wird die Grundsätze des Vertrauens, der Kommunikation und der Zusammenarbeit einbeziehen, um eine ganzheitliche Sicht auf die Führung und das Management in einem modernen Arbeitsumfeld zu bieten, in dem Fernarbeit an erster Stelle steht.

3. Organisationskultur und agiles Änderungsmanagement

In der sich schnell entwickelnden Unternehmenslandschaft von heute ist die Organisationskultur ein zentrales Element, das die Identität, den Zusammenhalt und die Widerstandsfähigkeit von Unternehmen prägt. Organisationskultur bezieht sich auf die gemeinsamen Werte, Überzeugungen, Praktiken und Verhaltensweisen, die bestimmen, wie die Arbeit in einer Organisation erledigt wird. Sie umfasst die kollektive Denkweise und das Ethos eines Unternehmens und beeinflusst alles, von Entscheidungsprozessen bis hin zu Mitarbeiterinteraktionen und Kundenbindung.

Die Bedeutung der Organisationskultur in der modernen Geschäftswelt kann gar nicht hoch genug eingeschätzt werden. Sie dient als Kompass, der die Handlungen und Strategien eines Unternehmens leitet, insbesondere in Zeiten des Wandels und der Unsicherheit. Eine starke, positive Organisationskultur fördert das Gefühl der Identität und des Zwecks unter den Mitarbeitern und steigert das Engagement, die Zufriedenheit und die Loyalität. Sie schafft ein Umfeld, in dem der Einzelne motiviert ist, sein Bestes zu geben, was Produktivität und Innovation fördert. Im Kontext der Globalisierung und des technologischen Fortschritts spielt die Organisationskultur zudem eine entscheidende Rolle bei der Anpassung und Reaktion von Unternehmen auf Veränderungen. Da Unternehmen mit neuen Herausforderungen und Chancen konfrontiert sind, wird die Agilität ihrer Kultur - die Fähigkeit, sich schnell und effektiv an neue Umstände anzupassen - zu einem Schlüsselfaktor für ihren Erfolg und ihre Nachhaltigkeit.

Agiles Veränderungsmanagement, ein Konzept, das eng mit der Organisationskultur verwoben ist, bezieht sich auf die Fähigkeit einer Organisation, sich schnell an Veränderungen im externen Umfeld anzupassen. Es geht darum, angesichts von

Marktveränderungen, technologischen Entwicklungen und sich wandelnden Kundenbedürfnissen reaktionsfähig, flexibel und belastbar zu sein. Eine agile Kultur zeichnet sich durch die Bereitschaft aus, zu experimentieren, aus Fehlern zu lernen und sich kontinuierlich zu verbessern.

In diesem Kapitel werden wir die Feinheiten des Aufbaus und der Pflege einer Organisationskultur untersuchen, die nicht nur stark und kohäsiv, sondern auch agil und anpassungsfähig ist. Wir werden uns damit befassen, wie die Kultur die Fähigkeit einer Organisation zur Bewältigung des Wandels beeinflusst und welche Strategien Führungskräfte anwenden können, um eine Kultur zu fördern, die Agilität und Innovation begrüßt und vorantreibt. Diese Erkundung wird wertvolle Einblicke in die Schaffung eines organisatorischen Umfelds liefern, das gut gerüstet ist, um die Komplexität und Dynamik der modernen Geschäftswelt zu bewältigen.

Die jüngsten globalen Veränderungen, darunter die COVID-19-Pandemie, der technologische Fortschritt und die sich verändernde Marktdynamik, haben den Bedarf an Anpassungsfähigkeit und Widerstandsfähigkeit der Unternehmenskulturen erhöht. Diese beispiellosen Veränderungen haben die Unternehmenslandschaft grundlegend verändert und machen eine Neubewertung der Art und Weise erforderlich, wie Organisationen arbeiten und auf Veränderungen reagieren.

Anpassungsfähigkeit in der Organisationskultur bezieht sich auf die Fähigkeit eines Unternehmens, seine Strategien, Abläufe und Praktiken als Reaktion auf externe Veränderungen anzupassen. Diese Beweglichkeit ist angesichts des raschen technologischen Fortschritts und des sich ändernden Verbraucherverhaltens unerlässlich geworden. Unternehmen, die sich schnell anpassen können, sind besser in der Lage, neue Chancen zu ergreifen, Risiken zu mindern und ihre Wettbewerbsfähigkeit zu erhalten.

Resilienz hingegen ist die Fähigkeit einer Organisation, Herausforderungen und Rückschlägen zu widerstehen und sich davon zu erholen. Die jüngsten globalen Ereignisse, insbesondere die Pandemie, haben die Bedeutung der Resilienz unterstrichen. Unternehmen mit einer widerstandsfähigen Kultur haben eine bemerkenswerte Fähigkeit bewiesen, die durch die Pandemie hervorgerufenen Unsicherheiten zu bewältigen, einschließlich der Verlagerung von Arbeitsplätzen an andere Orte, der Unterbrechung der Lieferkette und der schwankenden Marktnachfrage. Eine Kultur, die Anpassungsfähigkeit und Widerstandsfähigkeit schätzt, fördert eine Einstellung, die auf kontinuierliches Lernen und Verbesserung setzt. Sie fördert ein Umfeld, in dem sich die Mitarbeiter nicht scheuen, zu experimentieren, kalkulierte Risiken einzugehen und aus Fehlern zu lernen. Diese Art von Kultur zeichnet sich durch Flexibilität bei Prozessen und Entscheidungsfindung aus und ermöglicht es dem Unternehmen, schnell auf neue Informationen oder Situationen zu reagieren.

Eine widerstandsfähige und anpassungsfähige Unternehmenskultur ist entscheidend für die Arbeitsmoral und das Engagement der Mitarbeiter. In Zeiten des Wandels und der Ungewissheit trägt eine Kultur, die die Mitarbeiter unterstützt und befähigt, zu ihrem Gefühl von Sicherheit und Wohlbefinden bei. Dies wiederum steigert ihr Engagement und ihre Produktivität. Die jüngsten globalen Veränderungen haben auch deutlich gemacht, wie wichtig es für Unternehmen ist, sozial verantwortlich und ökologisch nachhaltig zu handeln. Anpassungsfähige und widerstandsfähige Kulturen integrieren diese Aspekte eher in ihre Geschäftsmodelle und erkennen deren Bedeutung für die langfristige Nachhaltigkeit.

Anpassung der Kultur an die Resilienz

Die COVID-19-Pandemie hat als Katalysator für bedeutende Veränderungen in der Organisationskultur auf der ganzen Welt gewirkt. Dieses beispiellose Ereignis hat die Unternehmen gezwungen, ihre kulturellen Normen, Praktiken und Werte neu zu bewerten und rasch anzupassen, was zu dauerhaften Veränderungen in der Arbeitsweise der Organisationen geführt hat.

Eine der bemerkenswertesten Veränderungen war die weit verbreitete Einführung der Telearbeit. Vor der Pandemie wurde die Telearbeit oft als eine Vergünstigung oder als eine begrenzte Option für bestimmte Funktionen angesehen. Die Pandemie machte jedoch einen raschen Übergang zur Telearbeit erforderlich und stellte die traditionellen Vorstellungen von der Arbeitsplatzkultur in Frage. Dieser Wandel hat nicht nur verändert, wo und wie Menschen arbeiten, sondern auch ein Umdenken in Bezug auf die Vereinbarkeit von Beruf und Privatleben, die Autonomie der Mitarbeiter und die Flexibilität bewirkt. Unternehmen mussten eine Kultur kultivieren, die eine effektive Fernarbeit unterstützt und ermöglicht, wobei Vertrauen, Kommunikation und das Wohlbefinden der Mitarbeiter im Vordergrund standen.

Ein weiterer wichtiger kultureller Wandel war die stärkere Konzentration auf die Gesundheit und das Wohlbefinden der Mitarbeiter. Die Pandemie hat deutlich gemacht, wie wichtig es ist, die körperliche und geistige Gesundheit der Mitarbeiter als Schlüsselkomponente des Unternehmenserfolgs zu betrachten. Unternehmen haben begonnen, Wellness-Programmen, flexiblen Arbeitszeiten und der Unterstützung der psychischen Gesundheit Priorität einzuräumen, da sie erkannt haben, dass das Wohlbefinden der Mitarbeiter direkte Auswirkungen auf die Produktivität und das Engagement hat.

Die Pandemie beschleunigte auch die digitale Transformation und zwang die Unternehmen, neue Technologien in einem noch nie dagewesenen Tempo zu übernehmen. Diese rasche Übernahme digitaler Tools und Plattformen erforderte einen kulturellen Wandel hin zu kontinuierlichem Lernen und Anpassungsfähigkeit. Die Unternehmen mussten eine Kultur fördern, in der die Mitarbeiter ermutigt und unterstützt werden, neue Fähigkeiten zu entwickeln und sich auf Veränderungen einzulassen.

Die Pandemie hat die Notwendigkeit von Flexibilität und Widerstandsfähigkeit in der Unternehmenskultur unterstrichen. Die Unternehmen mussten sich schnell an veränderte

Marktbedingungen, Unterbrechungen der Lieferkette und sich verändernde Kundenbedürfnisse anpassen. Kulturen, die Wert auf schnelle Entscheidungsfindung, Innovation und Anpassungsfähigkeit legten, waren besser in der Lage, die durch die Pandemie hervorgerufenen Unsicherheiten zu bewältigen. Die Krise machte auch deutlich, wie wichtig eine starke Führung und eine klare Kommunikation sind. Die Führungskräfte mussten ihre Organisationen durch unbekannte Gewässer steuern, was eine Kultur der Transparenz, der offenen Kommunikation und des entschlossenen Handelns erforderte. Die Art und Weise, wie die Führungskräfte auf die Krise reagierten, hatte erhebliche Auswirkungen auf die Unternehmenskultur, die Arbeitsmoral der Mitarbeiter und die öffentliche Wahrnehmung.

Die Pandemie schärfte das Bewusstsein für die soziale Verantwortung und die Unterstützung der Gemeinschaft. Viele Organisationen änderten ihre Kultur, um sich stärker am Gemeinwesen zu orientieren und soziale Verantwortung zu übernehmen, indem sie Initiativen zur Unterstützung der Pandemiehilfe oder zur Beseitigung sozialer Ungleichheiten, die durch die Krise verschärft wurden, ergriffen.

Ereignisse wie die COVID-19-Pandemie haben zu erheblichen Veränderungen in der Organisationskultur geführt und die Unternehmen zu flexibleren, digitalen, mitarbeiterorientierten und widerstandsfähigeren Praktiken gezwungen. Diese Veränderungen werden wahrscheinlich einen dauerhaften Einfluss darauf haben, wie Unternehmen arbeiten und welche Prioritäten sie in ihrer Kultur setzen werden. Die Entwicklung einer Unternehmenskultur, die raschen Veränderungen und Unsicherheiten standhält und sich ihnen anpassen kann, ist in der heutigen, sich ständig weiterentwickelnden Unternehmenslandschaft eine entscheidende Aufgabe. Der Schlüssel liegt in der Förderung bestimmter zentraler Eigenschaften und Praktiken innerhalb der Organisationskultur.

Eine Kultur der Agilität ist unerlässlich. Dies bedeutet, dass man eine Denkweise kultiviert, in der Veränderungen nicht nur erwartet, sondern als Chance für Wachstum und Verbesserung angenommen werden. Eine agile Kultur ermöglicht es Unternehmen, schnell auf eine veränderte Marktdynamik, technologische Fortschritte oder unerwartete Herausforderungen zu reagieren.

Entscheidend ist auch die Förderung einer Mentalität des kontinuierlichen Lernens und der Entwicklung. Unternehmen, die der Aus- und Weiterbildung ihrer Mitarbeiter Priorität einräumen, schaffen eine Kultur, die besser auf Veränderungen vorbereitet ist. Dazu gehören nicht nur formale Schulungsprogramme, sondern auch die Förderung eines Umfelds, in dem das Lernen aus alltäglichen Erfahrungen, das Experimentieren und sogar das Scheitern geschätzt werden.

Ein weiterer wichtiger Aspekt ist der Aufbau von Resilienz in der Organisation. Dazu gehört die Schaffung einer Kultur, die sich von Rückschlägen erholen kann. Es geht um die Förderung einer positiven Einstellung, in der Herausforderungen als zu überwindende Hürden und nicht als unüberwindbare Hindernisse angesehen werden. Resiliente Kulturen zeichnen sich durch eine unterstützende Führung und ein starkes Gemeinschaftsgefühl unter den Mitarbeitern aus, bei dem alle das Gefühl haben, dass sie gemeinsam an einem Strang ziehen.

Eine transparente und effektive Kommunikation spielt eine entscheidende Rolle für eine Kultur, die sich an Veränderungen anpassen kann. Wenn die Mitarbeiter über die Ziele, Herausforderungen und Veränderungen des Unternehmens informiert werden, trägt dies dazu bei, Vertrauen aufzubauen und sicherzustellen, dass alle an einem Strang ziehen und in dieselbe Richtung gehen. Die Befähigung der Mitarbeiter ist ebenfalls ein Schlüsselfaktor. Wenn Mitarbeiter die Möglichkeit haben, selbständig Entscheidungen zu treffen und ihre Arbeit selbst in die Hand zu nehmen, sind sie eher bereit, proaktiv und innovativ zu handeln. Eine befähigte Belegschaft ist anpassungsfähiger und kann wesentlich dazu beitragen, Unwägbarkeiten zu meistern.

Die Förderung eines kollaborativen Umfelds ist für die Anpassung an den Wandel unerlässlich. Die Zusammenarbeit führt zu einer

Bündelung unterschiedlicher Ideen und Perspektiven, was für innovative Problemlösungen und die Anpassung an neue Situationen entscheidend ist. Die Betonung von emotionaler Intelligenz und Empathie in der Führung und im gesamten Unternehmen hilft bei der Bewältigung der menschlichen Aspekte des Wandels. Das Verständnis und die Auseinandersetzung mit den Sorgen und Ängsten, die Veränderungen mit sich bringen können, tragen dazu bei, die Arbeitsmoral zu erhalten und das Team konzentriert und motiviert zu halten.

Mehrere Organisationen auf der ganzen Welt haben ihre Kultur erfolgreich angepasst, um die Widerstandsfähigkeit zu verbessern, und haben damit bewiesen, dass sie in der Lage sind, sich inmitten von Veränderungen und Unsicherheiten zurechtzufinden und zu gedeihen.

- Nokia: Einst in erster Linie als Hersteller von Mobiltelefonen bekannt, ist Nokias erfolgreiche Umstellung auf Netzwerk- und Telekommunikationstechnologie ein Beispiel für Widerstandsfähigkeit. Als sich die Mobiltelefonbranche weiterentwickelte, strukturierte Nokia um und verlagerte seinen Schwerpunkt auf Netzwerkausrüstungen und -dienste und stellte damit seine Fähigkeit unter Beweis, sich an Marktveränderungen anzupassen. Diese Widerstandsfähigkeit wurde durch eine Unternehmenskultur untermauert, die Veränderungen begrüßte, Innovationen förderte und die Bereitschaft begünstigte, in neue Geschäftsbereiche vorzustoßen.

- Netflix: Ursprünglich ein DVD-Verleih, entwickelte sich Netflix zu einem Streaming-Giganten und später zu einem Produzenten von Inhalten. Diese Entwicklung ist ein Beweis für seine widerstandsfähige Kultur. Die Fähigkeit von Netflix, Veränderungen in der Art und Weise, wie Menschen Unterhaltung konsumieren, vorherzusehen und sich an sie anzupassen, unterstreicht eine Unternehmenskultur, die tief in Innovation, Anpassungsfähigkeit und Kundenorientierung verwurzelt ist.

- Adobe: Adobe, bekannt für seine Kreativsoftware, hat mit der Umstellung von Box-Softwareprodukten auf ein Cloud-basiertes Abonnementmodell seine kulturelle Anpassungsfähigkeit unter Beweis gestellt. Dieser Übergang erforderte nicht nur eine Änderung der Geschäftsstrategie, sondern auch einen kulturellen Wandel hin zu kontinuierlicher Produktinnovation und Kundenbindung, um die Nachhaltigkeit und das Wachstum des Unternehmens im digitalen Zeitalter zu sichern.

- IBM: IBM ist ein Paradebeispiel für kulturelle Widerstandsfähigkeit und hat sich erfolgreich von Hardware wie Schreibmaschinen und Mainframes auf Software und Dienstleistungen umgestellt. Dieser Wandel wurde durch eine Kultur vorangetrieben, in der kontinuierliches Lernen, technologische Innovation und die Anpassung an die Bedürfnisse des Marktes einen hohen Stellenwert haben. Die Fähigkeit von IBM, sich im Laufe seiner langen Geschichte immer wieder neu zu erfinden, ist ein Beweis für seine widerstandsfähige und anpassungsfähige Unternehmenskultur.

Diese Beispiele zeigen, dass die Förderung einer widerstandsfähigen Kultur, in der Anpassungsfähigkeit, kontinuierliches Lernen und Innovation einen hohen Stellenwert haben, für Unternehmen von entscheidender Bedeutung ist, um Veränderungen erfolgreich zu bewältigen und ihr Wachstum über einen längeren Zeitraum zu sichern.

Grundsätze des agilen Änderungsmanagements

Agiles Veränderungsmanagement ist ein dynamischer Ansatz für das Management von Veränderungen in Organisationen, der sich durch Flexibilität, Schnelligkeit und iterativen Fortschritt auszeichnet. Im Gegensatz zum traditionellen Änderungsmanagement, das oft einem linearen und strukturierten Weg folgt, ist das agile Änderungsmanagement anpassungsfähig und ermöglicht es Organisationen, schnell auf sich entwickelnde Bedingungen und Rückmeldungen zu reagieren.

Im gegenwärtigen Geschäftsumfeld, das von raschen technologischen Fortschritten, einer sich verändernden Marktdynamik und unvorhergesehenen Ereignissen wie der COVID-19-Pandemie geprägt ist, wird die Bedeutung eines agilen Änderungsmanagements immer deutlicher. Dieser Ansatz ermöglicht es Unternehmen, in einem Umfeld, in dem sich Veränderungen in einem noch nie dagewesenen Tempo vollziehen, wettbewerbsfähig und relevant zu bleiben.

Das agile Änderungsmanagement basiert auf den Grundsätzen der agilen Methodik, die ursprünglich für die Softwareentwicklung entwickelt wurde. Sie legt den Schwerpunkt auf Zusammenarbeit, Kundenfeedback und kleine, schnelle Iterationen. Die Anwendung dieser Grundsätze auf das Änderungsmanagement bedeutet, dass Änderungen in kleineren, überschaubaren Schritten umgesetzt werden, so dass schnelle Anpassungen auf der Grundlage von Feedback und veränderten Umständen möglich sind.

Dieser Ansatz für das Änderungsmanagement ist heute besonders wichtig, da er es Unternehmen ermöglicht, Änderungen zu testen und zu verfeinern, bevor sie vollständig umgesetzt werden, wodurch das Risiko und die Kosten eines Fehlschlags verringert werden. Außerdem fördert er die Beteiligung und das Feedback der Mitarbeiter, was zu einem höheren Engagement und einer größeren Akzeptanz der Veränderung führen kann. Agiles Veränderungsmanagement unterstützt eine Kultur der kontinuierlichen Verbesserung, bei der die Erkenntnisse aus jeder Phase der Veränderung in künftige Entscheidungen einfließen. Dies ist von entscheidender Bedeutung in einem Geschäftsumfeld, in dem die Fähigkeit, schnell zu lernen und sich anzupassen, einen erheblichen Wettbewerbsvorteil darstellen kann. Dieser Ansatz eignet sich gut für die Komplexität und Ungewissheit des modernen Geschäftsumfelds. Er bietet einen flexiblen, reaktionsfähigen und iterativen Rahmen für die Bewältigung des Wandels und ist damit ein unschätzbares Instrument für Unternehmen, die inmitten ständiger Veränderungen erfolgreich sein wollen.

Agiles Veränderungsmanagement als strategischer Ansatz für den Umgang mit organisatorischen Veränderungen beruht auf mehreren Schlüsselprinzipien, die es Unternehmen ermöglichen, sich in einem dynamischen Geschäftsumfeld schnell und effektiv anzupassen. Zu diesen Grundsätzen gehören u. a. Flexibilität, Reaktionsfähigkeit und iterativer Fortschritt.

Flexibilität

Einer der Grundgedanken des agilen Veränderungsmanagements ist die Flexibilität. Dieser Grundsatz unterstreicht die Notwendigkeit, dass Organisationen in ihren Strategien und Ansätzen anpassungsfähig bleiben. Flexibilität ermöglicht es, während des Veränderungsprozesses Anpassungen vorzunehmen, wenn neue Informationen verfügbar werden oder sich die Umstände ändern. Dies steht im Gegensatz zu starren, planorientierten Methoden und bietet einen dynamischeren Weg zur Bewältigung von Veränderungen.

Reaktionsfähigkeit

Reaktionsfähigkeit im agilen Änderungsmanagement bezieht sich auf die Fähigkeit einer Organisation, schnell auf interne und externe Impulse zu reagieren. Dazu können wechselnde Markttrends, Kundenfeedback, technologische Fortschritte oder unerwartete Herausforderungen gehören. Reaktionsfähigkeit bedeutet, dass Unternehmen ihre Veränderungsinitiativen schnell neu ausrichten können, um den sich wandelnden Anforderungen gerecht zu werden und sich bietende Chancen zu nutzen.

Iterativer Fortschritt

Agiles Änderungsmanagement befürwortet einen iterativen Ansatz für die Umsetzung von Änderungen. Anstelle großer, umfassender Änderungen wird der Prozess in kleinere, überschaubare Segmente unterteilt. Diese Segmente bzw. Iterationen ermöglichen eine kontinuierliche Bewertung und Verfeinerung. Dieser Ansatz macht den Veränderungsprozess nicht nur überschaubarer, sondern ermöglicht auch schnellere Kurskorrekturen und Risikominderung.

Mitarbeiterbeteiligung und -zusammenarbeit

Agiles Veränderungsmanagement legt großen Wert auf die Einbeziehung der Mitarbeiter. Durch die aktive Einbindung der Mitarbeiter in den Veränderungsprozess und die Förderung der Zusammenarbeit über verschiedene Ebenen und Abteilungen hinweg können Unternehmen die unterschiedlichen Perspektiven und Erkenntnisse nutzen. Diese Einbindung trägt auch dazu bei, die Akzeptanz zu erhöhen und den Widerstand gegen Veränderungen zu verringern.

Kontinuierliches Lernen und Verbesserung

Ein agiler Ansatz für das Änderungsmanagement wird durch die Verpflichtung zu kontinuierlichem Lernen und Verbesserung untermauert. Jede Iteration des Wandels ist eine Gelegenheit zum Lernen, wobei Erkenntnisse und Feedback zur Verfeinerung künftiger Schritte genutzt werden. Dieser Grundsatz stellt sicher, dass das Veränderungsmanagement ein dynamischer, sich entwickelnder Prozess ist, der auf das Lernen und Wachstum der Organisation abgestimmt ist.

Kundenorientierter Fokus

Agile Methoden haben ihren Ursprung in der Softwareentwicklung, bei der die Kundenzufriedenheit im Vordergrund steht. Übertragen auf das Änderungsmanagement bedeutet dies, dass man sich darauf konzentriert, wie sich Änderungen auf den Endkunden auswirken und ihm nutzen. Der Fokus auf die Kundenperspektive stellt sicher, dass die Änderungen relevant und wertschöpfend sind.

Transparente Kommunikation

Wirksame Kommunikation ist beim agilen Veränderungsmanagement von entscheidender Bedeutung.

Transparenz über den Veränderungsprozess, seine Fortschritte, Herausforderungen und Erfolge trägt dazu bei, Vertrauen und Klarheit unter allen Beteiligten zu schaffen. Offene Kommunikationskanäle sorgen dafür, dass Rückmeldungen zeitnah entgegengenommen und bearbeitet werden.

Durch die Integration dieser Prinzipien können Unternehmen, die agiles Change Management anwenden, den Wandel effektiver steuern und den Prozess zu einer kooperativen, flexiblen und iterativen Reise machen, die sich an den sich entwickelnden Bedürfnissen des Unternehmens und seiner Stakeholder orientiert.

Strategien für die Umsetzung des agilen Wandels

Die agile Umsetzung des Wandels umfasst mehrere Ansätze, bei denen Flexibilität, Reaktionsfähigkeit und kontinuierliche Verbesserung im Vordergrund stehen. Diese Ansätze sind darauf ausgerichtet, sich an das schnelllebige und oft unvorhersehbare Geschäftsumfeld anzupassen. Funktionsübergreifende Teams sind ein Schlüsselelement im agilen Änderungsmanagement. Indem sie Personen mit unterschiedlichen Fähigkeiten und Perspektiven aus verschiedenen Abteilungen zusammenbringen, können Unternehmen den Wandel aus einem ganzheitlichen Blickwinkel angehen. Diese Teams sind in der Lage, Entscheidungen zu treffen und schnell zu handeln, was für die Reaktion auf sich ändernde Umstände entscheidend ist. Die Zusammenarbeit in funktionsübergreifenden Teams gewährleistet auch, dass verschiedene Aspekte des Unternehmens berücksichtigt werden, was zu umfassenderen und effektiveren Veränderungsinitiativen führt.

Die iterative Entwicklung ist ein weiterer grundlegender Ansatz im agilen Änderungsmanagement. Dabei wird der Veränderungsprozess in kleinere, überschaubare Segmente oder Iterationen aufgeteilt. Jede Iteration liefert einen Teil der Gesamtänderung und ermöglicht eine schrittweise Umsetzung. Diese Methode ermöglicht es Unternehmen, Änderungen in Echtzeit zu testen und zu verfeinern, wodurch das mit groß angelegten Umgestaltungen verbundene Risiko verringert wird.

Außerdem ermöglicht sie eine schnellere Anpassung, da in jeder Phase Feedback eingeholt und integriert wird.

Feedback-Schleifen sind ein wesentlicher Bestandteil des agilen Ansatzes. Kontinuierliches Feedback von Mitarbeitern, Kunden und anderen Interessengruppen wird aktiv eingeholt und genutzt, um den Veränderungsprozess zu beeinflussen. Diese Feedbackschleifen stellen sicher, dass die Veränderung relevant bleibt und auf die Bedürfnisse und Erwartungen der Betroffenen abgestimmt ist. Die regelmäßige Einbeziehung von Feedback hilft auch dabei, potenzielle Probleme frühzeitig zu erkennen und rechtzeitig Anpassungen vorzunehmen.

Zusätzlich zu diesen Ansätzen umfasst das agile Änderungsmanagement häufig regelmäßige Überprüfungs- und Reflexionssitzungen. Diese Sitzungen, die manchmal auch als Retrospektiven bezeichnet werden, bieten dem Team die Möglichkeit zu diskutieren, was funktioniert und was verbessert werden muss. Diese Reflexion ist entscheidend für das Lernen und die kontinuierliche Verbesserung.

Auch visuelle Management-Tools wie Kanban-Boards oder agile Projektmanagement-Software werden häufig eingesetzt. Diese Tools bieten einen klaren Überblick über den Fortschritt von Veränderungsinitiativen und helfen bei der Verfolgung von Aufgaben, der Verwaltung von Arbeitsabläufen und der Gewährleistung von Transparenz unter den Teammitgliedern. Die Förderung einer Kultur, die das Experimentieren und das Lernen aus Fehlern unterstützt, ist beim agilen Änderungsmanagement wichtig. Die Förderung einer Mentalität, in der es sicher ist, kalkulierte Risiken einzugehen und aus Fehlern zu lernen, ist für die Förderung von Innovation und Anpassungsfähigkeit unerlässlich.

Der Umgang mit und die Überwindung von Widerständen gegen Veränderungen in Unternehmen ist ein entscheidender Aspekt eines erfolgreichen Veränderungsmanagements. Der Widerstand ist oft auf die Angst vor dem Unbekannten, das Unbehagen an neuen Prozessen oder auf eine vermeintliche Bedrohung der

Arbeitsplatzsicherheit zurückzuführen. Wirksame Strategien zur Bewältigung und Entschärfung dieses Widerstands sind unerlässlich.

Eine Schlüsselstrategie ist eine wirksame Kommunikation. Durch eine klare und transparente Kommunikation der Gründe für die Veränderung, der Vorteile, die sie mit sich bringt, und der Art und Weise ihrer Umsetzung können Ängste und Missverständnisse ausgeräumt werden. Die Kommunikation sollte fortlaufend erfolgen, nicht nur zu Beginn des Veränderungsprozesses, und sie sollte in beide Richtungen gehen, so dass die Rückmeldungen und Bedenken der Mitarbeiter gehört werden können. Die Einbindung der Mitarbeiter in den Veränderungsprozess kann den Widerstand erheblich verringern. Wenn die Mitarbeiter in den Entscheidungsprozess einbezogen werden oder zumindest eine Plattform haben, um ihre Meinung zu äußern und Ideen einzubringen, sind sie eher bereit, die Veränderung zu akzeptieren. Diese Einbindung kann durch Workshops, Fokusgruppen oder regelmäßige Treffen erreicht werden.

Die Bereitstellung angemessener Schulungen und Unterstützung ist eine weitere wichtige Strategie. Mitarbeiter können sich dem Wandel widersetzen, wenn sie das Gefühl haben, dass ihnen die Fähigkeiten oder das Verständnis fehlen, um mit dem neuen System oder Prozess umzugehen. Umfassende Schulungen und kontinuierliche Unterstützung können dazu beitragen, dass sich die Mitarbeiter sicherer und kompetenter fühlen, was den Widerstand verringert.

Die Führung spielt eine entscheidende Rolle bei der Bewältigung von Widerständen gegen Veränderungen. Die Führungskräfte sollten das gewünschte Verhalten vorleben, indem sie sich für den Wandel engagieren und ihm gegenüber eine positive Einstellung zeigen. Eine starke Führung kann die Mitarbeiter inspirieren und motivieren, sich auf den Wandel einzulassen. Es ist auch wichtig, die emotionalen Auswirkungen des Wandels zu erkennen und anzusprechen. Veränderungen können verunsichern, und die Anerkennung der emotionalen Seite des Wandels kann helfen, Widerstände zu bewältigen. Dies kann die Bereitstellung von

Beratungsdiensten, Peer-Support-Programmen oder einfach die Schaffung eines Raums umfassen, in dem die Mitarbeiter ihre Gefühle und Bedenken äußern können.

Das Anbieten von Anreizen kann ein wirksames Mittel sein, um Widerstände zu überwinden. Anreize können finanzieller Art sein, aber auch in Form von beruflichen Aufstiegsmöglichkeiten, öffentlicher Anerkennung oder anderen nicht-monetären Vorteilen. Die Identifizierung von und die Zusammenarbeit mit Change Champions kann helfen, Widerstände zu überwinden. Change Champions sind Personen, die von der Veränderung begeistert sind und ihre Kollegen positiv beeinflussen können. Sie können dazu beitragen, eine positive Botschaft über die Veränderung zu verbreiten und auf die Bedenken ihrer Kollegen einzugehen.

Zur effektiven Umsetzung des agilen Veränderungsmanagements gehört der Einsatz spezifischer Tools und Techniken, die es Unternehmen ermöglichen, schnell und effizient auf Veränderungen zu reagieren. Diese Werkzeuge und Techniken sind darauf ausgelegt, die Zusammenarbeit zu verbessern, Prozesse zu rationalisieren und kontinuierliches Feedback und Verbesserungen zu gewährleisten.

Software für agiles Projektmanagement

Tools wie Jira, Trello oder Asana sind für die Verwaltung von Änderungsprojekten in einer agilen Umgebung unerlässlich. Sie ermöglichen es den Teams, Aufgaben zu organisieren, den Fortschritt zu verfolgen und Pläne schnell an den aktuellen Bedarf anzupassen. Diese Plattformen enthalten oft Funktionen wie Kanban-Boards und Scrum-Boards, die besonders nützlich für die Visualisierung von Arbeitsabläufen und die Verwaltung iterativer Fortschritte sind.

Plattformen für die Zusammenarbeit

Tools wie Slack, Microsoft Teams oder Zoom erleichtern die Kommunikation und Zusammenarbeit zwischen den

Teammitgliedern, unabhängig von ihrem Standort. Sie sind entscheidend für tägliche Check-Ins, spontane Diskussionen und die Aufrechterhaltung eines kontinuierlichen Informationsflusses, der in agilen Umgebungen unerlässlich ist.

Tools für Feedback und Umfragen

Plattformen wie SurveyMonkey, Qualtrics oder TinyPulse helfen dabei, Feedback von Mitarbeitern und Interessengruppen zu sammeln. Regelmäßiges Feedback ist der Schlüssel zum agilen Änderungsmanagement, um die Auswirkungen von Änderungen zu verstehen und rechtzeitig Anpassungen vorzunehmen.

Tools zur gemeinsamen Nutzung von Dokumenten und zur Zusammenarbeit

Google Drive, Dropbox oder Microsoft SharePoint ermöglichen die gemeinsame Nutzung von Dokumenten und die Zusammenarbeit in Echtzeit. Diese Tools sind wichtig, um die Versionskontrolle aufrechtzuerhalten und sicherzustellen, dass alle Teammitglieder Zugriff auf die neuesten Informationen haben.

Mind Mapping Software

Tools wie MindMeister oder XMind sind nützlich für Brainstorming-Sitzungen und die visuelle Organisation von Gedanken und Ideen. Sie können besonders in der Planungsphase einer Veränderungsinitiative hilfreich sein.

Digitale Whiteboarding-Werkzeuge

Plattformen wie Miro oder Mural replizieren die Erfahrung eines physischen Whiteboards und bieten einen gemeinsamen Raum für Remote-Teams zum Brainstorming, Planen und Visualisieren von Ideen und Prozessen.

Software zur Änderungsverwaltung

Spezielle Veränderungsmanagement-Tools, wie das ADKAR-Modell von Prosci oder ChangeScout, können bei der Strukturierung und Steuerung des Veränderungsprozesses helfen und bieten auf das agile Veränderungsmanagement zugeschnittene Methoden und Rahmenwerke.

Tools zur Leistungsverfolgung

Tools wie Tableau oder Google Analytics können zur Verfolgung und Analyse von Leistungsdaten verwendet werden. Dies ist wichtig, um die Auswirkungen von Änderungen zu messen und datengesteuerte Entscheidungen zu treffen.

Timeboxing-Techniken

Die Verwendung von Timeboxing zur Zuweisung eines festen Zeitraums für Aufgaben oder Besprechungen hilft dabei, den Fokus und die Dynamik aufrechtzuerhalten, was in agilen Umgebungen wichtig ist.

Retrospektive Tools

Tools wie Retrium oder FunRetro erleichtern die Durchführung von Retrospektivsitzungen, um zu überprüfen, was gut gelaufen ist und was verbessert werden kann. Diese Sitzungen sind entscheidend für die kontinuierliche Verbesserung im agilen Änderungsmanagement.

Durch den Einsatz dieser Instrumente und Techniken können Unternehmen ihre Fähigkeit verbessern, Veränderungen flexibel und reaktionsschnell zu bewältigen, sich an neue Herausforderungen anzupassen und Chancen effektiver zu nutzen.

Anpassung der Kultur an agile Praktiken

Die Anpassung agiler Change-Management-Praktiken an die bestehende Unternehmenskultur erfordert einen durchdachten und strategischen Ansatz. Diese Anpassung stellt sicher, dass die

Einführung und Umsetzung agiler Praktiken die aktuelle Kultur ergänzt und verbessert, anstatt mit ihr zu kollidieren.

Der erste Schritt ist das Verstehen der bestehenden Kultur. Beurteilen Sie die aktuellen Werte, Normen und Verhaltensweisen der Organisation. Dieses Verständnis hilft bei der Identifizierung von Aspekten der Kultur, die für agile Praktiken förderlich sind, und solchen, die möglicherweise angepasst werden müssen. Es ist wichtig, die Stärken der aktuellen Kultur zu erkennen und sie beim Übergang zum agilen Veränderungsmanagement zu nutzen.

Kommunikation ist der Schlüssel in diesem Anpassungsprozess. Wenn die Vorteile des agilen Veränderungsmanagements und seine Übereinstimmung mit den Zielen und Werten des Unternehmens klar herausgestellt werden, kann dies die Akzeptanz und Unterstützung fördern. Die Kommunikation der Vision und der Ziele dieses Wandels und der positiven Auswirkungen auf das Unternehmen ist entscheidend für die Akzeptanz. Die Einbeziehung der Mitarbeiter auf allen Ebenen in den Übergangsprozess ist ebenfalls wichtig. Holen Sie Input und Feedback von den Mitarbeitern ein und beziehen Sie sie in die Planung und Umsetzung ein. Dieser partizipative Ansatz stellt nicht nur sicher, dass die agilen Praktiken auf das Unternehmen zugeschnitten sind, sondern trägt auch dazu bei, das Engagement und die Eigenverantwortung der Mitarbeiter zu fördern.

Schulung und Ausbildung sind wichtige Komponenten, um agile Praktiken mit der Unternehmenskultur in Einklang zu bringen. Schulungen zu agilen Methoden, Prinzipien und Werkzeugen helfen den Mitarbeitern, diese neuen Arbeitsweisen zu verstehen und anzunehmen. Es ist wichtig, dass die Schulungen über die technischen Aspekte hinausgehen und sich mit der Frage befassen, wie agile Praktiken in den breiteren Unternehmenskontext passen.

Die Anpassung des Führungsstils zur Unterstützung des agilen Veränderungsmanagements ist unerlässlich. Führungskräfte sollten agile Verhaltensweisen wie Flexibilität, Offenheit für Veränderungen und kooperative Entscheidungsfindung vorleben. Programme zur Entwicklung von Führungskräften können nützlich sein, um sie mit den Fähigkeiten und der Denkweise auszustatten, die für die Leitung agiler Umstellungen erforderlich sind. Die Erprobung agiler Praktiken in kleineren Teams oder Projekten vor einer umfassenden Einführung kann helfen zu beurteilen, wie diese Praktiken in die bestehende Kultur passen. So können Anpassungen und Verfeinerungen auf der Grundlage echter Erfahrungen im einzigartigen Kontext des Unternehmens vorgenommen werden.

Das Anerkennen und Feiern früher Erfolge des agilen Veränderungsmanagements kann dazu beitragen, eine Dynamik aufzubauen und seinen Wert zu demonstrieren. Das Hervorheben, wie diese Erfolge mit der bestehenden Kultur übereinstimmen und diese verbessern, stärkt die Kompatibilität der agilen Praktiken mit der Organisation. Es ist wichtig, geduldig und beharrlich zu sein. Kultureller Wandel ist ein allmählicher Prozess, und die Anpassung agiler Change-Management-Praktiken an die bestehende Kultur braucht Zeit. Kontinuierliche Überwachung, Feedback und Anpassungen sind der Schlüssel für eine reibungslose und erfolgreiche Integration.

Mit diesen Schritten können Unternehmen agile Change-Management-Praktiken effektiv mit ihrer bestehenden Kultur in Einklang bringen und so einen nahtlosen Übergang gewährleisten, der die Stärken der aktuellen Kultur nutzt und gleichzeitig neue, agile Arbeitsweisen einführt.

Die Pflege einer Kultur der kontinuierlichen Verbesserung und des Lernens ist für Unternehmen von entscheidender Bedeutung, um im heutigen, sich schnell verändernden Geschäftsumfeld wettbewerbsfähig und innovativ zu bleiben. Diese Kultur fördert Anpassungsfähigkeit, Widerstandsfähigkeit und einen proaktiven Ansatz für Herausforderungen und Chancen.

Toyota mit seinem bahnbrechenden Toyota-Produktionssystem ist ein Beispiel für die Bedeutung einer Kultur, die auf kontinuierliche Verbesserung ausgerichtet ist. Im Mittelpunkt der Unternehmensphilosophie steht das Konzept des "Kaizen", was auf Japanisch "kontinuierliche Verbesserung" bedeutet. Toyota ermutigt alle Mitarbeiter, von der Fabrikhalle bis zum Management, ständig nach Möglichkeiten zur Verbesserung der Prozesse und zur Verringerung der Verschwendung zu suchen. Diese Kultur der kontinuierlichen, schrittweisen Verbesserung hat Toyota nicht nur zu einem der effizientesten und profitabelsten Automobilhersteller gemacht, sondern auch zu einem Vorbild für Produktions- und Geschäftsprozesse weltweit.

Google, bekannt für seine innovativen Praktiken, legt großen Wert auf Lernen und Experimentieren. Googles berühmte "20 %-Zeit" - bei der die Mitarbeiter ermutigt werden, 20 % ihrer Zeit mit Projekten außerhalb ihrer Routineaufgaben zu verbringen - hat zur Entwicklung von Schlüsselprodukten wie Gmail und AdSense geführt. Diese Kultur des Experimentierens und des Lernens sowohl aus Erfolgen als auch aus Misserfolgen treibt die Innovations- und Anpassungsfähigkeit von Google voran.

Microsoft hat unter der Führung von Satya Nadella einen kulturellen Wandel vollzogen, bei dem der Schwerpunkt erneut auf einer Kultur des "Lernens" im Gegensatz zu einer Kultur des "Wissens" liegt. Dieser Wandel, der den Schwerpunkt auf kontinuierliches Lernen und eine wachstumsorientierte Denkweise legt, hat maßgeblich zu den jüngsten Erfolgen und der Verjüngung von Microsoft beigetragen. Sie hat ein Umfeld geschaffen, in dem die Mitarbeiter motiviert sind, neue Fähigkeiten zu erlernen und sich an neue Technologien anzupassen, so dass das Unternehmen weiterhin an der Spitze der Technologiebranche steht.

Salesforce ist ein weiteres Beispiel dafür, dass eine Kultur des kontinuierlichen Lernens und der Verbesserung fest verankert ist. Die Online-Lernplattform des Unternehmens, Trailhead, ist nicht nur für Kunden, sondern auch für seine Mitarbeiter gedacht und ermutigt sie, ihre Fähigkeiten kontinuierlich weiterzuentwickeln und mit den neuesten Trends und Technologien auf dem Laufenden zu bleiben. Diese Kultur des kontinuierlichen Lernens und der Selbstverbesserung ist der Schlüssel zum raschen Wachstum von Salesforce und zu seiner Fähigkeit, sich auf dem wettbewerbsintensiven CRM-Markt zu behaupten.

Diese Beispiele zeigen, dass die Kultivierung einer Kultur der kontinuierlichen Verbesserung und des Lernens zu erheblichen Vorteilen führen kann, u. a. zu mehr Effizienz, Innovation, Mitarbeiterzufriedenheit und Anpassungsfähigkeit an Veränderungen. So entstehen Organisationen, die agil und zukunftsorientiert sind und sich den Herausforderungen der modernen Geschäftswelt stellen können.

Die Rolle der Führung bei Kultur und agilem Veränderungsmanagement

Die entscheidende Rolle der Führung bei der Gestaltung und Lenkung der Unternehmenskultur kann gar nicht hoch genug eingeschätzt werden. Das Sprichwort "Der Fisch fängt am Kopf an zu faulen" unterstreicht treffend den Einfluss, den Führungskräfte auf die Gesundheit und Richtung der Unternehmenskultur haben. Die Führung gibt den Ton an, legt Normen fest und modelliert Verhaltensweisen, die das gesamte Unternehmen durchdringen.

Die Führungskräfte sind die wichtigsten Architekten und Verwalter der Unternehmenskultur. Ihre Handlungen, Entscheidungen und Kommunikationsstile werden von den Mitarbeitern genau beobachtet und oft nachgeahmt. Wenn Führungskräfte Transparenz, ethisches Verhalten und offene Kommunikation in den Vordergrund stellen, werden diese Werte in der Unternehmenskultur verankert. Umgekehrt können negative Verhaltensweisen wie Geheimniskrämerei, Inkonsequenz oder mangelnde Integrität zu einer toxischen Kultur führen, die das Vertrauen und das Engagement untergräbt.

So hat beispielsweise Satya Nadella unter seiner Führung bei Microsoft die Unternehmenskultur von einer für internen Wettbewerb bekannten Kultur zu einer Kultur der Zusammenarbeit und Innovation verändert. Nadellas Betonung einer "Wachstumsmentalität" ermutigte die Mitarbeiter, aus Fehlern zu lernen, offen für Veränderungen zu sein und sich kontinuierlich zu verbessern. Dieser Kulturwandel trug wesentlich dazu bei, die Innovationskraft und Marktposition von Microsoft wiederzubeleben.

Apples Kultur der Innovation und der Liebe zum Detail wird oft dem Führungsstil von Steve Jobs zugeschrieben. Sein unnachgiebiger Fokus auf Produktdesign und Benutzererfahrung prägte die Kultur von Apple und trieb das Unternehmen dazu an, bahnbrechende Produkte zu produzieren und eine dominante Position im Technologiesektor zu halten.

Führungskräfte spielen auch eine zentrale Rolle bei der Führung von Organisationen durch kulturelle Veränderungen, insbesondere in Zeiten des Wandels wie Fusionen, Übernahmen oder Änderungen der strategischen Ausrichtung. Effektive Führungskräfte wissen, wie wichtig es ist, die Kultur mit der Vision und den Zielen des Unternehmens in Einklang zu bringen. Sie arbeiten aktiv mit den Mitarbeitern auf allen Ebenen zusammen, um sicherzustellen, dass sich die Kultur in einer Weise entwickelt, die die Ziele des Unternehmens unterstützt. Die Rolle der Führungskräfte bei der kulturellen Entwicklung erstreckt sich auch darauf, wie sie mit Herausforderungen und Krisen umgehen. Die Art und Weise, wie Führungskräfte auf schwierige Situationen reagieren, kann die Organisationskultur erheblich beeinflussen. Die Art und Weise, wie eine Führungskraft mit einem Fehler oder einem Misserfolg umgeht - ob sie die Verantwortung übernimmt, daraus lernt und weitermacht -, ist ein Beispiel für den Rest der Organisation.

Die Führung ist entscheidend für die Gestaltung und Lenkung der Organisationskultur. Führungskräfte geben nicht nur die anfängliche Richtung für die Kultur vor, sondern pflegen sie auch und passen sie im Laufe der Zeit an. Ihr Verhalten, ihre Werte und Einstellungen spiegeln sich in der gesamten Organisation wider, so dass sie eine zentrale Rolle bei der Entwicklung einer positiven, gesunden und nachhaltigen Organisationskultur spielen.

Um agile Veränderungsinitiativen effektiv zu leiten und zu verwalten, müssen Führungskräfte eine Reihe von Praktiken und Denkweisen übernehmen, die der Agilität und Reaktionsfähigkeit förderlich sind. Hier sind die wichtigsten Erkenntnisse darüber, wie Führungskräfte den agilen Wandel in ihren Organisationen erfolgreich steuern können:

Ein visionärer, aber flexibler Führungsstil: Führungskräfte sollten eine klare Vision für die Veränderungsinitiative haben, aber auch offen dafür sein, ihren Ansatz auf der Grundlage von Feedback und veränderten Umständen anzupassen. Dieses Gleichgewicht zwischen einer unerschütterlichen Vision und Flexibilität ist in agilen Umgebungen entscheidend.

Fördern Sie eine Kultur der offenen Kommunikation und Zusammenarbeit: Die Führungskräfte sollten eine offene Kommunikation fördern und ein kollaboratives Umfeld schaffen. Dazu gehört nicht nur die transparente Weitergabe von Informationen, sondern auch das aktive Anhören von Feedback aus allen Ebenen des Unternehmens und die Einbeziehung dieses Feedbacks in den Veränderungsprozess.

1. Befähigung der Teammitglieder: Agiler Wandel gedeiht in einem Umfeld, in dem sich die Teammitglieder befähigt fühlen, Entscheidungen zu treffen und Maßnahmen zu ergreifen. Die Führungskräfte sollten Befugnisse delegieren und den Teams die Autonomie geben, ihre Arbeit zu bewältigen, und so das Gefühl von Eigenverantwortung fördern.

2. Kontinuierliches Lernen und Anpassungsfähigkeit fördern: Die Führungskräfte sollten eine Kultur des kontinuierlichen Lernens fördern, in der die Teammitglieder bereit sind, sich neue Fähigkeiten anzueignen und sich an neue Methoden anzupassen. Dazu könnte es gehören, Zugang zu Schulungsressourcen zu gewähren, zum Experimentieren zu ermutigen und ein Umfeld zu schaffen, in dem es sicher ist, Risiken einzugehen und aus Fehlern zu lernen.

3. Iterative Entwicklung praktizieren: Zerlegen Sie die Änderungsinitiative in kleinere, überschaubare Segmente oder Iterationen. Dieser Ansatz ermöglicht es, Änderungen

schrittweise zu testen und zu verfeinern, wodurch der Prozess überschaubarer und weniger riskant wird.

4. Agile Werkzeuge und Techniken einsetzen: Setzen Sie agile Projektmanagement-Tools und -Techniken wie Scrum oder Kanban ein, um Aufgaben und Arbeitsabläufe zu verwalten. Diese Werkzeuge helfen dabei, den Fortschritt sichtbar zu machen und sicherzustellen, dass das Team zusammenhält.

5. Mit gutem Beispiel vorangehen: Führungskräfte sollten agile Verhaltensweisen selbst vorleben. Dazu gehört, dass sie anpassungsfähig sind, für Feedback offen sind und bereit sind, schnelle Entscheidungen zu treffen. Mit gutem Beispiel voranzugehen ist eine der besten Möglichkeiten, eine agile Kultur zu schaffen.

6. Konzentration auf den Wert für Kunden und Stakeholder: Konzentrieren Sie sich auf die Schaffung von Mehrwert für Kunden und Stakeholder. Die Führungskräfte sollten sicherstellen, dass jeder Aspekt der Veränderungsinitiative auf die Verbesserung der Kundenerfahrung oder des Stakeholder-Wertes ausgerichtet ist.

7. Widerstandsfähigkeit aufbauen und mit Rückschlägen positiv umgehen: Veränderungen sind oft mit Herausforderungen und Rückschlägen verbunden. Führungskräfte müssen in ihren Teams Resilienz aufbauen und mit diesen Rückschlägen positiv umgehen, indem sie sie als Chance zum Lernen und Wachsen betrachten.

8. Feiern von Meilensteinen und Erfolgen: Das Anerkennen und Feiern von Meilensteinen und Erfolgen im Veränderungsprozess kann die Moral steigern und den Wert des agilen Ansatzes unterstreichen.

Mehrere Unternehmen aus verschiedenen Branchen haben erfolgreich agiles Änderungsmanagement eingeführt und damit bewiesen, dass es Innovation, Effizienz und Anpassungsfähigkeit fördert. Hier sind einige Erfolgsgeschichten aus der Praxis:

- Der Ansatz von Spotify für ein agiles Änderungsmanagement, insbesondere in seinen Technik- und Produktentwicklungsteams, ist eine bemerkenswerte Erfolgsgeschichte. Das Unternehmen hat ein einzigartiges Modell eingeführt, das als "Spotify-Modell" bekannt ist und autonome, funktionsübergreifende Teams, sogenannte "Squads", vorsieht, die jeweils für bestimmte Aspekte des Produkts zuständig sind. Diese Struktur ermöglicht schnelle Iterationen und eine schnelle Reaktion auf Veränderungen des Marktes oder der Kundenwünsche und trägt wesentlich dazu bei, dass Spotify innovativ ist und in der wettbewerbsintensiven Musikstreaming-Branche die Nase vorn hat.

- ING, ein niederländisches multinationales Bankunternehmen, unterzog sich einer bedeutenden agilen Transformation. Um besser auf die Kundenbedürfnisse und den digitalen Wettbewerb reagieren zu können, hat ING seine Organisation in agile Teams umstrukturiert, die einem eher technologieorientierten Unternehmen ähneln. Im Zuge dieser Umstellung wurden traditionelle Abteilungen aufgelöst und multidisziplinäre Teams gebildet, die die Geschwindigkeit und Effizienz der Dienstleistungserbringung und Produktentwicklung verbesserten.

- Bosch, bekannt für seine technischen Produkte, führte agile Methoden ein, um Innovation und Anpassungsfähigkeit zu verbessern. Das Unternehmen führte ein groß angelegtes agiles Rahmenwerk ein, das eine Umstrukturierung in kleinere, funktionsübergreifende Teams beinhaltete, was eine schnellere Entscheidungsfindung und einen reaktionsschnelleren Ansatz bei der Produktentwicklung ermöglichte. Durch diese Umstellung wurden nicht nur die Produktentwicklungszyklen verbessert, sondern auch die Zufriedenheit und das Engagement der Mitarbeiter erhöht.

- Das Unternehmen für Verteidigung und Luft- und Raumfahrt, SAAB, hat agile Methoden eingeführt, um die komplexe

Produktentwicklung in einer stark regulierten Branche zu verwalten. Durch die Einführung agiler Methoden konnte SAAB die Zusammenarbeit zwischen den verschiedenen Abteilungen verbessern, die Produktqualität steigern und die Markteinführungszeit für neue Produkte verkürzen - und das alles bei strikter Einhaltung der Branchenvorschriften.

- Barclays, die britische multinationale Bank, leitete eine agile Transformation ein, um die Effizienz und den Kundenservice zu verbessern. Die Veränderung beinhaltete einen kulturellen Wandel hin zu mehr Zusammenarbeit, Transparenz und kontinuierlicher Verbesserung. Durch die Einführung agiler Methoden verbesserte Barclays seine Fähigkeit, schnell auf Kundenbedürfnisse und Marktveränderungen zu reagieren, was zu einer verbesserten Dienstleistungserbringung und betrieblichen Effizienz führte.

Die Fallstudien von Spotify, ING Bank, Bosch, SAAB und Barclays bieten eine Fülle von Einblicken in die effektive Umsetzung von agilem Veränderungsmanagement und veranschaulichen jeweils wichtige Aspekte dieses Ansatzes in der Praxis. Ein zentrales Thema in diesen Beispielen ist die Pflege einer Unternehmenskultur, die Flexibilität, Autonomie und Eigenverantwortung betont. Spotifys gruppenbasierte Struktur und INGs Umstellung auf multidisziplinäre Teams zeigen, wie die Befähigung kleinerer, funktionsübergreifender Gruppen zu effizienteren und innovativeren Ergebnissen führen kann.

Die Anpassungsfähigkeit an Marktveränderungen und Kundenpräferenzen ist eine weitere wichtige Lektion. Die Fähigkeit von Spotify, sein Angebot auf der Grundlage von Nutzerfeedback schnell anzupassen, unterstreicht die Bedeutung der Beibehaltung eines kundenorientierten Fokus in agilen Methoden. Kontinuierliches Lernen und kontinuierliche Verbesserung sind wesentliche Elemente für den Erfolg. Die Erfahrung von Bosch zeigt, dass die Einführung agiler Methoden nicht nur die Produktentwicklungszyklen verkürzt, sondern sich auch positiv auf das Engagement der Mitarbeiter auswirkt, denn die kontinuierliche Verbesserung kommt sowohl der Produktqualität als auch der Arbeitsmoral zugute.

Verbesserte Zusammenarbeit ist ein wesentlicher Vorteil des agilen Änderungsmanagements. Der Ansatz von SAAB, Silos aufzubrechen und die Zusammenarbeit zwischen den Abteilungen zu fördern, führt zu besseren Ergebnissen, insbesondere in komplexen Projektumgebungen. Die Rolle der Führung bei der Förderung und Aufrechterhaltung der agilen Transformation ist ebenfalls eine wichtige Lektion. Der agile Weg von Barclays ist ein Beispiel dafür, wie das Engagement der Führungskräfte und ein Top-Down-Ansatz für den kulturellen Wandel entscheidend für eine erfolgreiche Transformation sind.

Agilität kann auch in stark regulierten Branchen wirksam eingesetzt werden, wie das Beispiel SAAB zeigt. Diese Fallstudie veranschaulicht, dass Agilität und Compliance nebeneinander bestehen können, sofern der richtige Ansatz gewählt wird. Die Notwendigkeit, ein Gleichgewicht zwischen Struktur und Flexibilität herzustellen, ist eine wichtige Erkenntnis. Während agile Methoden die Anpassungsfähigkeit und den schnellen Wandel fördern, ist die Beibehaltung eines gewissen Maßes an Struktur und klaren Zielen, wie bei den Übergängen bei Bosch und ING zu sehen, unerlässlich, um die Teams fokussiert und ausgerichtet zu halten.

Diese Beispiele aus der Praxis bieten umfassende Einblicke in die erfolgreiche Bewältigung agiler Veränderungen und betonen die Bedeutung einer flexiblen und befähigenden Kultur, der Anpassungsfähigkeit an Kundenbedürfnisse, des kontinuierlichen Lernens, der funktionsübergreifenden Zusammenarbeit, der engagierten Führung, der Agilität in verschiedenen Kontexten und des Ausgleichs zwischen Flexibilität und Struktur.

In diesem Kapitel haben wir uns mit den Feinheiten des agilen Veränderungsmanagements und seiner zunehmenden Bedeutung in der heutigen schnelllebigen Geschäftswelt befasst. Die wichtigsten Themen und Strategien, die wir erörtert haben, betrafen die Frage, wie Unternehmen die agilen Prinzipien bei der Bewältigung von Veränderungen effektiv umsetzen und davon profitieren können. Wir begannen mit einer Definition des agilen Veränderungsmanagements und betonten dessen Schwerpunkt auf

Flexibilität, Reaktionsfähigkeit und iterativem Fortschritt. Dieser Ansatz unterscheidet sich von den traditionellen Methoden des Veränderungsmanagements dadurch, dass er anpassungsfähiger ist und besser auf die sich verändernde Unternehmenslandschaft reagieren kann. Es wurde betont, wie wichtig es ist, eine Kultur der kontinuierlichen Verbesserung und des Lernens zu kultivieren - ein entscheidender Aspekt des agilen Änderungsmanagements. Wir erörterten, wie diese Kultur die Anpassungsfähigkeit und Widerstandsfähigkeit fördert und es Unternehmen ermöglicht, wettbewerbsfähig zu bleiben und auf Veränderungen zu reagieren.

Die wichtigsten Grundsätze des agilen Veränderungsmanagements, darunter funktionsübergreifende Teamarbeit, iterative Entwicklung und regelmäßige Feedbackschleifen, wurden untersucht. Diese Grundsätze gewährleisten, dass Veränderungsinitiativen flexibel und kooperativ sind und auf der Grundlage von Echtzeit-Feedback und -Lernen kontinuierlich verfeinert werden.

Wir haben auch verschiedene praktische Tools und Techniken zur Erleichterung des agilen Änderungsmanagements besprochen. Dazu gehören agile Projektmanagement-Software, Kollaborationsplattformen und Feedback-Tools, die alle dazu beitragen, den Veränderungsprozess zu rationalisieren und die Teamkoordination zu verbessern. Das Kapitel unterstreicht die entscheidende Rolle der Führung bei der Gestaltung und Lenkung der Organisationskultur in Richtung Agilität. Führungskräfte geben nicht nur den Ton für den Wandel an, sondern spielen auch eine zentrale Rolle bei der Vorgabe agiler Verhaltensweisen und Praktiken.

Erfolgsgeschichten aus der realen Welt von Unternehmen wie Spotify, ING Bank, Bosch, SAAB und Barclays lieferten konkrete Beispiele für agiles Change Management in der Praxis. Diese Fallstudien veranschaulichten die Vorteile agiler Methoden bei der Steigerung von Innovation, Effizienz und Anpassungsfähigkeit.

Die wichtigsten Erkenntnisse aus diesen Fallstudien wurden erörtert und boten Einblicke in die Vorteile einer flexiblen und befähigenden Unternehmenskultur, die Bedeutung der Kundenorientierung, die Notwendigkeit des kontinuierlichen Lernens und die Wirksamkeit der funktionsübergreifenden Zusammenarbeit bei der Förderung eines agilen Wandels.

Das Kapitel bot einen umfassenden Überblick über das agile Änderungsmanagement, seine Grundsätze, Praktiken und praktischen Anwendungen. Es unterstreicht die Bedeutung von Anpassungsfähigkeit, Widerstandsfähigkeit und kontinuierlicher Verbesserung in der heutigen Geschäftswelt und bietet praktische Anleitungen, wie Unternehmen agile Change-Management-Praktiken erfolgreich einsetzen und davon profitieren können.

Nach unserer eingehenden Untersuchung des agilen Veränderungsmanagements und seiner Integration in die Organisationskultur gehen wir nahtlos in das nächste Kapitel über, das sich mit komplexen menschlichen Verhaltensweisen und neuen Arbeitsrealitäten befasst. Dieses Kapitel baut auf den Grundlagen auf, die in unserer Diskussion über agile Methoden und kulturelle Anpassungsfähigkeit gelegt wurden, und untersucht, wie diese Elemente mit komplexen menschlichen Verhaltensweisen in modernen Arbeitsumgebungen interagieren und von ihnen beeinflusst werden.

Im nächsten Kapitel werden wir die Vielschichtigkeit des menschlichen Verhaltens in Organisationen untersuchen, insbesondere im Hinblick auf die neuen Arbeitsrealitäten - wie z. B. die zunehmende Fernarbeit, die digitale Zusammenarbeit und die sich verändernde Dynamik der Belegschaft. Wir werden untersuchen, wie wichtig das Verständnis und der Umgang mit diesen komplexen Verhaltensweisen für die effektive Umsetzung eines agilen Veränderungsmanagements und die Förderung einer unterstützenden Organisationskultur sind. Wir werden uns auch mit den psychologischen Aspekten der Arbeit im modernen Zeitalter befassen und erörtern, wie Faktoren wie Motivation, Engagement und Arbeitszufriedenheit durch neue Arbeitsrealitäten beeinflusst werden. Das Kapitel befasst sich mit den Auswirkungen dieser Veränderungen auf den Führungsstil, die Teamdynamik und die Effizienz der Organisation insgesamt. Wir untersuchen auch die Herausforderungen und Chancen, die sich aus diesen neuen Arbeitsrealitäten ergeben. Dazu gehören das Verständnis der Auswirkungen der Technologie auf das menschliche Verhalten, die Bewältigung der Herausforderungen, die Remote- und hybride Arbeitsmodelle mit sich bringen, und die Nutzung der Möglichkeiten, die sie für die Verbesserung der Zusammenarbeit und der Innovation bieten.

Durch die Verknüpfung der Konzepte des agilen Veränderungsmanagements und der Organisationskultur mit der Untersuchung komplexer menschlicher Verhaltensweisen und neuer Arbeitsrealitäten soll das nächste Kapitel ein ganzheitliches Verständnis des modernen Arbeitsplatzes vermitteln. Dieses Verständnis ist für Führungskräfte und Organisationen, die in einer sich ständig weiterentwickelnden Unternehmenslandschaft erfolgreich sein wollen, unerlässlich.

4. Komplexe menschliche Verhaltensweisen und neue Arbeitsrealitäten

Ziel dieses Kapitels ist es, die komplexen Verhaltensänderungen und die Entstehung neuer Organisationsstrukturen in der Post-COVID-Ära zu untersuchen. Es geht der Frage nach, wie die Pandemie nicht nur die physischen Aspekte der Arbeit verändert hat, sondern auch zu tiefgreifenden Veränderungen im Verhalten der Mitarbeiter, in den Managementpraktiken und in der Struktur der Unternehmensdynamik selbst geführt hat. Ein Hauptaugenmerk liegt auf der Frage, wie sich das Engagement und die Motivation der Mitarbeiter im Zuge der weit verbreiteten Fernarbeit entwickelt haben. Das Kapitel untersucht die Strategien, die Unternehmen eingesetzt haben, um eine geografisch verstreute Belegschaft bei der Stange zu halten, und die innovativen Ansätze, die entstanden sind, um Mitarbeiter außerhalb der traditionellen Büroumgebung zu motivieren.

Ein weiterer kritischer Aspekt ist das Management des Wohlbefindens der Mitarbeiter, wobei der Schwerpunkt auf der psychischen Gesundheit und dem Burnout in einem entfernten oder hybriden Arbeitsumfeld liegt. Dazu gehört auch eine Analyse, wie Unternehmen die Herausforderungen bei der Aufrechterhaltung der Work-Life-Balance für ihre Mitarbeiter meistern und welche Schritte unternommen werden, um Burnout effektiver und mitfühlender zu begegnen.

Das Kapitel befasst sich auch mit der Entwicklung der Organisationsstrukturen. Mit der Verlagerung zu dezentralen und hybriden Modellen weichen die traditionellen hierarchischen Modelle flexibleren, agileren und reaktionsfähigeren Strukturen. In diesem Abschnitt wird untersucht, wie sich diese neuen Strukturen auf die Organisationskultur, die

Entscheidungsprozesse und die allgemeine Unternehmensflexibilität auswirken.

Führung in der Welt nach dem COVID ist ein weiterer wichtiger Schwerpunkt. In diesem Kapitel wird analysiert, wie sich die Führungsstile an den ständigen Wandel und die Ungewissheit angepasst haben, wobei die zunehmende Bedeutung von Empathie, Belastbarkeit und flexibler Entscheidungsfindung bei Führungskräften hervorgehoben wird.

Auch das Leistungsmanagement in der neuen Arbeitsumgebung ist ein wichtiges Thema. In diesem Kapitel werden die Herausforderungen und Möglichkeiten erörtert, die sich aus der Neudefinition von Leistungskennzahlen und -bewertungen ergeben, die für Fernarbeit und hybride Arbeitsumgebungen geeignet sind. Das Kapitel befasst sich mit der Komplexität der Sicherstellung von Vielfalt, Gleichberechtigung und Integration in einer Remote-Arbeitsumgebung. Es hebt die innovativen Praktiken hervor, die Unternehmen einführen, um einen integrativen Arbeitsplatz zu schaffen, der über physische Grenzen hinausgeht.

Die COVID-19-Pandemie hat nicht nur grundlegende Veränderungen des Arbeits- und Organisationsverhaltens mit sich gebracht, sondern auch differenziertere Herausforderungen für die Zeit nach der Pandemie aufgeworfen. Ein wichtiges Thema war die Neudefinition von Mitarbeiterengagement und -motivation in einer überwiegend dezentralen Arbeitsumgebung. Diese Verschiebung erforderte innovative Ansätze, um die Motivation und das Engagement von Mitarbeitern zu erhalten, die physisch weit entfernt arbeiten. Parallel dazu wurde der Umgang mit Burnout zu einem kritischen Thema, insbesondere in entfernten Arbeitsumgebungen, in denen die traditionellen Bürogrenzen verschwimmen, was es schwierig macht, Burnout zu erkennen und wirksam zu bekämpfen.

Ein weiterer komplexer Aspekt war die Bewältigung des Paradoxons der Hybridarbeit. Unternehmen, die sich für hybride Modelle entschieden haben, sahen sich mit der Herausforderung konfrontiert, zwei unterschiedliche Arbeitsumgebungen zu verwalten: das physische Büro und die Telearbeit. Die Gewährleistung von Fairness und Produktivität in diesen unterschiedlichen Umgebungen machte das Personalmanagement noch komplexer. Diese Situation führte auch zu Herausforderungen bei der Aufrechterhaltung des kulturellen Zusammenhalts innerhalb einer verteilten Belegschaft. Die Abwesenheit physischer Interaktionen, die traditionell die Unternehmenskultur unterstützten, erforderte neue Strategien, um die Werte und die Kultur des Unternehmens über verschiedene Standorte hinweg zu erhalten.

Mit der Verlagerung von Tätigkeiten in die Ferne wurden die erhöhten Risiken für die Cybersicherheit zu einem großen Problem. Die Unternehmen mussten ihre Strategien für die digitale Kommunikation und den Datenschutz verstärken, um der erhöhten Anfälligkeit für Cybersecurity-Bedrohungen zu begegnen. Gleichzeitig wurde die Anpassung an den raschen technologischen Wandel unabdingbar, was sowohl von der Organisation als auch von den Mitarbeitern ständiges Lernen und Anpassen erforderte.

Der Umgang mit dem Stigma der psychischen Gesundheit und die Bereitstellung angemessener Unterstützung am Arbeitsplatz wurden ebenfalls zu einer differenzierten Herausforderung. Die Schaffung eines Umfelds, das es ermöglicht, über psychische Probleme zu sprechen und Hilfe zu suchen, war für das Wohlbefinden der Mitarbeiter von größter Bedeutung. Auch der Führungsstil hat sich gewandelt. Der ständige Wandel und die Ungewissheit erforderten eine Abkehr von traditionellen Führungsansätzen hin zu solchen, die sich durch Einfühlungsvermögen, Flexibilität und Widerstandsfähigkeit auszeichnen.

Eine weitere komplizierte Aufgabe war die Neugestaltung des Leistungsmanagements für die Arbeit an entfernten Standorten oder in hybriden Arbeitsumgebungen. Herkömmliche Leistungsbewertungsmaßstäbe erwiesen sich oft als unzureichend, so dass neue Rahmenwerke entwickelt werden mussten, die die Leistung in diesen neuen Arbeitsumgebungen genau widerspiegeln. Schließlich erforderte die Sicherstellung von Vielfalt, Gleichberechtigung und Integration in entfernten Arbeitsumgebungen gezielte und innovative Anstrengungen. Organisationen mussten Wege finden, um integrative Praktiken zu schaffen, die die physischen Grenzen traditioneller Büroräume überschreiten. Nachstehend finden Sie eine Tabelle, in der jede dieser neuen Herausforderungen für Führungskräfte beschrieben wird.

Mitarbeiterengagement und -motivation neu definieren: Mit der zunehmenden Verbreitung von Telearbeit standen die traditionellen Ansätze zur Mitarbeiterbindung vor Herausforderungen. Unternehmen mussten neue Wege finden, um Mitarbeiter zu motivieren und einzubinden, die nicht mehr physisch an einem zentralen Ort anwesend waren.
Umgang mit Burnout in einem entfernten Umfeld: Das Verschwimmen der Grenzen zwischen Arbeit und Privatleben führte zu einer Zunahme von Burnout-Fällen. Das Erkennen und Angehen von Burnout in einer entfernten Umgebung, in der es keine physischen Anhaltspunkte gibt, wurde zu einer entscheidenden Herausforderung für Organisationen.
Das Paradoxon der hybriden Arbeit: Als einige Organisationen zu hybriden Modellen übergingen, sahen sie sich mit dem Paradoxon konfrontiert, zwei unterschiedliche Arbeitsumgebungen zu verwalten: im Büro und an anderen Orten. Die Gewährleistung von Fairness, Engagement und Produktivität in diesen unterschiedlichen Umgebungen stellte eine komplexe Herausforderung dar.
Kulturelle Kohäsion in einer verteilten Belegschaft: Die Aufrechterhaltung einer kohärenten Unternehmenskultur, wenn die Mitarbeiter über verschiedene Standorte verteilt sind, wurde zu einer nuancierten Herausforderung. Die Unternehmen mussten überdenken, wie sie ihre Werte und ihre Kultur ohne die physischen Interaktionen, die sie traditionell unterstützten, vermitteln und aufrechterhalten konnten.

Erhöhte Cybersecurity-Risiken: Die Umstellung auf Telearbeit erhöhte die Gefährdung des Unternehmens durch Cybersecurity-Bedrohungen. Die Gewährleistung einer sicheren digitalen Kommunikation und der Schutz sensibler Daten in einer verteilten Arbeitsumgebung erforderten neue Strategien und Tools.

Anpassung an den raschen technologischen Wandel: Die beschleunigte Einführung neuer Technologien erforderte kontinuierliches Lernen und Anpassung. Die Unternehmen mussten ihre Mitarbeiter dabei unterstützen, sich weiterzubilden und umzuschulen, um mit diesen Veränderungen Schritt zu halten.

Stigmatisierung und Unterstützung der psychischen Gesundheit: Während die psychische Gesundheit immer mehr in den Mittelpunkt rückte, bestand eine weitere Herausforderung darin, die damit verbundene Stigmatisierung zu überwinden und angemessene Unterstützung zu bieten. Die Schaffung eines Umfelds, in dem sich die Mitarbeiter wohlfühlen, wenn sie Hilfe suchen, war entscheidend.

Führung in Zeiten des ständigen Wandels: Die Führungskräfte mussten nicht nur die unmittelbare Krise bewältigen, sondern auch die ständige Unsicherheit und Veränderung. Dies erforderte einen Wechsel von der traditionellen Befehls- und Kontrollführung hin zu einem einfühlsameren, flexibleren und widerstandsfähigeren Führungsstil.

Das Leistungsmanagement neu denken: Herkömmliche Leistungskennzahlen und -bewertungen waren für das neue Arbeitsumfeld oft ungeeignet. Die Unternehmen mussten neue Rahmenwerke entwickeln, die die Leistung in einem entfernten oder hybriden Umfeld genau widerspiegeln.

Vielfalt, Gleichberechtigung und Eingliederung in entfernten Umgebungen: Die Sicherstellung von Vielfalt, Gleichberechtigung und Eingliederung wurde in einer entfernten Arbeitsumgebung noch komplexer. Die Unternehmen mussten sich bewusst darum bemühen, integrative Praktiken zu schaffen, die über physische Grenzen hinausgehen.

Verhaltensänderungen vor und nach dem COVID

Vor der COVID-19-Pandemie war das Organisationsverhalten in verschiedenen Branchen durch eine Reihe von allgemein akzeptierten Praktiken gekennzeichnet, die die Unternehmenskultur und die täglichen Abläufe prägten. Im Mittelpunkt dieser Praktiken stand das Konzept einer zentralisierten Arbeitsumgebung, in der die Mitarbeiter in der Regel in einem bestimmten Büro arbeiteten. Diese räumliche Nähe erleichterte nicht nur die direkte Aufsicht, sondern förderte auch den persönlichen Austausch und trug so zu einem Gemeinschaftsgefühl und zur Zusammenarbeit der Teammitglieder bei.

Organisationen arbeiteten überwiegend nach traditionellen hierarchischen Strukturen mit klaren Zuständigkeiten und Entscheidungsprozessen. Dies führte häufig zu einem Top-Down-Ansatz in Management und Kommunikation. Daneben bot das Konzept der standardisierten Arbeitszeiten, die in der Regel durch den typischen 9-to-5-Arbeitstag verkörpert wurden, einen einheitlichen Rahmen für die Verwaltung der Arbeitsbelastung und die Koordinierung der Teamarbeit.

Persönliche Kommunikation und Zusammenarbeit spielten in der organisatorischen Kommunikation eine zentrale Rolle. Besprechungen, Brainstorming-Sitzungen und gemeinsame Projekte wurden überwiegend persönlich in Besprechungsräumen und Gemeinschaftsräumen durchgeführt. Leistungsbeurteilungen wurden in der Regel formell und strukturiert in regelmäßigen Abständen durchgeführt und konzentrierten sich in erster Linie auf individuelle Leistungen und Zielerreichung.

Die Unternehmen verließen sich auch stark auf standardisierte Richtlinien und Verfahren, um das Verhalten der Mitarbeiter und die organisatorischen Abläufe zu steuern. Diese Richtlinien waren oft unternehmensweit einheitlich und boten wenig Flexibilität oder Personalisierung. Der physische Büroraum war von großer Bedeutung, da er als Symbol der Unternehmenskultur, des Status und der Markenidentität angesehen wurde.

Fernarbeit war zwar vorhanden, aber nicht die Norm, sondern oft nur für bestimmte Aufgaben oder unter bestimmten Umständen, während von den meisten Mitarbeitern erwartet wurde, dass sie physisch im Büro anwesend waren. Der Führungsstil war eher konventionell und konzentrierte sich auf Kontrolle, Konsistenz und die Einhaltung etablierter Prozesse und Standards. Und schließlich lag der Schwerpunkt allgemein auf der Aufrechterhaltung von Stabilität und Vorhersehbarkeit im Geschäftsbetrieb, wobei der Schwerpunkt auf langfristiger Planung und Risikoaversion lag.

Die COVID-19-Pandemie hat das Verhalten von Organisationen auf tiefgreifende Weise verändert und zu einem tiefgreifenden und nuancierten Wandel am Arbeitsplatz geführt. Diese Veränderungen gehen über die anfänglichen Anpassungen hinaus und haben die Art und Weise, wie Organisationen arbeiten, Mitarbeiter einbinden und Herausforderungen bewältigen, grundlegend verändert.

Bei der Neudefinition von Mitarbeiterengagement und -motivation hat sich der Schwerpunkt von der traditionellen persönlichen Interaktion auf die Schaffung einer virtuellen Umgebung verlagert, die ein Gefühl von Gemeinschaft und Zielsetzung fördert. Dabei geht es nicht nur um die Digitalisierung bestehender Prozesse, sondern auch um die Entwicklung neuer Möglichkeiten, mit den Mitarbeitern in Kontakt zu treten und sie einzubinden. So sind zum Beispiel virtuelle soziale Treffen und digitale Anerkennungsplattformen für das Engagement und die Motivation der Mitarbeiter unerlässlich geworden. Darüber hinaus haben personalisierte, auf die individuellen Bedürfnisse der Mitarbeiter zugeschnittene Engagement-Strategien an Bedeutung gewonnen, da jeder Mitarbeiter von der Telearbeit anders betroffen ist.

Der Umgang mit Burnout in einem entfernten Umfeld ist zu einem wichtigen Schwerpunkt geworden. Unternehmen entwickeln nun aktiv Strategien, um ein nachhaltiges Gleichgewicht zwischen Arbeit und Privatleben für Telearbeiter zu schaffen. Dazu gehören die Umsetzung flexibler Arbeitsrichtlinien, die Förderung regelmäßiger digitaler Entgiftungen und die Schaffung einer Unternehmenskultur, die der psychischen Gesundheit Priorität einräumt. Auch die Rolle der Führungskräfte hat sich weiterentwickelt: Sie müssen verstärkt auf das Wohlbefinden ihrer Teams achten und Unterstützung bei psychischen Problemen bieten.

Um das Paradoxon der hybriden Arbeit zu bewältigen, müssen die Bedürfnisse und Erfahrungen von Mitarbeitern an entfernten Standorten und im Büro in Einklang gebracht werden. Dazu gehört auch die Neugestaltung von Arbeitsprozessen, um standortunabhängig zu sein und sicherzustellen, dass Remote-Mitarbeiter den gleichen Zugang zu Möglichkeiten und Ressourcen haben wie ihre Kollegen im Büro. Es wird immer mehr Wert darauf gelegt, gleiche Bedingungen für alle Mitarbeiter zu schaffen, unabhängig von ihrem physischen Standort, was ein Überdenken der Karrierepfade und der Leistungsbewertungskriterien erfordert, um dem Hybridmodell gerecht zu werden.

Die Aufrechterhaltung des kulturellen Zusammenhalts in einer verteilten Belegschaft ist komplexer geworden. Unternehmen finden kreative Wege, um ihre Kultur und Werte über digitale Plattformen zu vermitteln. Dazu können virtuelle Teambuilding-Aktivitäten gehören, die kulturell relevant sind, oder die Nutzung interner Kommunikationsplattformen, um Geschichten und Erfahrungen zu teilen, die die Werte des Unternehmens stärken. Die Herausforderung besteht darin, ein gemeinsames Ziel und eine gemeinsame Identität zu schaffen, die bei den Mitarbeitern an verschiedenen Standorten Anklang findet. Die mit der Telearbeit verbundenen erhöhten Cybersicherheitsrisiken haben Unternehmen dazu veranlasst, erheblich in ihre IT-Infrastruktur zu investieren. Dabei geht es nicht nur um die Implementierung fortschrittlicher Sicherheitsmaßnahmen, sondern auch um die Förderung einer Kultur des Cybersecurity-Bewusstseins unter den Mitarbeitern. Regelmäßige Schulungen, Simulationen von Phishing-Angriffen und klare Richtlinien für die Datensicherheit gehören mittlerweile zum Unternehmensalltag.

Die Anpassung an den raschen technologischen Wandel ist ebenfalls ein wichtiger Schwerpunkt. Die Unternehmen führen nicht nur neue Technologien ein, sondern sorgen auch dafür, dass ihre Mitarbeiter in der Lage sind, diese Technologien effektiv zu nutzen. Dies erfordert kontinuierliche Kompetenzentwicklung und Schulungsprogramme sowie die Förderung einer Innovationskultur, in der die Mitarbeiter ermutigt werden, neue digitale Tools zu erforschen und einzusetzen.

Die Anpassung an die Veränderungen, die die COVID-19-Pandemie mit sich brachte, war sowohl für die Mitarbeiter als auch für die Führungskräfte eine Reise des Lernens und der Resilienz. Diese Anpassung hat sich auf verschiedene Weise manifestiert, u. a. durch veränderte Arbeitsgewohnheiten, Kommunikationsstile und Stressbewältigungstechniken.
Verschiebung der Arbeitsgewohnheiten

Die Arbeitnehmer mussten ihre Arbeitsroutinen und -gewohnheiten neu definieren, um sie an die Arbeitsumgebungen in der Ferne oder in hybriden Arbeitsumgebungen anzupassen. Dies bedeutete oft, dass sie zu Hause einen eigenen Arbeitsbereich einrichten, neue Routinen für den Beginn und das Ende des Arbeitstages schaffen und sich selbst disziplinieren mussten, um Ablenkungen zu vermeiden. Zeitmanagement ist zu einer wichtigen Fähigkeit geworden, und die Mitarbeiter müssen lernen, ihre Arbeitsaufgaben mit ihren persönlichen Verpflichtungen in Einklang zu bringen, vor allem an entfernten Arbeitsplätzen, wo die Grenzen zwischen Arbeit und Privatleben verschwimmen können.

Anpassung der Kommunikationsstile

Die Kommunikationsstile haben sich stark verändert. Da es keine persönlichen Gespräche mehr gibt, müssen sowohl die Mitarbeiter als auch die Führungskräfte den Umgang mit digitalen Kommunikationsmitteln beherrschen. Dazu gehört nicht nur die Beherrschung der Technologie, sondern auch das Erlernen der Feinheiten der virtuellen Kommunikation, wie z. B. die Aufrechterhaltung des Engagements bei Videogesprächen und die effektive Übermittlung von Botschaften durch schriftliche Kommunikation. Es wird auch immer mehr Wert auf Überkommunikation gelegt, um Klarheit zu schaffen und Missverständnissen vorzubeugen, wenn es keine physischen Hinweise gibt.

Umfassende digitale Zusammenarbeit

Mit dem Einsatz digitaler Werkzeuge hat die Zusammenarbeit eine neue Dimension angenommen. Die Mitarbeiter haben sich daran gewöhnt, über digitale Plattformen an Projekten mitzuarbeiten, und sie haben gelernt, verschiedene Software für die Teamarbeit zu bedienen und zu nutzen. Dieser Wandel hat zu einem Umfeld geführt, in dem digitale Kenntnisse von entscheidender Bedeutung sind und kontinuierliches Lernen und die Anpassung an neue Tools die Norm sind.

Stärkerer Fokus auf Stressmanagement

Die Pandemie hat das Bewusstsein für psychische Gesundheit und Stressbewältigung geschärft. Sowohl Mitarbeiter als auch Führungskräfte mussten neue Wege finden, um in unsicheren Zeiten mit Stress umzugehen. Dazu gehören Achtsamkeitspraktiken, regelmäßige körperliche Betätigung und die Inanspruchnahme von Hilfsprogrammen für Mitarbeiter oder von Ressourcen für psychische Gesundheit. Es ist eine deutliche Verschiebung hin zur Anerkennung und offenen Diskussion der psychischen Gesundheit am Arbeitsplatz festzustellen.

Anpassungen an die Führung

Die Führungskräfte mussten ihren Arbeitsstil anpassen, um den Anforderungen von Remote- und Hybrid-Teams gerecht zu werden. Dazu gehört, dass sie mehr Einfühlungsvermögen und Verständnis für die Herausforderungen ihrer Teams entwickeln. Viele Führungskräfte haben sich auf einen integrativen und beratenden Führungsstil verlegt, bei dem die Kommunikation und das Wohlbefinden der Mitarbeiter im Vordergrund stehen. Sie mussten auch lernen, Teams virtuell zu managen, was die

Förderung des Teamzusammenhalts, die Aufrechterhaltung der Arbeitsmoral und die Sicherstellung der Produktivität in einer entfernten Umgebung einschließt.

Innovative Problemlösung und Entscheidungsfindung

Die durch die Pandemie hervorgerufene Unvorhersehbarkeit hat sowohl von den Mitarbeitern als auch von den Führungskräften eine größere Flexibilität bei der Problemlösung und Entscheidungsfindung verlangt. Es gab eine Verlagerung hin zu innovativeren, kreativeren Lösungen, um die einzigartigen Herausforderungen zu bewältigen, die sich durch die neuen Arbeitsbedingungen ergeben.

Die COVID-19-Pandemie hat zu verschiedenen Veränderungen am Arbeitsplatz geführt, von denen einige wahrscheinlich nur vorübergehend sein werden, während sich andere in der Zeit nach der Pandemie verfestigen könnten.

Zu den vorübergehenden Veränderungen gehört der extreme Rückgriff auf virtuelle Meetings. Die virtuelle Kommunikation wird zwar ein wichtiger Aspekt des Geschäftsbetriebs bleiben, aber die Intensität und Häufigkeit dieser Meetings wird voraussichtlich abnehmen, da die Unternehmen ein Gleichgewicht mit persönlichen Interaktionen finden werden. Darüber hinaus wird das hohe Maß an Fernarbeit, das während der Pandemie zu beobachten war, nicht unbegrenzt aufrechterhalten werden können. Viele Unternehmen werden wahrscheinlich eher ein hybrides Arbeitsmodell einführen als eine vollständige Fernarbeit. Die rasche Einführung von Technologien, die während der Pandemiezeit zu beobachten war, wurde durch dringende Notwendigkeiten angetrieben. Nach der Pandemie könnte sich dieses Tempo verlangsamen, da die Unternehmen die Technologieeinführung mit langfristigen strategischen Zielen abstimmen.

Auf der anderen Seite sind mehrere Veränderungen im Begriff, dauerhaft zu werden. Die Verlagerung hin zu flexiblen Arbeitsregelungen hat nachweislich erhebliche Vorteile für die

Produktivität und die Mitarbeiterzufriedenheit gebracht, was darauf hindeutet, dass diese Flexibilität wahrscheinlich ein dauerhafter Aspekt der Arbeitskultur sein wird. Die verstärkte Konzentration auf das Wohlbefinden der Mitarbeiter, insbesondere im Hinblick auf die psychische Gesundheit und die Vereinbarkeit von Beruf und Privatleben, hat sich während der Pandemie als wichtige Überlegung erwiesen und wird voraussichtlich auch in Zukunft eine wichtige Rolle bei den Prioritäten der Unternehmen spielen.

Der Einsatz digitaler Tools für die Zusammenarbeit hat die Teamarbeit und die Kommunikation verändert. Diese Tools haben ihre Wirksamkeit unter Beweis gestellt und werden voraussichtlich auch in Zukunft einen festen Platz in der Arbeitswelt einnehmen und die traditionelle persönliche Zusammenarbeit ergänzen. Die Pandemie erforderte auch eine Verlagerung hin zu einer stärker dezentralisierten Entscheidungsfindung, die es Managern und Teams auf mittlerer Ebene ermöglicht, schneller und besser zu reagieren. Dieser Ansatz wird sich wahrscheinlich fortsetzen, da er die Agilität und Reaktionsfähigkeit der Organisation verbessert.

Die Betonung von Agilität und Widerstandsfähigkeit, die in den unsicheren Zeiten der Pandemie von entscheidender Bedeutung war, wird voraussichtlich die künftigen Organisationsstrategien und -kulturen prägen. Der Schwerpunkt auf der Schaffung eines vielfältigen und integrativen Arbeitsumfelds hat sich durch die Pandemie ebenfalls beschleunigt. Dieser Trend, der von sozialen Bewegungen und den anerkannten Vorteilen einer vielfältigen Belegschaft angetrieben wird, wird wahrscheinlich anhalten und spiegelt eine breitere Entwicklung der Arbeitsplatzkultur wider, die Flexibilität, Integration und digitale Kompetenz schätzt.

Entstehende Organisationsstrukturen

Das Aufkommen dezentraler Organisationsstrukturen, das insbesondere durch die COVID-19-Pandemie beschleunigt wurde, markiert einen entscheidenden Wandel in den Geschäftsabläufen, der sich von den traditionellen hierarchischen

Modellen wegbewegt. Diese Strukturen zeichnen sich dadurch aus, dass sie Entscheidungsbefugnisse verteilen, Mitarbeiter der unteren Ebenen befähigen und Flexibilität und Reaktionsfähigkeit fördern. In dezentralisierten Organisationen sind die Entscheidungsbefugnisse auf verschiedene Ebenen verteilt, was eine schnellere und lokalere Reaktion auf Veränderungen und Herausforderungen ermöglicht. Diese Befähigung der Mitarbeiter auf den unteren Ebenen kann zu einer höheren Motivation und Arbeitszufriedenheit führen, da sie sich stärker für ihre Arbeit verantwortlich fühlen.

Einer der Hauptvorteile dezentraler Modelle ist die Fähigkeit, schnell Entscheidungen zu treffen. Da Entscheidungen nicht erst eine hierarchische Kette durchlaufen müssen, kann auf Marktveränderungen oder Kundenbedürfnisse schneller reagiert werden. Diese Struktur fördert auch das Engagement der Mitarbeiter, da jeder Einzelne das Gefühl hat, dass seine Beiträge einen direkten Einfluss haben. Darüber hinaus trägt die Verteilung der Entscheidungsbefugnisse dazu bei, Engpässe zu verringern, die in der Regel in zentralisierten Systemen auftreten.

Dezentralisierte Modelle bringen eine Reihe von Herausforderungen mit sich. Ein erhebliches Risiko besteht darin, dass die Entscheidungen in den verschiedenen Teilen des Unternehmens uneinheitlich ausfallen können und nicht immer mit der strategischen Gesamtausrichtung übereinstimmen. Eine wirksame Kommunikation ist von entscheidender Bedeutung, um sicherzustellen, dass alle Teile der Organisation aufeinander abgestimmt sind und auf gemeinsame Ziele hinarbeiten. Die Verwaltung einer dezentralisierten Organisation kann komplex sein und erfordert ein Gleichgewicht zwischen der Autonomie der verschiedenen Einheiten und der Beibehaltung eines gewissen Maßes an zentraler Kontrolle, um Kohärenz und Einheitlichkeit zu gewährleisten. Darüber hinaus kann es eine Herausforderung sein, die Ressourcen effizient auf die verschiedenen dezentralen Einheiten zu verteilen, da jede Einheit unterschiedliche Bedürfnisse und Prioritäten haben kann.

Netzwerkbasierte Organisationsmodelle haben an Bedeutung gewonnen, insbesondere in der sich schnell entwickelnden Unternehmenslandschaft, die durch technologische Fortschritte und Globalisierung geprägt ist. Diese Modelle zeichnen sich durch ihre Flexibilität, Anpassungsfähigkeit und Innovationsfähigkeit aus und eignen sich daher besonders gut für die Anforderungen des modernen Geschäftsumfelds.

Der Kern einer netzgestützten Organisation ist das Prinzip der Flexibilität. Im Gegensatz zu traditionellen hierarchischen Strukturen zeichnen sich netzbasierte Modelle durch ein Netz von Verbindungen aus, in dem die Knoten (Einzelpersonen oder Teams) in verschiedenen Konfigurationen interagieren und zusammenarbeiten können. Diese Flexibilität ermöglicht eine schnelle Neuausrichtung und Neukonfiguration als Reaktion auf sich ändernde Geschäftsanforderungen oder Marktbedingungen, was einen dynamischeren Ansatz für Projektmanagement und Problemlösung ermöglicht.

Anpassungsfähigkeit ist ein weiteres wesentliches Merkmal netzgestützter Organisationen. Diese Modelle profitieren von ihrer Fähigkeit, sich schnell an externe Veränderungen anzupassen. Durch die Nutzung einer dezentralen Struktur können Entscheidungen schnell und nahe am Ort des Geschehens getroffen werden, was besonders in schnelllebigen oder unvorhersehbaren Märkten von Vorteil ist. Diese Anpassungsfähigkeit erstreckt sich auch auf die Mitarbeiter, die oft mehrere Rollen übernehmen oder je nach Bedarf zwischen Projekten wechseln, was zu einer agileren und reaktionsfähigeren Organisation beiträgt.

Netzwerkbasierte Modelle sind der Innovation besonders förderlich. Die offene Struktur fördert den freien Fluss von Informationen und Ideen zwischen den verschiedenen Teilen der Organisation, was kreative Problemlösungen und Innovationen begünstigt. Die Mitarbeiter werden häufig dazu ermutigt, über traditionelle Grenzen hinweg zusammenzuarbeiten und unterschiedliche Perspektiven und Fachkenntnisse einzubringen. Diese gegenseitige Befruchtung von Ideen ist ein wichtiger Motor für Innovationen, da sie unkonventionelle Ansätze und Lösungen ermöglicht. Diese Modelle nutzen häufig Technologien, um ihre vernetzte Struktur zu unterstützen, indem sie Tools für die digitale Zusammenarbeit einsetzen, um Teammitglieder über verschiedene Standorte und Zeitzonen hinweg zu verbinden. Dieser technologische Aspekt unterstützt nicht nur das operative Funktionieren des Netzwerks, sondern trägt auch zu einer Kultur des kontinuierlichen Lernens und der Anpassung bei, die für Innovationen unerlässlich ist.

Netzwerkbasierte Organisationen neigen auch zu einem eher organischen Ansatz für Wachstum und Entwicklung. Anstatt einem vorgegebenen Weg zu folgen, entwickeln sich diese Organisationen auf natürliche Weise auf der Grundlage der Interaktionen und Kooperationen innerhalb des Netzwerks. Dieses organische Wachstum kann zu unerwarteten Chancen und Innovationen führen, da die Organisation nicht durch eine starre Struktur oder einen Plan eingeschränkt wird.

Das Aufkommen hybrider Arbeitsumgebungen, in denen Fern- und Büroarbeit miteinander verschmelzen, hat sich erheblich auf die Organisationsstrukturen ausgewirkt und signalisiert eine Verlagerung von traditionellen bürozentrierten Modellen zu flexibleren Arrangements. Dieses hybride Modell, das durch die COVID-19-Pandemie beschleunigt wurde, hat sowohl Chancen als auch Herausforderungen für Organisationen mit sich gebracht, die sich an diese neue Art des Arbeitens anpassen müssen.

Hybride Arbeitsumgebungen bieten Flexibilität und ermöglichen es den Mitarbeitern, ihre Zeit zwischen der Arbeit zu Hause und im Büro aufzuteilen. Diese Flexibilität verbessert nachweislich die Work-Life-Balance und die Zufriedenheit der Mitarbeiter, was zu einer potenziellen Steigerung von Produktivität und Engagement führt. Für Arbeitgeber kann diese Flexibilität zu einer Verringerung der Gemeinkosten führen, die mit der Unterhaltung von Vollzeit-Büroräumen verbunden sind. Diese Modelle machen auch Änderungen in den Organisationsstrukturen erforderlich. Eine der wichtigsten Auswirkungen ist der Bedarf an dynamischeren und anpassungsfähigeren Managementpraktiken.

Führungskräfte und Manager müssen lernen, Teams, die nicht immer physisch anwesend sind, effektiv zu beaufsichtigen und einzubinden, was eine Veränderung der Kommunikationsstrategien und Leistungsbewertungsmethoden erfordert. Vertrauen und Verantwortlichkeit werden in diesen Umgebungen noch wichtiger.

Auch die technologische Infrastruktur von Unternehmen musste sich weiterentwickeln, um hybrides Arbeiten zu unterstützen. Dazu gehören Investitionen in sichere und effiziente Kommunikations- und Kollaborationstools, die ein nahtloses Arbeiten unabhängig vom Standort ermöglichen. Die Unternehmen mussten sicherstellen, dass sowohl Remote- als auch Büroarbeitsplätze mit der notwendigen Technologie ausgestattet sind, um Produktivität und Konnektivität aufrechtzuerhalten.

Eine weitere Auswirkung betrifft die Unternehmenskultur. Die Aufrechterhaltung einer kohäsiven Kultur in einer hybriden Umgebung kann eine Herausforderung sein, da traditionelle Methoden der Teambildung und des Mitarbeiterengagements möglicherweise nicht so effektiv sind. Unternehmen finden neue Wege, um das Gemeinschaftsgefühl und die gemeinsame Zielsetzung von Mitarbeitern zu fördern, die sich vielleicht nicht regelmäßig treffen. Das Hybridmodell beeinflusst auch die Nutzung und Gestaltung der Büroräume. Da nicht alle Mitarbeiter zur gleichen Zeit im Büro sind, überdenken Unternehmen ihre räumlichen Gegebenheiten und entscheiden sich häufig für kollaborative und flexible Layouts anstelle von festen Einzelarbeitsplätzen. Diese Arten von Arbeitsumgebungen haben Auswirkungen auf Vielfalt und Integration. Sie können denjenigen, die durch herkömmliche Bürostrukturen an den Rand gedrängt werden, wie z. B. Menschen mit Behinderungen oder Betreuungsaufgaben, mehr Chancengleichheit bieten. Es besteht jedoch auch die Gefahr, dass eine Kluft zwischen Mitarbeitern im Büro und Mitarbeitern an entfernten Standorten entsteht, was zu Ungleichheiten beim Zugang zu Ressourcen, Möglichkeiten und Netzwerken führen kann.

Navigieren durch neue organisatorische Realitäten

Die sich wandelnden Organisationsstrukturen, insbesondere die Zunahme dezentralisierter, netzwerkbasierter Modelle und hybrider Arbeitsumgebungen, erfordern eine erhebliche Anpassung der Führungsstile und -strategien. Führungskräfte stellen fest, dass der traditionelle Befehls- und Kontrollansatz in diesen dynamischen Umgebungen weniger effektiv ist, und setzen daher auf einen flexibleren, integrativen und einfühlsamen Führungsstil. Flexibilität in der Führung ist entscheidend geworden. Führungskräfte müssen in der Lage sein, ihren Ansatz je nach Situation, den Bedürfnissen des Teams und der spezifischen Dynamik des Arbeitsumfelds anzupassen. Das kann bedeuten, dass sie zwischen praktischer Anleitung für Remote-Teams und einem autonomeren Ansatz für Teams im Büro wechseln oder ihren Kommunikationsstil an verschiedene Medien und Umgebungen anpassen.

Auch in der Führung ist Inklusion wichtiger denn je. Führungskräfte müssen dafür sorgen, dass sich alle Teammitglieder, egal ob sie im Büro oder von unterwegs arbeiten, einbezogen und geschätzt fühlen. Dazu gehört auch, dass sie sich der besonderen Herausforderungen bewusst sind, mit denen Fernmitarbeiter konfrontiert sind, wie z. B. das Gefühl, isoliert zu sein oder von der informellen Kommunikation, die im Büro stattfindet, ausgeschlossen zu sein. Effektive Führungskräfte arbeiten aktiv daran, allen Teammitgliedern die Möglichkeit zu geben, einen Beitrag zu leisten und gehört zu werden.

Empathie hat sich als Schlüsseleigenschaft für eine effektive Führung herausgestellt. Es ist von entscheidender Bedeutung, die verschiedenen persönlichen und beruflichen Herausforderungen der Teammitglieder zu verstehen und anzuerkennen, insbesondere im Zusammenhang mit der Pandemie. Führungskräfte, die Einfühlungsvermögen zeigen, können Vertrauen aufbauen und ein unterstützendes Teamumfeld fördern, was für die Aufrechterhaltung von Moral und Produktivität in diesen schwierigen Zeiten von entscheidender Bedeutung ist.

Auch die Kommunikationsstrategien mussten sich weiterentwickeln. Führungskräfte müssen in ihrer Kommunikation klar, konsequent und transparent sein und sicherstellen, dass alle Teammitglieder unabhängig von ihrem Standort Zugang zu denselben Informationen haben und sich gleichermaßen informiert fühlen. Dies kann bedeuten, dass verschiedene Technologieplattformen genutzt werden, um die Kommunikation zu erleichtern, und dass zusätzliche Anstrengungen unternommen werden, um entfernte Teammitglieder zu erreichen.

Die Führungskräfte verfolgen bei der Entscheidungsfindung einen stärker kooperativen Ansatz. Die Förderung von Beiträgen und Rückmeldungen von Teammitgliedern kann zu innovativeren Lösungen führen und hilft dabei, ein Gefühl der gemeinsamen Verantwortung zu entwickeln. Dieser kollaborative Ansatz ist besonders effektiv in dezentralen und netzwerkbasierten Strukturen, in denen unterschiedliche Perspektiven die Problemlösung und Innovation erheblich verbessern können.

Die Konzentration auf kontinuierliches Lernen und Entwicklung ist ein weiterer wichtiger Aspekt der Führung in diesen neuen Strukturen. Die Führungskräfte müssen nicht nur sich selbst über die neuesten Trends und Technologien auf dem Laufenden halten, sondern auch das kontinuierliche Lernen ihrer Teams fördern und erleichtern. Dieser Ansatz ist entscheidend, um in einem sich schnell verändernden Geschäftsumfeld flexibel und anpassungsfähig zu bleiben. Die Aufrechterhaltung der Organisationskultur und des Zusammenhalts in dezentralisierten und netzwerkbasierten Modellen erfordert innovative Strategien, die den besonderen Herausforderungen dieser Strukturen gerecht werden. Da die Entscheidungsfindung und der Betrieb über verschiedene Knotenpunkte im Netzwerk verteilt sind, ist die Gewährleistung einer einheitlichen Kultur und eines Gefühls des Zusammenhalts für die Gesamteffizienz und Identität der Organisation von entscheidender Bedeutung.

Eine Schlüsselstrategie besteht darin, die Grundwerte und den Auftrag der Organisation hervorzuheben und konsequent zu kommunizieren. In dezentralisierten und netzwerkbasierten Modellen, in denen die Mitarbeiter über ein unterschiedliches Maß an Autonomie verfügen und möglicherweise nicht häufig mit der zentralen Führung interagieren, ist es von entscheidender Bedeutung, dass jeder die grundlegenden Prinzipien und Ziele des Unternehmens versteht und mit ihnen übereinstimmt. Die regelmäßige Kommunikation dieser Werte über digitale Kanäle, Meetings und unternehmensweite Veranstaltungen trägt dazu bei, die Unternehmensidentität zu stärken.

Die Schaffung von Gelegenheiten zur Verbindung und Interaktion zwischen verschiedenen Teilen der Organisation ist ebenfalls von wesentlicher Bedeutung. Dies kann durch funktionsübergreifende Projekte, abteilungsübergreifende Sitzungen oder virtuelle gesellschaftliche Veranstaltungen erreicht werden. Solche Interaktionen erleichtern nicht nur den Wissensaustausch und die Zusammenarbeit, sondern tragen auch zum Aufbau eines Gemeinschaftsgefühls unter Mitarbeitern bei, die nicht physisch zusammenarbeiten.

Führungskräfte spielen eine entscheidende Rolle bei der Aufrechterhaltung von Kultur und Zusammenhalt. Sie sollten als Vorbilder fungieren und in ihren Handlungen und Entscheidungen die Werte der Organisation verkörpern und widerspiegeln. Effektive Führungskräfte in dezentralen Umgebungen konzentrieren sich auch auf den Aufbau von Vertrauen und Eigenverantwortung innerhalb ihrer Teams und fördern eine Kultur, in der sich die Mitarbeiter geschätzt und motiviert fühlen. Die Nutzung von Technologien ist ein weiterer wichtiger Aspekt. Digitale Plattformen, die die Kommunikation, die Zusammenarbeit und die soziale Interaktion erleichtern, können dazu beitragen, das Gefühl der Verbundenheit unter den Mitarbeitern zu erhalten. Diese Plattformen können von Projektmanagement-Tools bis hin zu virtuellen Besprechungsräumen und sozialen Kanälen reichen, die alle darauf abzielen, eine virtuelle Umgebung zu schaffen, die die kulturelle Dynamik des Unternehmens unterstützt.

Die Anerkennung und Feier von Erfolgen und Meilensteinen trägt wesentlich zu einer Kultur des Zusammenhalts bei. Die

Anerkennung von Einzel- und Teamleistungen, selbst in einem verteilten Umfeld, kann die Moral steigern und das Zugehörigkeitsgefühl stärken. Feiern können virtuell durchgeführt werden, so dass jeder, unabhängig von seinem Standort, daran teilnehmen kann und sich einbezogen fühlt.

Die Förderung und Erleichterung von Feedbackschleifen ist in dezentralen Modellen von entscheidender Bedeutung. Regelmäßige Umfragen, offene Foren und Feedback-Kanäle ermöglichen es den Mitarbeitern, ihre Meinung zu äußern und zur kontinuierlichen Verbesserung des Unternehmens beizutragen. Dies hilft nicht nur bei der Lösung möglicher Probleme, sondern gibt den Mitarbeitern auch das Gefühl, gehört und geschätzt zu werden. Schulungs- und Entwicklungsinitiativen, die sich auf die Unternehmenskultur konzentrieren, können von Vorteil sein. Diese Initiativen können Programme zur Entwicklung von Führungskräften umfassen, die den Schwerpunkt auf kulturelle Führung legen, oder Onboarding-Prozesse, die neue Mitarbeiter mit den Werten und Arbeitsweisen des Unternehmens vertraut machen.

Die Rolle der Technologie bei der Gestaltung von Verhaltensmustern

Die Technologie hat eine zentrale Rolle bei der Gestaltung neuer Arbeitsverhaltensweisen und Organisationsstrukturen gespielt, insbesondere im Zusammenhang mit den jüngsten globalen Veränderungen. Ihr Einfluss zeigt sich in verschiedenen Aspekten der Arbeitsweise von Organisationen und der Art und Weise, wie Mitarbeiter mit ihrer Arbeit umgehen. Sie hat die weit verbreitete Einführung von Remote- und Hybrid-Arbeitsmodellen ermöglicht. Tools wie Videokonferenzen, Cloud Computing und Software für die Zusammenarbeit haben es Teams ermöglicht, von verschiedenen Standorten aus effektiv zu arbeiten. Diese technologischen Möglichkeiten haben nicht nur den Arbeitsort verändert, sondern auch die Art und Weise, wie die Mitarbeiter arbeiten, was zu flexibleren Arbeitsplänen und einer stärkeren Betonung der Arbeitsleistung anstelle der im Büro verbrachten Stunden geführt hat.

Der Aufstieg digitaler Kommunikationsplattformen hat die traditionellen Kommunikationsmuster in Unternehmen verändert. Da man sich weniger auf persönliche Interaktionen verlässt, hat sich eine Verlagerung hin zur asynchronen Kommunikation ergeben, bei der Teammitglieder über verschiedene Zeitzonen und Zeitpläne hinweg zusammenarbeiten und kommunizieren. Dieser Wandel hat auch neue Normen und Umgangsformen für die digitale Kommunikation erforderlich gemacht, bei denen Klarheit, Prägnanz und Reaktionsfähigkeit im Vordergrund stehen.

Die Technologie hat auch flachere und netzbasierte Organisationsstrukturen ermöglicht. Mit verbesserten Kommunikations- und Kollaborationstools können Entscheidungsfindungs- und Informationsaustauschprozesse stärker dezentralisiert werden, was schnellere Reaktionen und eine stärkere Befähigung einzelner Mitarbeiter oder Teams ermöglicht. Diese Dezentralisierung kann zu innovativeren und agileren Organisationen führen, da Ideen und Feedback freier durch die Organisation fließen können, ohne durch Hierarchien behindert zu werden.

Datenanalyse und künstliche Intelligenz (KI) haben neue Arbeits- und Entscheidungsmethoden eingeführt. Unternehmen können nun datengestützte Erkenntnisse nutzen, um fundiertere Entscheidungen zu treffen, Trends vorherzusagen und die Erfahrungen von Kunden und Mitarbeitern zu personalisieren. KI und Automatisierung verändern auch die Aufgaben und Zuständigkeiten, automatisieren Routineaufgaben und ermöglichen es den Mitarbeitern, sich auf strategischere und kreativere Aufgaben zu konzentrieren.

Die technologische Entwicklung hat auch Herausforderungen mit sich gebracht, insbesondere im Hinblick auf die Cybersicherheit und die digitale Kluft. Mit der zunehmenden Abhängigkeit von digitalen Plattformen steigt auch die Anfälligkeit für Cyber-Bedrohungen, was robuste Maßnahmen zur Cybersicherheit unerlässlich macht. Darüber hinaus muss sichergestellt werden, dass alle Mitarbeiter Zugang zu den erforderlichen Technologien haben und diese beherrschen, um eine gleichberechtigte Teilhabe am neuen Arbeitsumfeld zu gewährleisten.

Was die Organisationskultur betrifft, so hat die Technologie einen erheblichen Einfluss gehabt. Der Aufbau und die Aufrechterhaltung einer kohäsiven Kultur in einem technologiegetriebenen, oft verstreuten Arbeitsumfeld erfordert gezielte Anstrengungen. Unternehmen nutzen digitale Tools nicht nur für arbeitsbezogene Aufgaben, sondern auch für die virtuelle Teambildung, soziale Interaktionen und kulturelle Initiativen, um ein Gefühl der Gemeinschaft und gemeinsame Werte zu gewährleisten. Der effektive Einsatz von Technologie in neuen Arbeitsumgebungen beinhaltet die Nutzung digitaler Tools zur Verbesserung von Kommunikation, Zusammenarbeit und Produktivität. In einer Landschaft, in der Remote- und hybride Arbeitsmodelle weit verbreitet sind, spielt die Technologie eine zentrale Rolle, um sicherzustellen, dass Teams effizient und zusammenhängend arbeiten können.

Für die Kommunikation ist es wichtig, eine Mischung aus synchronen und asynchronen Tools zu verwenden. Synchrone Tools wie Videokonferenzplattformen (z. B. Zoom, Microsoft Teams) sind für Besprechungen und Diskussionen in Echtzeit unerlässlich und helfen dabei, ein Gefühl der Unmittelbarkeit und Verbindung zu erhalten. Asynchrone Tools wie E-Mail, Messaging-Apps (z. B. Slack, Microsoft Teams) und Projektmanagement-Software (z. B. Asana, Trello) ermöglichen eine flexible Kommunikation, die auf individuelle Zeitpläne und Zeitzonen Rücksicht nimmt. Wichtig ist, dass klare Richtlinien festgelegt werden, wie und wann diese Tools verwendet werden, um Fehlkommunikation und digitale Überlastung zu vermeiden.

Die Zusammenarbeit wird durch cloudbasierte Plattformen und gemeinsam genutzte digitale Arbeitsbereiche erheblich verbessert. Tools wie Google Workspace oder Microsoft 365 ermöglichen es Teams, gleichzeitig an Dokumenten, Tabellenkalkulationen und Präsentationen zu arbeiten, unabhängig von ihrem physischen Standort. Diese Plattformen erleichtern den nahtlosen Austausch von Ideen und Echtzeit-

Feedback, was für die Aufrechterhaltung der Dynamik von Projekten und Aufgaben unerlässlich ist.

Um die Produktivität zu steigern, können Unternehmen eine Aufgabenverwaltungssoftware einsetzen, die bei der Verfolgung des Fortschritts, der Festlegung von Fristen und der Zuweisung von Verantwortlichkeiten hilft. Diese Klarheit und Organisation kann verhindern, dass Aufgaben durch die Maschen fallen, insbesondere in einer dezentralen Arbeitsumgebung. Tools zur Zeiterfassung und Produktivitäts-Apps können auch Einzelpersonen dabei helfen, ihre Zeit effektiver zu verwalten, insbesondere in einer dezentralen Umgebung, in der Selbstdisziplin der Schlüssel ist. Ein weiterer Aspekt der Nutzung von Technologie ist die Verwendung von Datenanalysetools, um Einblicke in Arbeitsmuster, Teamleistung und Projektfortschritt zu gewinnen. Diese Erkenntnisse können in die Entscheidungsfindung einfließen, Verbesserungsmöglichkeiten aufzeigen und sicherstellen, dass die Ressourcen effizient zugewiesen werden.

Auch die Technologie spielt eine Rolle bei der Schaffung eines integrativen und engagierten Arbeitsumfelds. Digitale Tools für das Mitarbeiterengagement, wie virtuelle Teambuilding-Aktivitäten, Online-Schulungen und digitale "Wasserspender" für informelle Interaktionen, können dazu beitragen, ein Gefühl der Gemeinschaft und Zugehörigkeit unter den Teammitgliedern zu erhalten. Es ist auch wichtig, Schulungen und Unterstützung für diese Technologien anzubieten. Für eine effektive Kommunikation, Zusammenarbeit und Produktivität ist es unerlässlich, dass alle Mitarbeiter mit den von ihnen benötigten Tools vertraut sind und diese beherrschen. Regelmäßige Schulungen, Benutzerhandbücher und IT-Support können bei diesem Prozess helfen.

Maßnahmen zur Cybersicherheit sind ein weiterer wichtiger Aspekt der Nutzung von Technologie. Mit der zunehmenden Digitalisierung der Arbeit ist der Schutz sensibler Daten und die Aufrechterhaltung robuster Cybersicherheitsprotokolle von größter Bedeutung. Regelmäßige Aktualisierungen, sichere

Zugangskontrollen und Mitarbeiterschulungen zu bewährten Verfahren der Cybersicherheit sind notwendig, um Unternehmensdaten zu schützen.

Es gibt bemerkenswerte Beispiele von Unternehmen, die sich erfolgreich an die veränderten Verhaltensweisen angepasst und neue Organisationsstrukturen als Reaktion auf die sich verändernde Arbeitslandschaft eingeführt haben: Twitters frühe Einführung von Fernarbeit

Twitter war eines der ersten großen Tech-Unternehmen, das ankündigte, dass seine Mitarbeiter auch nach Abklingen der Pandemie auf unbestimmte Zeit von zu Hause aus arbeiten können. Diese Entscheidung bedeutete eine deutliche Abkehr von der traditionellen Arbeitskultur im Tech-Bereich und unterstrich die Flexibilität und Anpassungsfähigkeit des Unternehmens als Reaktion auf die Bedürfnisse der Mitarbeiter und globale Trends.

Unilevers Fokus auf Mitarbeiter-Wohlbefinden und flexible Arbeit

Der Konsumgüterriese Unilever ist ein Vorreiter bei der Förderung flexibler Arbeitsregelungen und der Konzentration auf das Wohlbefinden der Mitarbeiter. Das Unternehmen hat eine globale Richtlinie für Telearbeit eingeführt und in digitale Tools zur Förderung der Zusammenarbeit und Produktivität investiert. Unilever hat auch Initiativen zur Unterstützung der psychischen Gesundheit und zur Vereinbarkeit von Beruf und Privatleben ins Leben gerufen und damit sein Engagement für die Anpassung seiner Unternehmenskultur an neue Gegebenheiten bewiesen.

Das Salesforce-Modell "Erfolg von überall"

Salesforce hat sein "Success from Anywhere"-Modell eingeführt, das den Mitarbeitern mehr Freiheit bei der Wahl von Art, Zeit und Ort ihrer Arbeit bietet. Dieses Modell ist eine Mischung aus Büro- und Fernarbeit und soll Flexibilität bieten und gleichzeitig das Gefühl von Gemeinschaft und Zusammenarbeit erhalten. Salesforce hat auch seine Büroräume umgestaltet, damit sie als

Community-Hubs dienen und das Engagement von Kunden und Mitarbeitern in dieser neuen hybriden Umgebung unterstützen.

Accenture's fluide Arbeitskräfte und digitale Beschleunigung

Der Beratungsriese Accenture setzt auf ein flexibles Mitarbeitermodell und nutzt seine globale Präsenz, um Mitarbeitern die Arbeit in dynamischen, geografisch übergreifenden Teams zu ermöglichen. Parallel dazu hat Accenture seine digitale Transformation beschleunigt und in Cloud-Technologien und KI investiert, um effiziente Remote-Arbeit und Kundendienste zu ermöglichen.

Novartis legt Wert auf hohe Leistung und Flexibilität
Das Pharmaunternehmen Novartis hat ein neues Arbeitsmodell eingeführt, das auf hohe Leistung in Kombination mit flexiblen Arbeitsregelungen setzt. Das Unternehmen gibt seinen Mitarbeitern die Möglichkeit, selbst zu entscheiden, wie sie am effektivsten arbeiten, da es erkannt hat, dass diese Flexibilität zu einer höheren Produktivität und Arbeitszufriedenheit führen kann.

Die Fallstudien von Unternehmen wie Twitter, Unilever, Salesforce, Accenture und Novartis, die sich an neue Arbeitsrealitäten anpassen, bieten eine Fülle von Einblicken in die sich entwickelnde Arbeitslandschaft. Einer der wichtigsten beobachteten Trends ist der Wandel hin zu mehr Flexibilität und Autonomie bei der Arbeitsgestaltung. Dieser Ansatz, bei dem die Mitarbeiter selbst entscheiden können, wo und wie sie arbeiten, trägt den unterschiedlichen Bedürfnissen und Vorlieben der Arbeitnehmer Rechnung und führt zu einer höheren Arbeitszufriedenheit und Produktivität.

Diese Unternehmen zeigen auch ein starkes Engagement für Investitionen in die digitale Infrastruktur. Der Schwerpunkt auf der digitalen Transformation, der sich in der Einführung von Cloud-Technologien und Kollaborationsplattformen zeigt, ist für die Unterstützung von Remote- und Hybrid-Arbeitsmodellen unerlässlich. Diese Konzentration auf digitale Tools ist nicht nur eine Reaktion auf unmittelbare Bedürfnisse, sondern eine langfristige strategische Investition, die auf ein nachhaltiges Engagement für flexible Arbeitsmodelle hinweist.

Das Wohlergehen der Mitarbeiter hat sich zu einem wichtigen Schwerpunktbereich entwickelt. Initiativen für psychische Gesundheit, Work-Life-Balance und Programme für das Wohlbefinden sind zunehmend integraler Bestandteil dieser neuen Arbeitsmodelle, da die entscheidende Rolle der Gesundheit und des Glücks der Mitarbeiter für die Produktivität und die Mitarbeiterbindung erkannt wurde.

Eine weitere wichtige Erkenntnis ist die Neudefinition der Organisationskultur. Da sich die Arbeitsmodelle verändern, muss die Organisationskultur angepasst werden, um diese neuen Umgebungen zu unterstützen. Die Aufrechterhaltung des Gemeinschaftsgefühls und der Zusammenarbeit, selbst in einem verteilten Umfeld, ist ein zentraler Aspekt dieser Bemühungen. Ein bemerkenswerter Wechsel von der Überwachung der geleisteten Arbeitsstunden zur Konzentration auf Ergebnisse und Produktivität markiert eine Veränderung in der Art und Weise, wie die Arbeit bewertet und verwaltet wird. Dieser ergebnisorientierte Ansatz respektiert die individuellen Arbeitsstile und fördert die Effizienz und Kreativität.

Effektive Führung in diesen sich wandelnden Umgebungen zeichnet sich durch Anpassungsfähigkeit, Einfühlungsvermögen und Unterstützung aus. Führungskräfte sind entscheidend, wenn es darum geht, die Einführung neuer Praktiken voranzutreiben und dafür zu sorgen, dass die Teams zusammenhalten und sich an den Unternehmenszielen orientieren, unabhängig davon, wo die Arbeit ausgeführt wird. Diese Unternehmen gehen auch auf eine größere Bandbreite von Mitarbeiterbedürfnissen ein und fördern durch das Angebot verschiedener Arbeitsmodelle Inklusivität und Vielfalt. Durch diese Flexibilität wird der Arbeitsplatz für verschiedene Gruppen zugänglicher und anpassungsfähiger, auch für Menschen mit Betreuungsaufgaben oder Behinderungen. Die Betonung von kontinuierlichem Lernen und Innovation ist offensichtlich. Um mit neuen Technologien und Arbeitspraktiken Schritt halten zu können, muss man lernen und sich anpassen, was in einem sich rasch wandelnden Geschäftsumfeld unerlässlich ist, um wettbewerbsfähig zu bleiben. Diese Beispiele spiegeln einen breiteren Wandel in der Arbeitswelt wider, der die Bedeutung von Flexibilität, digitaler Befähigung, Wohlbefinden der Mitarbeiter, einer ergebnisorientierten Arbeitskultur, anpassungsfähiger Führung, Inklusivität und dem Engagement für kontinuierliches Lernen und Innovation hervorhebt.

In diesem Kapitel wurden die bedeutenden Veränderungen im Organisationsverhalten und in den Organisationsstrukturen angesichts der sich rasch verändernden Arbeitsumgebungen untersucht und einige wichtige Erkenntnisse und Strategien herausgestellt. Ein zentrales Thema ist die Verlagerung hin zu Remote- und Hybrid-Arbeitsmodellen, die eine breitere Entwicklung hin zur Flexibilität am Arbeitsplatz widerspiegelt. Dieser Wandel erfordert neue Arbeitsansätze, einschließlich einer Neudefinition von Mitarbeiterengagement und -motivation in einem Umfeld, in dem traditionelle persönliche Interaktionen seltener werden.

Eine wichtige Erkenntnis ist die Bedeutung der Aufrechterhaltung der Organisationskultur und des Zusammenhalts in dezentralen und netzwerkbasierten Strukturen. Zu den Strategien, mit denen dies erreicht werden kann, gehören die konsequente Vermittlung von Grundwerten, die Nutzung von Technologien für die Zusammenarbeit und die Schaffung von Gelegenheiten zur Interaktion zwischen verschiedenen Teilen des Unternehmens.
Das Kapitel unterstreicht auch die Notwendigkeit der Anpassungsfähigkeit von Führungsstilen. Von modernen Führungskräften wird verlangt, dass sie einfühlsamer, integrativer und unterstützender sind und die unterschiedlichen Bedürfnisse ihrer Teams anerkennen, vor allem in entfernten oder hybriden Umgebungen. Die Rolle der Technologie bei diesen Veränderungen wird hervorgehoben, wobei der Schwerpunkt darauf liegt, wie digitale Tools die Kommunikation, Zusammenarbeit und Produktivität verbessern können. Investitionen in die digitale Infrastruktur und die Förderung einer Kultur des kontinuierlichen Lernens und der Innovation werden als Schlüsselstrategien für den Erfolg genannt.

Die Bewältigung von Veränderungen und Übergängen in diesen neuen Organisationsformen ist ein weiterer wichtiger Schwerpunkt. Zu einem effektiven Veränderungsmanagement gehören eine klare Kommunikation, die Einbeziehung der Mitarbeiter in den Veränderungsprozess, die Bereitstellung angemessener Schulungen und Unterstützung sowie die Flexibilität und das Eingehen auf Feedback. Beispiele aus der realen Welt von Organisationen, die diese Veränderungen erfolgreich bewältigt haben, bieten praktische Einblicke. Diese Fallstudien zeigen, wie effektiv es ist, sich Flexibilität zu eigen zu machen, sich auf das Wohlbefinden der Mitarbeiter zu konzentrieren, in digitale Fähigkeiten zu investieren und eine starke Organisationskultur angesichts bedeutender Veränderungen aufrechtzuerhalten.

Wir gehen nun von der Erforschung des Wandels der Organisationsstrukturen und des Arbeitsverhaltens zu einem ebenso wichtigen und miteinander verknüpften Thema über: dem Zusammenspiel dieser neuen Realitäten mit Vielfalt, Gerechtigkeit und flexiblen Arbeitsformen. Das nächste Kapitel befasst sich mit der Frage, wie die sich entwickelnde Arbeitslandschaft, die durch den digitalen Wandel und sich verändernde organisatorische Normen geprägt ist, mit Vielfalt und Gerechtigkeit am Arbeitsplatz zusammenhängt und diese beeinflusst.

Wir werden untersuchen, wie Remote- und hybride Arbeitsmodelle naturgemäß neue Wege für die Inklusion eröffnen und einer größeren Vielfalt von Personen die Möglichkeit bieten, an der Belegschaft teilzunehmen. Diese Modelle können traditionelle Barrieren abbauen und bieten Personen, die durch herkömmliche bürobasierte Arbeitsstrukturen an den Rand gedrängt wurden, einen besseren Zugang.

Das Kapitel befasst sich auch mit den Herausforderungen und Verantwortlichkeiten, die mit diesen Veränderungen einhergehen. Bei der Bewältigung dieser neuen Arbeitsformen müssen Unternehmen sicherstellen, dass alle Mitarbeiter unabhängig von ihrem Arbeitsort oder -zeitplan gleichberechtigten Zugang zu

Möglichkeiten und Ressourcen haben. Wir werden Strategien zur Förderung eines integrativen Arbeitsumfelds erörtern, das die Vielfalt unterstützt und die Gleichberechtigung fördert, wobei Faktoren wie unbewusste Vorurteile, Kommunikationsbarrieren und kulturelle Unterschiede berücksichtigt werden.

Wir werden uns mit der Frage beschäftigen, wie flexible Arbeitsformen zur Unterstützung einer vielfältigen Belegschaft genutzt werden können, und dabei Richtlinien und Praktiken untersuchen, die den unterschiedlichen Bedürfnissen und Lebensumständen Rechnung tragen. Von flexibler Zeiteinteilung bis hin zu maßgeschneiderten Sozialleistungen und Unterstützungssystemen werden wir uns ansehen, wie Unternehmen ein Arbeitsumfeld schaffen können, das nicht nur die Vielfalt fördert, sondern auch das Wohlbefinden und den Erfolg aller seiner Mitglieder aktiv unterstützt.

5. Führung in vielfältigen und flexiblen Arbeitsformen

Die Unternehmen von heute sind durch eine Vielzahl von Arbeitsformen gekennzeichnet, die jeweils ihre eigene Dynamik und ihre eigenen Herausforderungen mit sich bringen. Diese Arbeitsformen - Präsenz-, Hybrid- und Fernarbeit - haben sich zunehmend durchgesetzt und verändern die Landschaft der Interaktion und Führung am Arbeitsplatz.

Persönlicher Arbeitsmodus

Traditionelle persönliche Arbeitsumgebungen, in denen die Teammitglieder in einem physischen Büro zusammenarbeiten, waren lange Zeit der Standard. Diese Arbeitsweise fördert die direkte Interaktion von Angesicht zu Angesicht, die spontane Kommunikation und kann den Zusammenhalt des Teams stärken. Allerdings müssen die Führungskräfte auch die Herausforderungen bewältigen, die sich aus der Dynamik vor Ort ergeben, einschließlich der Zusammenarbeit am Arbeitsplatz und der Konfliktlösung.

Hybrider Arbeitsmodus

Das Hybridmodell hat sich als eine Mischung aus Präsenz- und Fernarbeit herausgebildet und bietet mehr Flexibilität. In diesem Modus arbeiten einige Mitarbeiter vor Ort, während andere aus der Ferne arbeiten, entweder nach einem festen Zeitplan oder je nach den Bedürfnissen des Einzelnen oder des Teams. Bei diesem Modell müssen die Führungskräfte die Bedürfnisse und Erfahrungen von Mitarbeitern, die sowohl vor Ort als auch aus der Ferne arbeiten, ausbalancieren und integrieren, um eine gleichberechtigte und integrative Zusammenarbeit im Team zu gewährleisten.

Vollständig ferngesteuerter Arbeitsmodus

Vollständige Fernarbeit, bei der alle Teammitglieder außerhalb einer traditionellen Büroumgebung arbeiten, hat aufgrund der COVID-19-Pandemie stark an Bedeutung gewonnen. Diese Arbeitsweise beseitigt geografische Beschränkungen und ermöglicht einen breiteren Talentpool, stellt die Führungskräfte aber auch vor die Herausforderung, den Zusammenhalt, die Kommunikation und die Kultur des Teams in einer virtuellen Umgebung aufrechtzuerhalten.

In diesem Kapitel werden wir untersuchen, wie Führungskräfte diese verschiedenen Arbeitsformen effektiv steuern und führen können. Wir werden uns mit den einzigartigen Herausforderungen und Chancen befassen, die jede Arbeitsform mit sich bringt, und Strategien für eine effektive Führung anbieten, die auf die Nuancen von persönlichen, hybriden und vollständig entfernten Teams zugeschnitten sind. Ziel ist es, den Führungskräften die Erkenntnisse und Werkzeuge an die Hand zu geben, die sie benötigen, um ihren Führungsstil an die sich verändernde Arbeitslandschaft anzupassen und Effektivität, Inklusion und Produktivität zu gewährleisten, unabhängig davon, in welchem Modus ihre Organisation arbeitet.

Führung im persönlichen Umfeld

Die traditionelle persönliche Führungsdynamik, die durch die Zunahme von Remote- und Hybrid-Arbeitsmodellen scheinbar in Frage gestellt wird, ist am modernen Arbeitsplatz nach wie vor von großer Bedeutung. Persönliche Umgebungen bieten eine einzigartige Dynamik, die die Effektivität der Führung und die Teamleistung stark beeinflussen kann. In einer traditionellen, persönlichen Umgebung ist die Führung stark auf persönliche Interaktionen angewiesen. Diese Interaktionen ermöglichen ein unmittelbares Feedback, eine klarere Kommunikation und einen stärkeren Aufbau von Beziehungen. Die physische Anwesenheit von Führungskräften kann einen tiefgreifenden Einfluss auf die Moral und das Engagement des Teams haben. Die Führungskräfte können die Reaktionen und Emotionen der Teammitglieder leichter einschätzen, was eine effektivere und einfühlsamere Führung ermöglicht.

Ein weiterer Aspekt der persönlichen Führung ist die Fähigkeit, eine kohäsive Teamkultur zu fördern. Physische Büroräume schaffen oft ein Gefühl von Gemeinschaft und Zugehörigkeit, das von Führungskräften genutzt werden kann, um Teamgeist und Zusammenarbeit zu fördern. Die gemeinsame physische Umgebung bietet auch Möglichkeiten für spontane Interaktionen und informelle Kommunikation, die für kreative Brainstormings und Problemlösungen von unschätzbarem Wert sind.

Die traditionelle Führung in einer Büroumgebung beinhaltet oft eine direktere Überwachung der Teamaktivitäten. Die Führungskräfte können die Arbeitsabläufe beobachten, unmittelbare Anweisungen geben und schnell eingreifen, wenn Probleme auftreten. Dies kann zu einer effizienteren Entscheidungsfindung und Problemlösung führen. Die Relevanz dieser traditionellen Dynamik am modernen Arbeitsplatz muss mit den sich wandelnden Erwartungen der Mitarbeiter in Einklang gebracht werden. Die heutige Belegschaft legt häufig Wert auf Flexibilität, Autonomie und die Vereinbarkeit von Beruf und Privatleben, was manchmal im Widerspruch zu den strukturierten Arbeitsumgebungen steht, in denen man persönlich anwesend ist.

Effektive Führungskräfte in einem modernen, persönlichen Umfeld sind diejenigen, die traditionelle Führungsstärken - wie direkte Kommunikation und praktische Anleitung - mit einer Wertschätzung für modernere Werte wie Mitarbeiterautonomie, Wellness und berufliche Entwicklung verbinden können. Dieser ausgewogene Ansatz stellt sicher, dass die Vorteile des persönlichen Austauschs effektiv genutzt werden und gleichzeitig eine Anpassung an die sich verändernden Bedürfnisse und Erwartungen der Mitarbeiter erfolgt.

Die persönliche Führung hat sich erheblich weiterentwickelt, um den Herausforderungen des heutigen Arbeitsumfelds gerecht zu werden, das durch rasante technologische Fortschritte und veränderte Erwartungen der Mitarbeiter gekennzeichnet ist.

Moderne persönliche Führungskräfte passen ihre Ansätze in mehreren Punkten an:

1. Integration von Technologie: Die heutigen persönlichen Arbeitsumgebungen sind stark von Technologie durchdrungen. Führungskräfte setzen digitale Tools für verschiedene Zwecke ein, z. B. für das Projektmanagement, die Zusammenarbeit in Echtzeit und die effektive Kommunikation. Der Einsatz von Technologie steigert die Effizienz und Produktivität am Arbeitsplatz. Führungskräfte müssen die richtigen Technologien auswählen und implementieren, die das traditionelle Büroumfeld ergänzen und verbessern.

2. Flexibilität und Selbstständigkeit fördern: Moderne Mitarbeiter wünschen sich oft mehr Flexibilität und Autonomie in ihrer Rolle. Als Reaktion darauf verfolgen die Führungskräfte einen flexibleren Ansatz bei der Arbeitsgestaltung, auch im persönlichen Umfeld. Dazu gehören flexible Arbeitszeiten, Möglichkeiten zur Telearbeit oder ein ergebnisorientiertes Arbeitsumfeld (ROWE), bei dem der Schwerpunkt auf den Ergebnissen und nicht auf der Anzahl der im Büro verbrachten Stunden liegt.

3. Förderung einer Kultur des kontinuierlichen Lernens: Der rasante Wandel in der heutigen Geschäftswelt erfordert qualifizierte, anpassungsfähige und sich ständig weiterentwickelnde Arbeitskräfte. Die Führungskräfte schaffen ein Umfeld, in dem kontinuierliches Lernen und Entwicklung Teil der Unternehmenskultur sind. Dazu gehört es, Möglichkeiten für berufliches Wachstum, Fortbildung und Umschulung zu bieten und eine Einstellung zum lebenslangen Lernen zu fördern.

4. Vorrang für das Wohlbefinden der Mitarbeiter: Moderne Führungskräfte erkennen die Bedeutung des Wohlbefindens ihrer Mitarbeiter und dessen Auswirkungen auf Produktivität und Zufriedenheit. Dies hat dazu geführt, dass Initiativen zur Förderung der Work-Life-Balance, der psychischen

Gesundheit und des allgemeinen Wohlbefindens zunehmend in den Mittelpunkt rücken. Führungskräfte führen Richtlinien und Praktiken ein, die das Wohlbefinden der Mitarbeiter fördern, wie z. B. Wellness-Programme, Tage der geistigen Gesundheit und ergonomische Arbeitsbereiche.

5. Aufbau einer vielfältigen und integrativen Kultur: Moderne Führungskräfte sind sich des Wertes von Vielfalt und Integration bewusst, wenn es darum geht, Innovation und Geschäftserfolg zu fördern. Es werden Anstrengungen unternommen, um eine integrative Kultur zu schaffen, in der unterschiedliche Sichtweisen geschätzt werden und die Mitarbeiter ein Gefühl der Zugehörigkeit haben. Dazu gehören Schulungen zum Thema Vielfalt und Integration, faire und unvoreingenommene Einstellungspraktiken und die Unterstützung von Mitarbeiter-Ressourcengruppen.

6. Förderung von Zusammenarbeit und Teamwork: Trotz der zunehmenden Autonomie des Einzelnen sind Zusammenarbeit und Teamwork weiterhin unerlässlich. Führungskräfte finden neue Wege, um die Zusammenarbeit am Arbeitsplatz zu fördern, z. B. durch die Gestaltung von Gemeinschaftsarbeitsplätzen, durch teambildende Maßnahmen und durch die Förderung abteilungsübergreifender Projekte.

7. Verbesserung der Kommunikation: Effektive Kommunikation ist heute wichtiger denn je. Führungskräfte verfeinern ihre Kommunikationsfähigkeiten, um transparenter, einfühlsamer und integrativer zu sein. Sie nutzen auch digitale Tools, um die Kommunikation zu verbessern und sicherzustellen, dass wichtige Botschaften klar und effektiv übermittelt werden.

Durch die Anpassung an diese modernen Herausforderungen wird die persönliche Führung dynamischer, mitarbeiterorientierter und technologieorientierter. Führungskräfte, die diese Veränderungen erfolgreich meistern, können ein Arbeitsumfeld schaffen, das produktiv und ansprechend ist und den Bedürfnissen und Erwartungen der modernen Belegschaft entspricht.

Führen in hybriden Arbeitsumgebungen

Hybride Arbeitsmodelle, bei denen die Teams teilweise aus der Ferne und teilweise vor Ort arbeiten, stellen Führungskräfte und Unternehmen vor einzigartige Herausforderungen und Chancen.

Herausforderungen durch hybride Arbeitsmodelle

- Wahrung von Fairness und Inklusivität: Eine der größten Herausforderungen besteht darin, dafür zu sorgen, dass sich Remote-Mitarbeiter nicht ausgegrenzt oder weniger wichtig fühlen als ihre Kollegen vor Ort. Es besteht die Gefahr, dass ein Zweiklassensystem entsteht, bei dem die Mitarbeiter im Büro mehr Sichtbarkeit und Zugang zu Informationen haben als die Außendienstmitarbeiter.

- Kommunikationshürden: Effektive Kommunikation kann in einer hybriden Struktur komplexer sein. Um sicherzustellen, dass alle Teammitglieder unabhängig von ihrem Standort den gleichen Informationsstand erhalten und gleichberechtigt zu Diskussionen beitragen können, sind durchdachte Kommunikationsstrategien erforderlich.

- Dynamik der Zusammenarbeit: Die Förderung der Zusammenarbeit zwischen Teammitgliedern aus der Ferne und vor Ort kann eine Herausforderung sein. Führungskräfte müssen Wege finden, um eine nahtlose Zusammenarbeit und Teamarbeit zu ermöglichen und sicherzustellen, dass kein Teammitglied durch seinen Arbeitsort isoliert oder benachteiligt wird.

- Leistungsbewertung: Die Bewertung der Leistung in einem hybriden Modell kann schwierig sein, vor allem, wenn die Bewertungen eher auf sichtbare Verhaltensweisen im Büro ausgerichtet sind. Führungskräfte müssen faire und gerechte Leistungsmetriken entwickeln, die die Beiträge sowohl von Mitarbeitern im Außendienst als auch von Mitarbeitern im Innendienst genau widerspiegeln.

- Aufbau einer Teamkultur: Die Schaffung einer kohäsiven Teamkultur in einem hybriden Umfeld erfordert zusätzliche Anstrengungen. Führungskräfte müssen Wege finden, um gemeinsame Werte und ein Gefühl der Zugehörigkeit unter den Teammitgliedern zu vermitteln, die möglicherweise unterschiedliche Erfahrungen und Interaktionen mit dem Unternehmen haben.

Chancen in hybriden Arbeitsmodellen

- Mehr Flexibilität und Autonomie: Hybride Modelle bieten den Mitarbeitern mehr Flexibilität und Autonomie bei der Wahl ihres Arbeitsumfelds, was zu einer höheren Arbeitszufriedenheit und Produktivität führen kann.

- Breiterer Talentpool: Hybride Modelle ermöglichen es Unternehmen, auf einen größeren Talentpool zurückzugreifen, der nicht durch geografische Beschränkungen begrenzt ist. Dies kann zu vielfältigeren Teams mit einem breiteren Spektrum an Fähigkeiten und Perspektiven führen.

- Bessere Work-Life-Balance: Für viele Arbeitnehmer bieten hybride Modelle ein besseres Gleichgewicht zwischen Berufs- und Privatleben, was zu einem besseren Wohlbefinden und weniger Burnout führt.

- Innovation bei den Arbeitspraktiken: Das hybride Modell fördert die Innovation von Arbeitspraktiken und drängt Organisationen dazu, neue und effiziente Wege der Arbeit, Kommunikation und Zusammenarbeit zu finden.

- Kosteneffizienter Betrieb: Unternehmen können von einer Verringerung der Bürofläche und der damit verbundenen Kosten profitieren, da nicht alle Mitarbeiter zur gleichen Zeit im Büro anwesend sind.

Um das hybride Arbeitsmodell erfolgreich zu meistern, müssen Führungskräfte proaktiv die Herausforderungen angehen und gleichzeitig die Chancen nutzen. Dazu gehören die Entwicklung von integrativen Kommunikations- und Kollaborationsstrategien, die Einführung fairer Leistungskennzahlen und die Förderung einer starken und kohäsiven Teamkultur, die die Kluft zwischen Fern- und Präsenzarbeitsplätzen überbrückt.

In hybriden Arbeitsumgebungen stehen Führungskräfte vor der einzigartigen Herausforderung, die Kluft zwischen Mitarbeitern im Außendienst und im Büro zu überbrücken. Um dies erfolgreich zu bewältigen, ist ein strategischer Ansatz erforderlich, der auf klare Kommunikation, Einbeziehung und ein Gleichgewicht der Bedürfnisse setzt. Der Eckpfeiler einer effektiven Führung in einer hybriden Umgebung ist eine klare und konsistente Kommunikation. Die Führungskräfte müssen regelmäßige Kommunikationsroutinen einrichten, um sicherzustellen, dass die Teammitglieder an den Standorten und im Büro gleichermaßen informiert und eingebunden sind. Dies könnte eine Mischung aus wöchentlichen Teambesprechungen, täglichen Besprechungen und regelmäßigen E-Mail-Updates sein. Ziel ist es, einen Kommunikationsrahmen zu schaffen, in dem sich jedes Teammitglied, unabhängig vom Standort, informiert und einbezogen fühlt.

Ein weiterer wichtiger Aspekt ist der effektive Einsatz von Technologie. Digitale Tools wie Videokonferenzen, Instant Messaging und Projektmanagement-Software für die Zusammenarbeit können die räumliche Distanz zwischen den Teammitgliedern vor Ort und im Büro erheblich verringern. Diese Tools erleichtern nicht nur formelle Besprechungen und die Zusammenarbeit an Projekten, sondern auch spontane Interaktionen und zwanglose Gespräche. Besonders wichtig ist der Einbezug der Teilnehmer bei Besprechungen. Die Führungskräfte sollten sicherstellen, dass die Teilnehmer aus der Ferne die gleichen Möglichkeiten haben, einen Beitrag zu leisten, und dass die Technologie es ihnen ermöglicht, sich effektiv zu beteiligen. Dies könnte bedeuten, dass die gemeinsame Nutzung von Bildschirmen für Präsentationen oder die Verwendung virtueller Whiteboards für Brainstorming-Sitzungen Vorrang haben.

Eine Kultur der Flexibilität kann die Erfahrung des hybriden Arbeitens erheblich verbessern. Die Anerkennung der unterschiedlichen Herausforderungen, mit denen sich Mitarbeiter im Büro und im Außendienst konfrontiert sehen, und die Anpassung an diese unterschiedlichen Arbeitsstile können dazu beitragen, die verschiedenen Bedürfnisse zu erfüllen. Ob es sich um Flexibilität bei den Arbeitszeiten, den Fristen oder den Kommunikationspräferenzen handelt, ein solcher Ansatz erkennt die individuellen Arbeitsbedingungen an und respektiert sie. Die Festlegung klarer Richtlinien und Erwartungen ist für die Bewältigung der unterschiedlichen Dynamiken in gemischten Teams von entscheidender Bedeutung. Führungskräfte sollten die Arbeitszeiten, die Verfügbarkeit, die Kommunikationsnormen und die Leistungskennzahlen sowohl für Mitarbeiter im Büro als auch für Mitarbeiter im Außendienst klar formulieren. Diese Klarheit hilft dabei, Erwartungen zu steuern und mögliche Missverständnisse zu vermeiden.

Um den Zusammenhalt im Team zu fördern, müssen Gelegenheiten zur Teambildung geschaffen werden, die sich sowohl an Mitarbeiter an entfernten Standorten als auch an Mitarbeiter im Büro richten. Führungskräfte können virtuelle Teambuilding-Aktivitäten, soziale Online-Veranstaltungen oder persönliche Treffen organisieren, bei denen auch Remote-Mitarbeiter anwesend sind, um sicherzustellen, dass sich alle als Teil des Teams fühlen. Die Förderung von offenem Feedback ermöglicht es den Führungskräften, die Effektivität ihrer hybriden Arbeitsstrategien zu verstehen. Die Schaffung von Kanälen, über die die Mitarbeiter ihre Meinung zum Hybridmodell äußern können, und die Bereitschaft, auf der Grundlage dieses Feedbacks Anpassungen vorzunehmen, gewährleisten eine kontinuierliche Verbesserung.

Die Unterstützung und Normalisierung der Fernarbeit ist ebenfalls entscheidend. Die Führungskräfte sollten Fernarbeit als integralen Bestandteil der Unternehmenskultur behandeln und die notwendige Unterstützung in Form von Technologie und Ressourcen bereitstellen. Es ist von entscheidender Bedeutung, die besonderen Herausforderungen zu erkennen und zu bewältigen, mit denen sich sowohl Mitarbeiter im Büro als auch Mitarbeiter im Außendienst konfrontiert sehen. Dazu gehört auch, dass man auf das Gefühl der Isolation bei den Fernarbeitern achtet und das Potenzial der Überlastung bei den Mitarbeitern im Büro in den Griff bekommt. Das Gleichgewicht zwischen informellen Interaktionen ist entscheidend. Führungskräfte sollten informelle virtuelle Interaktionen fördern, um die Dynamik im Büro zu imitieren und sicherzustellen, dass Mitarbeiter an entfernten Standorten nicht von zwanglosen Netzwerken und dem Aufbau von Beziehungen ausgeschlossen werden.

Bei der Führung in einem hybriden Umfeld geht es um die Schaffung einer kohäsiven, integrativen und anpassungsfähigen Arbeitskultur. Dies erfordert einen nuancierten Ansatz, bei dem Kommunikation, Technologie, Flexibilität und Einfühlungsvermögen miteinander verwoben werden, um die unterschiedlichen Bedürfnisse aller Teammitglieder zu erfüllen.

Führung in vollständig ferngesteuerten Teams

Die Führung von Teams, die vollständig aus der Ferne arbeiten, bringt eine Reihe von Herausforderungen und Chancen mit sich. Der Mangel an physischer Interaktion erfordert einen anderen Führungsansatz, der sich auf den Aufbau von Vertrauen, die Aufrechterhaltung des Engagements und die Gewährleistung der Produktivität konzentriert. Der Aufbau von Vertrauen in einem Remote-Team ist von grundlegender Bedeutung und beginnt mit Transparenz. Die Führungskräfte müssen offen und regelmäßig kommunizieren und sowohl Erfolge als auch Herausforderungen des Unternehmens mitteilen. Diese Offenheit fördert eine Kultur des Vertrauens und ermutigt die Teammitglieder, ebenso transparent zu sein. Vertrauen wird auch dadurch aufgebaut, dass man Zuverlässigkeit und Beständigkeit bei Handlungen und Entscheidungen zeigt und den Teammitgliedern Autonomie einräumt, indem man Vertrauen in ihre Fähigkeiten zeigt.

Die Aufrechterhaltung des Engagements in einem entfernten Umfeld erfordert proaktive Bemühungen. Regelmäßige virtuelle Treffen und Teambesprechungen sind unerlässlich, nicht nur für arbeitsbezogene Diskussionen, sondern auch für soziale Interaktion und Teamzusammenhalt. Die Schaffung von Gelegenheiten für informelles Engagement, wie z. B. virtuelle Kaffeepausen oder gesellige Stunden, kann dazu beitragen, die Kameradschaftlichkeit der Büroumgebung zu replizieren. Die Anerkennung und Würdigung von Leistungen, konstruktives Feedback und Wertschätzung für harte Arbeit sind ebenfalls entscheidend für die Motivation und das Engagement der Teammitglieder.

Um die Produktivität eines Remote-Teams zu gewährleisten, müssen oft klare Erwartungen formuliert und die richtigen Werkzeuge und Ressourcen bereitgestellt werden. Dazu gehören die Festlegung klarer Ziele und Ergebnisse und die Ausstattung des Teams mit effektiven Kommunikations- und Zusammenarbeitswerkzeugen. Es ist wichtig, sich auf die Ergebnisse und nicht auf die Anzahl der geleisteten Arbeitsstunden zu konzentrieren, was dem Ethos von Flexibilität und Autonomie der Telearbeit entspricht. Führungskräfte müssen auch auf die Work-Life-Balance ihrer Teammitglieder Rücksicht nehmen. Da bei Fernarbeit die Grenzen zwischen Privat- und Berufsleben verschwimmen können, sollten die Führungskräfte ihre Teams ermutigen, regelmäßige Pausen einzulegen und die arbeitsfreien Zeiten zu respektieren. Dieser Ansatz beugt nicht nur einem Burnout vor, sondern trägt auch zu nachhaltiger Produktivität und Wohlbefinden bei.

Ein weiterer Aspekt bei der Führung von Remote-Teams ist die Förderung eines Gefühls der Zugehörigkeit und der Verbundenheit mit dem Unternehmen. Dazu gehört nicht nur, dass die Teammitglieder die Vision und die Ziele des Unternehmens verstehen, sondern auch, dass sie das Gefühl haben, ein integraler Bestandteil dieser Ziele zu sein. Die Führungskräfte sollten für eine regelmäßige Kommunikation über die Ausrichtung des Unternehmens sorgen und darüber, wie die Arbeit jedes einzelnen Teammitglieds zum großen Ganzen beiträgt. Die Anpassung an die Feinheiten der Remote-Führung bedeutet auch, dass man auf die individuellen Unterschiede Rücksicht nehmen muss. Dazu gehört es, unterschiedliche Arbeitsstile, Zeitzonen und persönliche Umstände zu verstehen und zu berücksichtigen. Die Anpassung der Kommunikation und der Managementansätze an die einzelnen Teammitglieder kann den Zusammenhalt und die Effektivität des Teams erheblich verbessern.

Bewährte Praktiken für die Führung von Mitarbeitern an entfernten Standorten werden immer wichtiger, da immer mehr Unternehmen auf die Arbeit an entfernten Standorten setzen. Zu einer effektiven Remote-Führung gehört eine Mischung aus dem strategischen Einsatz digitaler Tools, klarer Kommunikation und der Förderung einer starken Remote-Arbeitskultur.

Nutzung digitaler Tools

Bei der Arbeit an einem entfernten Standort sind digitale Tools die Lebensader der Kommunikation und Zusammenarbeit. Führungskräfte müssen in der Lage sein, die richtigen Tools für unterschiedliche Anforderungen auszuwählen und zu nutzen. Dazu gehören Videokonferenz-Tools wie Zoom oder Microsoft Teams für die persönliche Interaktion, Kollaborationsplattformen wie Slack für die kontinuierliche Kommunikation und Projektmanagement-Tools wie Asana oder Trello für die Verfolgung von Aufgaben und Fortschritt. Der effektive Einsatz dieser Tools hilft bei der Aufrechterhaltung von Konnektivität, Zusammenarbeit und Workflow-Management in einer entfernten Umgebung.

Klare und konsistente Kommunikation

Eine klare Kommunikation ist in einer entfernten Umgebung noch wichtiger. Führungskräfte sollten regelmäßige Kommunikationspläne aufstellen, z. B. tägliche Besprechungen und wöchentliche Teambesprechungen, um konsistente Kontaktpunkte zu gewährleisten. Es ist wichtig, die Erwartungen klar zu kommunizieren, insbesondere in Bezug auf Arbeitszeiten, Verfügbarkeit, Projektfristen und Leistungskennzahlen. Außerdem sollte die Kommunikation nicht nur aufgabenbezogen sein, sondern auch das Wohlbefinden der Mitarbeiter berücksichtigen.

Förderung einer starken Kultur der Telearbeit

Die Schaffung eines Gemeinschaftsgefühls und einer gemeinsamen Kultur in einem Remote-Team ist entscheidend. Dazu gehört der Aufbau einer Kultur, die Flexibilität unterstützt, die Zusammenarbeit fördert und die Vereinbarkeit von Beruf und Privatleben schätzt. Die Führungskräfte sollten ein Umfeld fördern, in dem sich die Teammitglieder wohl fühlen und ihre Ideen und Herausforderungen mitteilen können. Regelmäßige virtuelle Teambuilding-Aktivitäten und informelle Interaktionen können dazu beitragen, die Beziehungen zu stärken und ein Gefühl der Zugehörigkeit aufzubauen.

Befähigung und Vertrauen in die Teammitglieder

Eigenverantwortung ist der Schlüssel für die Arbeit in entlegenen Gebieten. Die Führungskräfte sollten ihren Teammitgliedern zutrauen, ihre Aufgaben zu bewältigen, und ihnen die Autonomie einräumen, Entscheidungen über ihre Arbeit zu treffen. Diese Ermächtigung fördert die Moral und das Engagement.

Förderung der beruflichen Entwicklung

Kontinuierliches Lernen sollte ein Teil der Kultur der Telearbeit sein. Führungskräfte können das berufliche Wachstum fördern, indem sie Zugang zu Online-Lernressourcen, Webinaren und virtuellen Workshops bieten. Dies hilft nicht nur bei der Entwicklung von Fähigkeiten, sondern hält auch die Teammitglieder engagiert und motiviert.

Personalisierter Ansatz für die Führung

Es ist wichtig zu erkennen, dass jedes Teammitglied unterschiedliche Bedürfnisse und Vorlieben in einer Fernarbeitssituation haben kann. Die Personalisierung der Kommunikation und des Managementansatzes auf der Grundlage des individuellen Stils der Teammitglieder kann die Effektivität erheblich steigern.

Feedback und Anerkennung

Regelmäßiges Feedback ist für Remote-Teams unerlässlich. Konstruktives Feedback hilft den Teammitgliedern zu verstehen, wie sie sich verbessern können, während die Anerkennung ihrer Bemühungen und Leistungen die Moral steigert und positive Verhaltensweisen verstärkt.

Proaktiver Umgang mit Herausforderungen

Fernarbeit bringt eine Reihe von Herausforderungen mit sich, wie z. B. das Gefühl der Isolation oder Burnout. Die Führungskräfte sollten diese Herausforderungen proaktiv angehen und bei Bedarf Unterstützung, Ressourcen und Lösungen anbieten.

Eine wirksame Führung von Fernarbeitern erfordert eine Kombination aus der effektiven Nutzung digitaler Tools, einer klaren und konsistenten Kommunikation, der Förderung einer starken Kultur der Fernarbeit, der Befähigung von Teammitgliedern, der Unterstützung ihrer Entwicklung, der Personalisierung von Führungsansätzen, der Bereitstellung von Feedback und Anerkennung sowie der proaktiven Bewältigung der einzigartigen Herausforderungen der Fernarbeit. Diese Praktiken stellen sicher, dass das Remote-Team nicht nur produktiv bleibt, sondern sich auch verbunden und wertgeschätzt fühlt.

Führen durch Ungewissheit

Die Führung durch Ungewissheit, insbesondere im Zusammenhang mit sich verändernden Arbeitsformen, stellt für Führungskräfte eine komplexe Herausforderung dar. Diese Ungewissheit ergibt sich aus den sich rasch ändernden organisatorischen Anforderungen und den sich verändernden globalen Gegebenheiten, die sich erheblich auf die Art und Weise auswirken können, wie Unternehmen arbeiten und Teams zusammenarbeiten.

Eine der größten Unwägbarkeiten ergibt sich aus der sich wandelnden Natur der Arbeit selbst. Der Übergang zu Remote- oder Hybridmodellen, der durch die COVID-19-Pandemie beschleunigt wurde, hat die traditionelle Büroumgebung umgestaltet. Dieser Wandel hat Fragen nach der langfristigen Lebensfähigkeit und Struktur dieser Arbeitsmodelle aufgeworfen, da sich die Unternehmen mit der Frage auseinandersetzen, wie die Zukunft der Arbeit für sie aussehen wird. Entscheidungen über die Beibehaltung von vollständig dezentralen Teams, die Rückkehr zur persönlichen Arbeit oder die Einführung eines hybriden Modells sind mit Unsicherheiten in Bezug auf Produktivität, Wohlbefinden der Mitarbeiter und Zusammenarbeit behaftet.

Sich ändernde organisatorische Anforderungen erhöhen die Komplexität zusätzlich. Wenn Unternehmen durch unsichere wirtschaftliche Bedingungen, technologische Fortschritte und Wettbewerbssituationen navigieren, können sich ihre Strategien und Ziele schnell ändern. Dies kann eine schnelle Umstellung der Abläufe, eine Neuausrichtung der Teams und eine Neubewertung der Geschäftsmodelle erfordern. Führungskräfte müssen diese Veränderungen bewältigen und gleichzeitig den Fokus und die Moral des Teams aufrechterhalten.

Globale Umstände wie wirtschaftliche Unbeständigkeit, politische Unruhen und Krisen im Bereich der öffentlichen Gesundheit tragen weiter zur Unsicherheit bei. Diese Faktoren können weitreichende Auswirkungen auf den Geschäftsbetrieb haben, von der Unterbrechung der Lieferketten bis hin zu einem veränderten Verbraucherverhalten. Führungskräfte müssen darauf vorbereitet sein, auf diese externen Faktoren zu reagieren, wobei ihnen oft nur begrenzte Informationen und Zeit für Entscheidungen zur Verfügung stehen. Diese Ungewissheit zu bewältigen, erfordert eine Reihe anpassungsfähiger und belastbarer Führungsqualitäten. Führungskräfte müssen in der Lage sein, schnell fundierte Entscheidungen zu treffen, oft in Situationen, für die es keinen Präzedenzfall gibt. Sie müssen mit Klarheit und Zuversicht kommunizieren, auch wenn der Weg nach vorn nicht ganz klar ist, um ihren Teams Orientierung und Sicherheit zu geben.

Führungskräfte müssen eine Kultur fördern, die flexibel ist und auf Veränderungen reagieren kann. Die Ermutigung zu Innovation, die Unterstützung von Risikobereitschaft und die Förderung einer Mentalität des kontinuierlichen Lernens können den Teams helfen, sich an die sich verändernden Umstände anzupassen. Transparenz in Bezug auf die Herausforderungen und die Einbeziehung der Teammitglieder in die Lösungsfindung können ebenfalls dazu beitragen, Unsicherheiten besser zu bewältigen. Emotionale Intelligenz ist eine weitere entscheidende Komponente bei der Bewältigung von Unsicherheiten. Die Sorgen und Ängste der Teammitglieder zu verstehen und auf sie einzugehen und sie bei Bedarf zu unterstützen, ist für die Aufrechterhaltung des Teamzusammenhalts und der Moral in schwierigen Zeiten unerlässlich.

Um die Unwägbarkeiten der sich verändernden Arbeitsformen am modernen Arbeitsplatz zu bewältigen, müssen Führungskräfte differenzierte und spezifische Strategien anwenden. Ein wichtiger Ansatz ist die Entwicklung einer szenariobasierten Planung, bei der Führungskräfte potenzielle Zukunftsszenarien analysieren und strategische Antworten auf jedes Szenario formulieren. Auf diese Weise können sich Unternehmen auf eine Reihe möglicher Ergebnisse vorbereiten.

Die Schaffung eines Umfelds der psychologischen Sicherheit ist ebenfalls entscheidend. Die Führungskräfte müssen einen Raum schaffen, in dem sich die Teammitglieder wohlfühlen, wenn sie ihre Ideen und Bedenken äußern können. Dazu gehört es, Einfühlungsvermögen zu zeigen und sich aktiv um Beiträge aller Teammitglieder zu bemühen, insbesondere derjenigen, die sich vielleicht weniger lautstark äußern. Die Verbesserung der digitalen Fähigkeiten des Teams geht über die Bereitstellung der richtigen Tools hinaus; es geht darum, die Teammitglieder in der effektiven Nutzung dieser Tools zu schulen und die Erkundung neuer Technologien zu fördern. Dadurch wird die Fähigkeit des Teams verbessert, sich an verschiedene digitale Arbeitsumgebungen anzupassen.

Da Fernarbeit häufig zu globalen Teamzusammensetzungen führt, ist die Förderung kultureller Intelligenz von entscheidender Bedeutung. Führungskräfte müssen sich der unterschiedlichen kulturellen Hintergründe und Arbeitsstile bewusst sein und sie respektieren und ihre Kommunikations- und Managementpraktiken entsprechend anpassen. Personalisiertes Mitarbeiterengagement ist eine weitere wichtige Strategie. Da jedes Teammitglied anders von Unsicherheiten betroffen sein kann, sollten die Führungskräfte mit ihnen auf einer persönlichen Ebene zusammenarbeiten, um ihre individuellen Herausforderungen und Vorlieben zu verstehen und die Unterstützung auf diese Bedürfnisse zuzuschneiden.

Agile HR-Praktiken können in Zeiten der Unsicherheit ebenfalls entscheidend sein. Die Umsetzung flexibler Personalrichtlinien, die auf die unterschiedlichen Bedürfnisse der Mitarbeiter eingehen, wie z. B. unterschiedliche Arbeitszeiten und Unterstützung bei psychischen Problemen, kann dazu beitragen, eine motivierte und engagierte Belegschaft zu erhalten. Der Einsatz von prädiktiven Analysen zur Vorhersage potenzieller Herausforderungen und Mitarbeiterbedürfnisse kann Führungskräften wertvolle Erkenntnisse liefern, die es ihnen ermöglichen, Probleme wie Burnout oder Desengagement zu antizipieren und zu mildern.

Der Aufbau eines Resilienz-Toolkits für Teams, das Ressourcen zur Stressbewältigung, Achtsamkeit und Anpassungsfähigkeit enthält, kann Teammitglieder mit den Fähigkeiten ausstatten, um schwierige Zeiten zu überstehen. Workshops oder Schulungen zum Aufbau persönlicher Resilienz können besonders nützlich sein. Eine dynamische Zielsetzung ist ebenfalls wichtig. In einem unsicheren Umfeld können statische Ziele schnell veraltet sein, so dass eine regelmäßige Überprüfung und Anpassung der Ziele an die sich ändernden Umstände erforderlich ist.

Die Förderung der funktionsübergreifenden Zusammenarbeit ist von entscheidender Bedeutung für die Bekämpfung von Silos, die sich in entfernten oder hybriden Umgebungen entwickeln können. Dies fördert nicht nur die Innovation, sondern auch das

Verständnis und die Zusammenarbeit zwischen den verschiedenen Teilen des Unternehmens. Durch die Umsetzung dieser differenzierten Ansätze können Führungskräfte ihre Teams effektiv durch die Komplexität und Ungewissheit der sich wandelnden Arbeitslandschaft von heute führen und so Anpassungsfähigkeit, Zusammenhalt und kontinuierliches Wachstum gewährleisten.

Gleichgewicht zwischen Konsistenz und Flexibilität in der Führung

Die Beibehaltung einheitlicher Führungsprinzipien und -praktiken in verschiedenen Arbeitsumgebungen ist aus mehreren Gründen entscheidend. In einer Welt, in der die Arbeitsumgebungen sehr unterschiedlich sein können - von traditionellen Büroumgebungen bis hin zu vollständig dezentralen oder hybriden Modellen - sorgt eine konsistente Führung für eine stabile und kohärente Erfahrung für alle Teammitglieder, unabhängig von ihrem physischen Standort oder ihren Arbeitsbedingungen. Eine einheitliche Führung fördert das Vertrauen und die Verlässlichkeit innerhalb des Teams. Wenn die Teammitglieder wissen, was sie von ihren Führungskräften erwarten können, unabhängig von der Arbeitsumgebung, entsteht ein Gefühl der Sicherheit und Vorhersehbarkeit. Dieses Vertrauen ist besonders wichtig in entfernten oder hybriden Umgebungen, in denen die räumliche Entfernung manchmal zu einem Gefühl der Unverbundenheit oder Unsicherheit führen kann.

Konsistente Führungspraktiken tragen dazu bei, die Kultur der Organisation zu etablieren und zu stärken. Eine starke Unternehmenskultur, die durch konsistente Werte und Verhaltensweisen der Führung untermauert wird, bietet einen Orientierungsrahmen für die Mitarbeiter. Sie prägt die Art und Weise, wie sie interagieren, Entscheidungen treffen und an ihre Arbeit herangehen, was zu einem stärkeren Zusammenhalt und einer besseren Abstimmung zwischen den Mitarbeitern führt. Diese Art von Führung ist auch der Schlüssel zur Gewährleistung von Fairness und Gerechtigkeit. In hybriden Umgebungen besteht beispielsweise die Gefahr, dass es zu Ungleichheiten zwischen

Mitarbeitern im Büro und im Außendienst kommt. Konsistente Führungspraktiken stellen sicher, dass alle Teammitglieder unabhängig von ihrem Arbeitsumfeld gleich behandelt werden, Zugang zu den gleichen Möglichkeiten haben und nach den gleichen Maßstäben beurteilt werden.

Eine konsistente Führung in verschiedenen Arbeitsumgebungen trägt zu einer klareren Kommunikation bei. Wenn Führungskräfte in der Art und Weise, wie sie kommunizieren, konsistent sind - sei es in Bezug auf die Häufigkeit, das Medium oder die Nachrichtenübermittlung -, verringert sich die Wahrscheinlichkeit von Verwirrung und Missverständnissen, was die Effizienz und die Zusammenarbeit des Teams insgesamt verbessert. Es ist wichtig zu beachten, dass Konsistenz nicht gleichbedeutend mit Starrheit ist. Effektive Führungskräfte sind auch anpassungsfähig und in der Lage, ihre Ansätze an die besonderen Anforderungen verschiedener Arbeitsumgebungen anzupassen, ohne dabei die wichtigsten Grundsätze und Praktiken zu vernachlässigen. So muss beispielsweise die Art und Weise, wie Feedback gegeben wird, möglicherweise an entfernte Arbeitsumgebungen angepasst werden, aber die Verpflichtung, regelmäßiges, konstruktives Feedback zu geben, bleibt konstant.

Diese Art der Anpassung des Führungsansatzes an die spezifischen Bedürfnisse der Arbeitsweise eines Teams ist eine entscheidende Fähigkeit in den heutigen vielfältigen Arbeitsumgebungen. Führungskräfte müssen nicht nur einheitliche Grundsätze beibehalten, sondern auch flexibel sein und auf die einzigartigen Herausforderungen und Chancen reagieren, die sich durch die verschiedenen Arbeitsformen ergeben.

In traditionellen, persönlichen Umgebungen können Führungskräfte die Vorteile von Face-to-Face-Interaktionen nutzen, um starke Beziehungen aufzubauen, die Teamdynamik aus erster Hand zu beobachten und unmittelbares Feedback zu geben. Außerdem können sie den Zusammenhalt des Teams durch persönliche Treffen, teambildende Maßnahmen und informelle Interaktionen fördern. Angesichts der räumlichen Nähe zu den

Teammitgliedern müssen sie jedoch darauf achten, dass sie genügend Autonomie gewähren und kein Mikromanagement betreiben.

Bei Remote-Teams müssen sich die Führungskräfte stärker auf die Technologie verlassen, um zu kommunizieren und zusammenzuarbeiten. Dazu gehört nicht nur die Auswahl der richtigen digitalen Tools, sondern auch deren geschickter Einsatz zur Aufrechterhaltung der Teamkonnektivität und der Arbeitsabläufe. Regelmäßige virtuelle Besprechungen und Videokonferenzen können dazu beitragen, den Mangel an physischer Präsenz auszugleichen. Führungskräfte sollten sich auch auf den Aufbau von Vertrauen und Verantwortlichkeit in einem entfernten Umfeld konzentrieren, in dem die direkte Aufsicht begrenzt ist. Die Förderung einer offenen Kommunikation und die Bereitschaft, für Unterstützung zur Verfügung zu stehen, sind der Schlüssel dazu, dass sich die Mitglieder von Remote-Teams verbunden und wertgeschätzt fühlen.

In hybriden Arbeitsumgebungen, in denen einige Teammitglieder aus der Ferne arbeiten, während andere im Büro sind, stehen Führungskräfte vor der Herausforderung, diese beiden Dynamiken auszugleichen. Es ist von entscheidender Bedeutung, die Inklusion zu gewährleisten und dafür zu sorgen, dass Remote-Mitarbeiter in Bezug auf Kommunikation, Zugang zu Ressourcen oder Karrieremöglichkeiten nicht benachteiligt werden. Möglicherweise müssen Führungskräfte neue Praktiken einführen, z. B. rotierende Besprechungszeiten, um verschiedenen Zeitzonen gerecht zu werden, oder den Einsatz von Technologie, um sicherzustellen, dass alle Mitarbeiter unabhängig von ihrem Standort gleichberechtigt an den Besprechungen teilnehmen können.

Die Anpassung von Führungsansätzen bedeutet auch, auf die individuellen Bedürfnisse der Teammitglieder einzugehen. Dazu könnte es gehören, flexible Arbeitszeiten anzubieten, persönliche Herausforderungen zu verstehen und jedem Teammitglied maßgeschneiderte Unterstützung zu bieten. Führungskräfte sollten sich proaktiv um Feedback zu ihrem Führungsansatz bemühen und bereit sein, auf der Grundlage dieses Feedbacks Anpassungen vorzunehmen.

Die Bewältigung vielfältiger und flexibler Arbeitsformen erfordert Führungskräfte, die sich an die sich verändernde Landschaft anpassen können und gleichzeitig die wichtigsten Führungsprinzipien beibehalten. Im Folgenden werden einige Fallstudien vorgestellt, in denen Führungskräfte vorgestellt werden, die diese Balance erfolgreich gemeistert haben.

Anne Wojcicki, CEO von 23andMe

Anne Wojcicki, die an der Spitze des Genomforschungsunternehmens 23andMe steht, hat die Umstellung auf Telearbeit gemeistert, indem sie sich auf eine klare Kommunikation und das Wohlbefinden der Mitarbeiter konzentriert hat. Es ist ihr gelungen, eine starke Unternehmenskultur aufrechtzuerhalten, indem sie Transparenz und die Unterstützung der Bedürfnisse ihres Teams in den Vordergrund gestellt hat, was insbesondere während der raschen Veränderungen durch die COVID-19-Pandemie entscheidend war.

Stewart Butterfield, Geschäftsführer von Slack Technologies

Als CEO eines Unternehmens, das eine Plattform für die Zusammenarbeit per Fernzugriff anbietet, hat Stewart Butterfield aus erster Hand Erfahrung im Umgang mit flexiblen Arbeitsformen. Er hat sein Team erfolgreich durch die Pandemie geführt und dabei die Bedeutung der asynchronen Kommunikation und des effektiven Einsatzes digitaler Tools zur Aufrechterhaltung der Produktivität und des Teamzusammenhalts in einer Remote-Umgebung betont.

Mary Barra, Vorstandsvorsitzende von General Motors

Mary Barra hat bei der Umgestaltung der Arbeitskultur von General Motors eine Vorreiterrolle gespielt, insbesondere als

Reaktion auf die Herausforderungen der Pandemie. Sie hat die Erfordernisse von Präsenz- und Fernarbeit effektiv ausbalanciert, die Geschäftskontinuität sichergestellt und gleichzeitig die Sicherheit und das Wohlbefinden der Mitarbeiter in den Vordergrund gestellt. Ihre Führungsqualitäten in dieser Zeit waren ein Beweis für ihre Fähigkeit, sich an flexible Arbeitsformen anzupassen und gleichzeitig einen der größten Automobilhersteller der Welt zu leiten.

Eric Yuan, Geschäftsführer von Zoom Video Communications

Eric Yuans Führung von Zoom, insbesondere in einer Zeit, in der die Plattform für die weltweite Fernarbeit unentbehrlich wurde, zeigt seine Fähigkeit, sich in verschiedenen Arbeitsmodi zurechtzufinden. Yuan hat sich darauf konzentriert, die Dienste des Unternehmens schnell zu skalieren und dabei den Schwerpunkt auf Zuverlässigkeit und Benutzerfreundlichkeit zu legen - ein entscheidender Aspekt bei der Leitung eines Teams, das Millionen von Menschen flexible Arbeit ermöglicht.

Arvind Krishna, CEO von IBM

Arvind Krishna war maßgeblich an der Umstellung von IBM auf flexiblere Arbeitsformen beteiligt. Unter seiner Führung hat IBM ein hybrides Arbeitsmodell eingeführt, bei dem die Vorteile sowohl der Fern- als auch der Präsenzarbeit anerkannt werden. Krishnas Fokus auf die digitale Transformation und die Befähigung der Mitarbeiter zeigt, dass er in der Lage ist, ein traditionsreiches Technologieunternehmen durch eine Periode großer Veränderungen zu führen.

Die vorgestellten Führungserfahrungen zeichnen ein anschauliches Bild der sich entwickelnden Landschaft der modernen Führung, insbesondere bei der Verwaltung vielfältiger und flexibler Arbeitsformen. Diese Führungskräfte leben Anpassungsfähigkeit in ihrem Führungsstil vor und erkennen die Bedeutung von mitarbeiterzentrierten Ansätzen und dem strategischen Einsatz digitaler Tools. Sie gehen geschickt mit externem Druck und interner Dynamik um und fördern gleichzeitig eine Kultur des kontinuierlichen Lernens und der Entwicklung innerhalb ihrer Organisationen.

In diesem Kapitel haben wir die Komplexität der Führung in verschiedenen Arbeitsumgebungen untersucht und erläutert, wie Führungskräfte die Herausforderungen und Chancen, die sich in traditionellen Präsenz-, Remote- und hybriden Arbeitsumgebungen ergeben, effektiv meistern können. Wir begannen mit der Untersuchung der traditionellen persönlichen Führungsdynamik, wobei wir deren anhaltende Relevanz am heutigen Arbeitsplatz anerkannten, aber auch die Notwendigkeit der Anpassung an moderne Herausforderungen wie die Integration von Technologien und die sich verändernden Erwartungen der Mitarbeiter feststellten. Die Bedeutung der direkten Interaktion, der Förderung des Teamzusammenhalts und der Nutzung des physischen Arbeitsplatzes für spontane Zusammenarbeit und Kommunikation wurden hervorgehoben.

Das Kapitel befasste sich dann mit den Feinheiten der Führung in entfernten und hybriden Arbeitsumgebungen. Wir erörterten, wie wichtig es ist, in diesen unterschiedlichen Umgebungen konsistente Führungsprinzipien beizubehalten, und betonten die Notwendigkeit der Anpassungsfähigkeit von Führungsansätzen an die spezifischen Bedürfnisse der jeweiligen Arbeitsweise des Teams. Bei der Fernarbeit lag der Schwerpunkt auf dem strategischen Einsatz digitaler Tools für die Kommunikation und Zusammenarbeit, der Bedeutung einer klaren und regelmäßigen Kommunikation und den Herausforderungen beim Aufbau von Vertrauen und der Aufrechterhaltung von Engagement aus der Ferne. Auch die Notwendigkeit, eine starke Kultur der Telearbeit zu fördern, in der Flexibilität, Autonomie und die Vereinbarkeit von Beruf und Privatleben Priorität haben, wurde diskutiert.

In Bezug auf hybride Arbeitsumgebungen wurden in diesem Kapitel die besonderen Herausforderungen bei der Leitung von Teams untersucht, die zum Teil aus der Ferne und zum Teil vor Ort tätig sind. Es wurden Strategien zur Sicherstellung der Inklusion, zum Ausgleich der Bedürfnisse von Mitarbeitern im Büro und aus der Ferne sowie zur Wahrung von Fairness und

Gleichberechtigung in der Kommunikation und bei den Möglichkeiten behandelt. Beispiele von Führungskräften aus der Praxis gaben wertvolle Einblicke in den erfolgreichen Umgang mit diesen unterschiedlichen Arbeitsformen. Ihre Erfahrungen unterstrichen die Bedeutung von Anpassungsfähigkeit, klarer Kommunikation, mitarbeiterzentrierten Ansätzen und dem strategischen Einsatz von Technologie.

Das Kapitel schloss mit dem Hinweis auf die Notwendigkeit von Flexibilität in der Führung bei gleichzeitiger Beibehaltung einheitlicher Grundprinzipien. Dieses Gleichgewicht ist der Schlüssel zu einer effektiven Führung am modernen, vielfältigen Arbeitsplatz. Durch die Anpassung an die spezifischen Anforderungen jedes Arbeitsumfelds bei gleichzeitiger Beibehaltung einer konstanten Vision und Vorgehensweise können Führungskräfte sicherstellen, dass ihre Teams unabhängig vom Arbeitsumfeld zusammenhalten, motiviert und produktiv bleiben.

Das nächste Kapitel befasst sich mit dem facettenreichen Bereich der DEI und untersucht, wie Führungskräfte ein Umfeld fördern können, in dem Vielfalt zelebriert, Gleichberechtigung angestrebt und Inklusion in die Organisationsstruktur eingebettet wird. Wir werden untersuchen, wie die Grundsätze der klaren Kommunikation, der Anpassungsfähigkeit und des mitarbeiterzentrierten Ansatzes, die in vielfältigen Arbeitsumgebungen unerlässlich sind, auch für die Förderung und Aufrechterhaltung der DEI in Organisationen von entscheidender Bedeutung sind.

Das kommende Kapitel wird sich auch mit den Herausforderungen und Chancen befassen, die sich Führungskräften bei der Schaffung eines vielfältigen und integrativen Arbeitsplatzes stellen. Wir werden Strategien zur Anerkennung und Wertschätzung von Unterschieden, zur Gewährleistung einer fairen Behandlung und Chancengleichheit für alle Teammitglieder und zur Schaffung einer Kultur erörtern, in der sich jeder Mitarbeiter einbezogen und befähigt fühlt, sein Bestes zu geben.

6. Vielfalt, Gleichberechtigung und Integration in der Führung

Im nächsten Kapitel werden wir uns auf die transformativen Auswirkungen der Grundsätze von Diversity, Equity und Inclusion (DEI) auf Führungspraktiken und Teamdynamik konzentrieren. Das Kapitel zielt darauf ab, zu analysieren und zu verstehen, wie die Integration von DEI in den Kern der organisatorischen Führung die Arbeitsweise von Teams und Führungskräften neu gestalten kann. Wir werden untersuchen, wie DEI-Prinzipien nicht mehr nur ein Zusatz oder eine Compliance-Anforderung sind, sondern zunehmend als wesentliche Triebkräfte für Innovation, Mitarbeiterengagement und Geschäftserfolg anerkannt werden. Das Kapitel geht der Frage nach, wie Führungskräfte diese Prinzipien effektiv in ihre täglichen Praktiken, Entscheidungsprozesse und strategische Planung einbeziehen können.

Ein wichtiger Aspekt des Kapitels ist die Untersuchung der Art und Weise, wie DEI-Initiativen, wenn sie wirklich angenommen werden, zu einem dynamischeren, kreativeren und kooperativeren Teamumfeld führen können. Wir werden untersuchen, wie vielfältige Perspektiven und integrative Praktiken zu besseren Problemlösungs- und Entscheidungsprozessen beitragen und wie Gleichberechtigung am Arbeitsplatz zu motivierteren und engagierteren Mitarbeitern führt. Das Kapitel befasst sich auch mit den Herausforderungen, denen sich Führungskräfte bei der Umsetzung wirksamer DEI-Strategien gegenübersehen, einschließlich der Überwindung unbewusster Vorurteile, des Abbaus systemischer Barrieren und der Förderung einer integrativen Kultur, die über die oberflächliche Vielfalt hinausgeht.

Wir werden Fallstudien und Beispiele aus der Praxis von Organisationen und Führungskräften untersuchen, die DEI erfolgreich in ihre Führungs- und Betriebsmodelle integriert haben. Diese Beispiele werden wertvolle Einblicke in praktische Strategien und die greifbaren Vorteile eines starken DEI-Fokus bieten. Ziel ist es, ein umfassendes Verständnis dafür zu vermitteln, wie DEI-Prinzipien die Führungs- und Teamdynamik am modernen Arbeitsplatz umgestalten und wie Führungskräfte diese Prinzipien nutzen können, um stärkere, effektivere und integrativere Organisationen aufzubauen.

Die Nuancen von Vielfalt, Gleichberechtigung und Integration (Diversity, Equity, and Inclusion - DEI) in der modernen Führung markieren eine signifikante Verschiebung der organisatorischen Prioritäten und der gesellschaftlichen Werte, die eine sich entwickelnde Landschaft der Erwartungen der Arbeitskräfte und der globalen Verflechtung widerspiegeln. Der Fokus auf DEI ist aufgrund mehrerer Faktoren heute relevanter denn je. Die Globalisierung und der demografische Wandel haben zu einer unglaublichen Vielfalt an Arbeitsplätzen geführt, die eine Führung erforderlich macht, die diese Vielfalt schätzt und nutzt. Soziale Bewegungen wie Black Lives Matter und #MeToo haben das gesellschaftliche Bewusstsein für Fragen im Zusammenhang mit Gleichberechtigung und Inklusion geschärft, was sich auf die Unternehmenspolitik und Führungsansätze auswirkt. Darüber hinaus wird der Zusammenhang zwischen vielfältigen, integrativen Teams und verbesserter Unternehmensleistung und Innovation zunehmend erkannt. Die Fähigkeit, Top-Talente anzuziehen und zu halten, hängt zunehmend vom Engagement eines Unternehmens für DEI ab, da immer mehr Menschen Arbeitsplätze suchen, die nicht nur Vielfalt repräsentieren, sondern auch aktiv Inklusion und Gerechtigkeit fördern.

Was die derzeitigen DEI-Bemühungen auszeichnet, ist der Übergang von oberflächlichen Maßnahmen zu echter Inklusivität. Dieser Wandel ist dadurch gekennzeichnet, dass der Schwerpunkt auf der Schaffung eines Umfelds liegt, in dem sich alle Mitarbeiter wertgeschätzt fühlen und ihren vollen Beitrag leisten können. Der Umgang mit unbewussten Vorurteilen, die Gewährleistung von Chancengleichheit und die Wertschätzung unterschiedlicher Perspektiven stehen im Mittelpunkt dieser Bemühungen.

Unternehmen stützen sich bei der Gestaltung ihrer DEI-Strategien zunehmend auf Datenanalysen und nutzen Kennzahlen, um die Auswirkungen ihrer Initiativen zu ermitteln und zu messen.

Ein wichtiger Aspekt der modernen DEI ist die Anerkennung der Intersektionalität, d. h. die Erkenntnis, wie sich überschneidende Identitäten auf die Erfahrungen am Arbeitsplatz auswirken. Dieser Ansatz bietet ein umfassenderes Verständnis von Vielfalt und den spezifischen Herausforderungen, denen sich Personen mit sich überschneidenden marginalisierten Identitäten gegenübersehen.

Es gibt einen verstärkten Fokus auf ganzheitliches Wohlbefinden, einschließlich psychischer Gesundheit und Work-Life-Balance, da diese als entscheidende Elemente eines integrativen Arbeitsplatzes anerkannt werden. Die Entwicklung von Führungskräften hat sich weiterentwickelt und umfasst nun auch Schulungen zum Management vielfältiger Teams, zu kultureller Kompetenz und zum Umgang mit Vorurteilen, um Führungskräfte mit den notwendigen Fähigkeiten zur Förderung eines integrativen Umfelds auszustatten.

Die Bedeutung von Diversität in Teams

Vielfalt am Arbeitsplatz ist ein vielschichtiges Konzept, das ein breites Spektrum von Merkmalen und Eigenschaften der Beschäftigten umfasst. Es geht über die traditionellen Vorstellungen von Rasse und Geschlecht hinaus und umfasst verschiedene Dimensionen wie Kultur, Alter, Denkweise, sexuelle Orientierung, körperliche Fähigkeiten, religiöse Überzeugungen und sozioökonomische Hintergründe.

Im Zusammenhang mit einem Team bedeutet Vielfalt eine Gruppe von Personen, die eine Vielzahl von Erfahrungen, Perspektiven und Fähigkeiten mitbringen. Kulturelle Vielfalt bezieht sich auf die Anwesenheit von Personen mit unterschiedlichem ethnischem und kulturellem Hintergrund, was einen reichhaltigen Austausch von kulturellen Ansichten und Praktiken ermöglicht. Die geschlechtsspezifische Vielfalt gewährleistet die Vertretung der verschiedenen Geschlechter, was zu einer ausgewogenen und integrativen Teamdynamik führt.

Die Altersvielfalt in Teams umfasst eine Mischung aus verschiedenen Generationen - von den Babyboomern bis zur Generation Z -, die alle ihre eigenen, durch die Erfahrungen ihrer Generation geprägten Sichtweisen einbringen. Diese Vielfalt kann zu einem breiteren Spektrum an Ideen und einem tieferen Verständnis für verschiedene Marktsegmente führen. Unter Gedankenvielfalt oder kognitiver Vielfalt versteht man die Einbeziehung von Menschen, die anders denken als die anderen. Diese Art von Vielfalt ist von entscheidender Bedeutung, da sie durch die Integration unterschiedlicher kognitiver Ansätze, Problemlösungsstrategien und kreativer Ideen eine innovative Problemlösung und Entscheidungsfindung fördert.

Die Einbeziehung von Vielfalt in Teams bringt eine Vielzahl von Vorteilen mit sich, da sie die Gesamtleistung, die Kreativität und die Problemlösungsfähigkeiten der Teams erheblich steigert.

Gesteigerte Kreativität und Innovation
Vielfältige Teams sind ein fruchtbarer Boden für Kreativität. Die Verschmelzung unterschiedlicher Perspektiven, Erfahrungen und Hintergründe führt zu einem reichhaltigen Ideenfundus. Diese Vielfalt fördert die Kreativität, da die Teammitglieder mit einer Vielzahl von Standpunkten und Lösungen konfrontiert werden, die sie sonst vielleicht nicht in Betracht gezogen hätten. So kann ein Team, das sich aus Mitgliedern mit unterschiedlichem kulturellem Hintergrund zusammensetzt, einzigartige Erkenntnisse einbringen, die zur Entwicklung innovativer Produkte oder Dienstleistungen beitragen, die auf einen globalen Markt zugeschnitten sind.

Verbesserte Problemlösungsfähigkeiten

Vielfalt in Teams führt zu einer effektiveren Problemlösung. Wenn Teammitglieder Probleme aus verschiedenen Blickwinkeln angehen, erhöht sich die Wahrscheinlichkeit, dass sie solide Lösungen finden. Die Forschung hat gezeigt, dass heterogene

Gruppen bei Problemlösungsaufgaben oft besser abschneiden als homogenere Gruppen, weil sie Informationen sorgfältiger verarbeiten und innovativer denken.

Breiteres Spektrum an Perspektiven

Vielfältige Teams bieten ein breiteres Spektrum an Perspektiven, was von unschätzbarem Wert ist, um die Bedürfnisse eines vielfältigen Kundenstamms zu verstehen und darauf einzugehen. So kann beispielsweise ein Team mit unterschiedlichen Altersgruppen Einblicke in die verschiedenen Verbraucherpräferenzen der verschiedenen Generationen geben, so dass das Unternehmen seine Produkte und Marketingstrategien effektiver anpassen kann.

Verbesserte Entscheidungsfindung

Vielfalt in Teams führt zu gründlicheren und besser durchdachten Entscheidungsprozessen. Mit einer Vielzahl von Standpunkten und einer Fülle von Erfahrungen, aus denen sie schöpfen können, sind diese Teams weniger anfällig für Gruppendenken - die Tendenz, sich der Mehrheitsmeinung anzupassen. Diese Vielfalt stellt sicher, dass Entscheidungen nicht nur umfassender sind, sondern auch eher die potenziellen Auswirkungen auf ein breiteres Spektrum von Interessengruppen berücksichtigen.

Besserer Marktüberblick

Teams mit unterschiedlichen Mitgliedern können unterschiedliche Märkte besser verstehen und durchdringen. Teammitglieder, die einen Bezug zu verschiedenen Kundensegmenten oder geografischen Märkten haben, können wertvolle Einblicke in das Verbraucherverhalten, kulturelle Nuancen und Markttrends geben, was zu effektiveren Marketingstrategien und Produktentwicklungen führt.

Verbesserte Teamleistung und Engagement

Vielfältige Teams berichten häufig über ein höheres Maß an Engagement und Arbeitszufriedenheit. Wenn Mitarbeiter sich aufgrund ihrer einzigartigen Perspektiven und Erfahrungen wertgeschätzt fühlen, fördert dies ein Gefühl der Zugehörigkeit und des Engagements für das Team und das Unternehmen. Dieses integrative Umfeld kann zu einer höheren Mitarbeiterbindung und einer besseren Gesamtleistung des Teams führen.

Die Leitung vielfältiger Teams ist zwar vorteilhaft, stellt aber auch einzigartige Herausforderungen dar, die innovative Führungsansätze erfordern. Die Vielfalt an Hintergründen, Perspektiven und Erfahrungen kann zu einer komplexen Teamdynamik führen, die sorgfältig gesteuert werden muss.

Barrieren in der Kommunikation

Eine der größten Herausforderungen in einem vielfältigen Team ist die Überwindung von Kommunikationsbarrieren. Dabei geht es nicht nur um sprachliche Unterschiede, sondern auch um unterschiedliche Kommunikationsstile, die durch kulturelle Hintergründe beeinflusst werden. Führungskräfte müssen wirksame Wege finden, um eine klare und integrative Kommunikation zu ermöglichen und sicherzustellen, dass alle Teammitglieder einen sinnvollen Beitrag leisten können.

Kulturelle Missverständnisse

Kulturelle Vielfalt kann zu Missverständnissen führen, wenn kulturelle Normen und Praktiken nicht richtig verstanden oder respektiert werden. Führungskräfte müssen kulturell sensibel und bewusst sein und das Verständnis unter den Teammitgliedern fördern, um ein respektvolles und integratives Umfeld zu schaffen.

Unbewusste Voreingenommenheit und Stereotypisierung

Unbewusste Vorurteile und Stereotypen können die Effektivität vielfältiger Teams beeinträchtigen. Führungskräfte müssen darauf achten, diese Vorurteile bei sich selbst und im Team zu erkennen und anzusprechen, um sicherzustellen, dass Entscheidungen und Interaktionen fair und gerecht sind.

Integration und Eingliederung

Es kann eine Herausforderung sein, dafür zu sorgen, dass sich alle Teammitglieder einbezogen und wertgeschätzt fühlen, vor allem, wenn es erhebliche Unterschiede in Bezug auf Hintergrund und Erfahrungen gibt. Führungskräfte müssen aktiv daran arbeiten, eine integrative Atmosphäre zu schaffen, in der Vielfalt nicht nur vorhanden ist, sondern wirklich geschätzt und genutzt wird.

Lösung von Konflikten

Unterschiedliche Teams können unterschiedliche Standpunkte und Arbeitsansätze haben, was zu Konflikten führen kann. Führungskräfte müssen in der Lage sein, Konflikte zu lösen, unterschiedliche Sichtweisen auszugleichen und eine gemeinsame Basis zu finden, die unterschiedliche Standpunkte respektiert und einbezieht.

Unterschiedliche Ziele und Erwartungen in Einklang bringen

Es kann eine Herausforderung sein, die Ziele und Erwartungen eines vielfältigen Teams aufeinander abzustimmen. Die Führungskräfte müssen sicherstellen, dass das Team in seinen Zielen geeint ist und gleichzeitig die unterschiedlichen Motivationen und Karrierewünsche der einzelnen Teammitglieder berücksichtigt.

Innovative Führung bedeutet in diesem Zusammenhang, Strategien zu entwickeln und umzusetzen, die diese Herausforderungen wirksam angehen. Dazu können Schulungen zur kulturellen Kompetenz, die Einrichtung strukturierter Kommunikationskanäle, die Förderung einer Kultur des offenen Dialogs und des Feedbacks sowie die aktive Förderung von Initiativen für Vielfalt und Integration gehören. Die Führungskräfte müssen auch ein integratives Verhalten vorleben und die Teammitglieder ermutigen, die unterschiedlichen Erfahrungen der anderen zu schätzen und von ihnen zu lernen.

Gerechtigkeit am Arbeitsplatz

Gleichberechtigung in einem organisatorischen Kontext ist ein wichtiges Konzept, das über die Prämisse der Gleichheit hinausgeht. Es geht darum, die einzigartigen Umstände und Anforderungen jedes Einzelnen zu verstehen und anzuerkennen und die notwendigen Ressourcen und Möglichkeiten bereitzustellen, um gleiche Ergebnisse für alle zu gewährleisten. In einer Organisation umfasst Gerechtigkeit mehrere Schlüsselbereiche. Sie beginnt mit einer fairen Behandlung, die sicherstellt, dass alle Mitarbeiter, unabhängig von ihrem Hintergrund oder ihrer Identität, mit Respekt und Würde behandelt werden. Dazu gehört die Umsetzung und Einhaltung von Richtlinien, die Diskriminierung und Voreingenommenheit verhindern und so ein Arbeitsumfeld fördern, das alle einschließt und respektiert.

Zugang ist ein weiterer wichtiger Aspekt der Gerechtigkeit am Arbeitsplatz. Es geht darum, sicherzustellen, dass alle Mitarbeiter Zugang zu den Werkzeugen, Ressourcen und der Unterstützung haben, die sie benötigen, um ihre Aufgaben effektiv zu erfüllen. Ob es sich nun um Technologie, Informationen oder Unterstützungssysteme handelt, ein gerechter Zugang stellt sicher, dass jeder Mitarbeiter in seiner Rolle erfolgreich sein kann. Chancengleichheit am Arbeitsplatz ist ebenfalls ein zentrales Element des Konzepts der Gerechtigkeit. Es bedeutet, dass alle Mitarbeiter die gleichen Chancen haben, sich an sinnvollen Projekten zu beteiligen, an Schulungsprogrammen teilzunehmen und sich beruflich weiterzuentwickeln. Chancengleichheit stellt sicher, dass jeder Mitarbeiter die Möglichkeit hat, seine Fähigkeiten unter Beweis zu stellen und zum Erfolg des Unternehmens beizutragen.

Bei der Beförderung geht es um die Schaffung transparenter und fairer Verfahren für das berufliche Fortkommen. Dazu gehören Beförderungen, Gehaltserhöhungen und andere Formen des beruflichen Aufstiegs, wobei sichergestellt werden muss, dass sie auf Leistung und Verdienst und nicht auf Bevorzugung oder irgendeiner Form von Diskriminierung beruhen. Die Umsetzung von Gleichberechtigung in einer Organisation erfordert ein tiefes Verständnis für die verschiedenen Herausforderungen und Hindernisse, mit denen sich unterschiedliche Gruppen konfrontiert sehen. Führungskräfte müssen aktiv daran arbeiten, systemische Ungleichheiten und Vorurteile innerhalb der Organisationsstruktur zu erkennen und abzubauen. Dies könnte bedeuten, dass die Einstellungspraktiken neu bewertet, Mentorenprogramme eingeführt, flexible Arbeitsregelungen angeboten oder Schulungen zum Abbau von Vorurteilen durchgeführt werden.

Die Schaffung und Aufrechterhaltung gerechter Strukturen, Praktiken und Richtlinien innerhalb einer Organisation ist eine komplexe Aufgabe, die von den Führungskräften sowohl Eigeninitiative als auch Engagement erfordert. Sie beginnt mit einer gründlichen Bewertung der bestehenden Strukturen der Organisation. Die Führungskräfte müssen kritisch prüfen, inwiefern diese Strukturen unbeabsichtigt Vorurteile oder Barrieren aufrechterhalten, und dann Schritte unternehmen, um sie zu überarbeiten. Dies könnte Änderungen bei der Einstellungspraxis, den Beförderungskriterien oder der Arbeitsverteilung beinhalten, um Fairness und Gerechtigkeit zu gewährleisten.

Ein wesentlicher Bestandteil der Förderung von Gleichberechtigung ist die Entwicklung und Umsetzung einer integrativen Politik. Diese Maßnahmen sollten Bereiche wie Nichtdiskriminierung, Chancengleichheit und die Berücksichtigung von Behinderungen abdecken und regelmäßig überprüft werden, um sie auf dem neuesten Stand des Verständnisses von Gerechtigkeit zu halten.

Schulungen und Bewusstseinsbildung sind von zentraler Bedeutung für die Förderung eines gerechten Arbeitsplatzes. Regelmäßige Programme, die Mitarbeiter über unbewusste Vorurteile, kulturelle Kompetenz und integrative Kommunikation aufklären, können eine wichtige Rolle beim Aufbau einer gerechteren Organisation spielen. Solche Programme helfen dabei, das Bewusstsein zu schärfen und den Mitarbeitern zu zeigen, wie sie zu einem gerechten Umfeld beitragen können.

Ein vielfältiges Führungsteam kann sich erheblich auf die Förderung der Gleichberechtigung auswirken. Führungskräfte sollten sich um Vielfalt auf allen Ebenen bemühen, vor allem in Führungspositionen, da vielfältige Führungskräfte eher in der Lage sind, die Bedürfnisse einer vielfältigen Belegschaft zu verstehen und auf sie einzugehen. Die Förderung eines offenen Dialogs ist ein weiterer wichtiger Aspekt. Die Führungskräfte sollten Kanäle einrichten, über die die Mitarbeiter in aller Ruhe ihre Erfahrungen austauschen und Feedback zu Gleichstellungsfragen geben können. Regelmäßige Umfragen, Feedback-Sitzungen oder Foren können diesen Dialog erleichtern. Die Führungskräfte müssen sich dieses Feedback aktiv anhören und bereit sein, auf dieser Grundlage Änderungen vorzunehmen.

Auch die Messung der Wirksamkeit von Gleichstellungsinitiativen ist wichtig. Die Führungskräfte sollten Messgrößen festlegen, um die Fortschritte in Bereichen wie Vielfalt bei der Einstellung und Lohngleichheit zu verfolgen, und regelmäßig über diese Messgrößen berichten, um Transparenz und Rechenschaftspflicht zu gewährleisten. Rechenschaftsmechanismen sind der Schlüssel, um sicherzustellen, dass Gleichberechtigung nicht nur ein Konzept, sondern eine Praxis ist. Dazu gehört, dass gleichstellungsbezogene Ziele in die Leistungsbeurteilung aufgenommen werden und diejenigen belohnt werden, die sich aktiv für ein integratives und gerechtes Arbeitsumfeld einsetzen.

Die Rolle der Führungskräfte selbst kann nicht unterschätzt werden. Sie müssen mit gutem Beispiel vorangehen und ihr Engagement für Gerechtigkeit in ihren Handlungen, Entscheidungen und Interaktionen demonstrieren. Wenn Führungskräfte der Gleichberechtigung sichtbar Priorität einräumen, wird ihre Bedeutung in der gesamten Organisation gestärkt. Durch diese konzertierten Bemühungen können Führungskräfte eine Organisationskultur aufbauen und aufrechterhalten, die nicht nur gerecht, sondern auch integrativ und respektvoll ist, und so die Fähigkeit der Organisation verbessern, vielfältige Talente anzuziehen, Innovationen zu fördern und die Gesamtleistung zu verbessern.

Die Messung und Bewertung der Gerechtigkeit in organisatorischen Praktiken ist von entscheidender Bedeutung, um sicherzustellen, dass die Grundsätze der Fairness und der Integration nicht nur befürwortet, sondern auch wirksam umgesetzt werden. Organisationen können dies mit verschiedenen Methoden angehen.

1. Regelmäßige Überprüfungen der Einstellungs-, Beförderungs- und Vergütungspraktiken helfen bei der Ermittlung etwaiger Ungleichheiten. Dazu gehört die Analyse von Daten, um festzustellen, ob es Muster der Ungleichheit aufgrund von Geschlecht, Rasse, Alter oder anderen demografischen Faktoren gibt. Prüfungen der Lohngleichheit sind besonders wichtig, um sicherzustellen, dass Mitarbeiter, die ähnliche Arbeit leisten, unabhängig von ihrem Hintergrund gleich entlohnt werden.

2. Mitarbeiterbefragungen können ein wertvolles Instrument sein, um die Wahrnehmung von Gerechtigkeit innerhalb der Organisation zu bewerten. In diesen Umfragen sollten direkte Fragen zu den Erfahrungen und Wahrnehmungen der Mitarbeiter in Bezug auf Fairness, Einbeziehung und Vertretung gestellt werden. Die Analyse dieses Feedbacks kann Aufschluss darüber geben, in welchen Bereichen die Organisation erfolgreich ist und wo Verbesserungen erforderlich sind.

3. Die Bewertung der Vielfalt der Belegschaft, insbesondere auf der Führungs- und Managementebene, kann ein Indikator für das Engagement einer Organisation für Gerechtigkeit sein. Eine vielfältige Belegschaft in Bezug auf Rasse, Geschlecht, Alter und andere Faktoren ist oft ein Zeichen für gerechte Einstellungs- und Beförderungspraktiken.

4. Die Auswertung von Verbleib- und Fluktuationsraten, insbesondere bei unterrepräsentierten Gruppen, kann ebenfalls Aufschluss über die Gerechtigkeit am Arbeitsplatz geben. Hohe Fluktuationsraten in diesen Gruppen können auf Probleme bei der Eingliederung oder bei den beruflichen Aufstiegsmöglichkeiten hinweisen.

5. Die Überwachung der Teilnahme und der Ergebnisse von Programmen zur beruflichen Entwicklung und zur Schulung von Führungskräften kann dazu beitragen, die Chancengleichheit bei den beruflichen Aufstiegsmöglichkeiten zu bewerten. Wenn man sicherstellt, dass alle Mitarbeiter den gleichen Zugang zu diesen Programmen haben, und wenn man ihre Fortschritte nach der Schulung verfolgt, kann man feststellen, wie gerecht diese Möglichkeiten angeboten werden.

6. Die Überprüfung von Beschwerden und Klagen von Mitarbeitern über Diskriminierung oder ungerechte Behandlung kann einen direkten Einblick in die Bereiche geben, in denen das Unternehmen bei seinen Bemühungen um Gleichberechtigung möglicherweise versagt. Eine hohe Anzahl solcher Beschwerden kann ein Warnsignal sein und auf Bereiche hinweisen, die sofortige Aufmerksamkeit erfordern.

Für Organisationen ist es wichtig, diese Daten nicht nur zu sammeln, sondern sie auch zu nutzen. Die Ergebnisse sollten als Grundlage für politische Veränderungen, Schulungsprogramme und andere Initiativen zur Förderung der Chancengleichheit dienen. Eine regelmäßige Überprüfung dieser Bewertungsmethoden stellt sicher, dass die Organisation ihre Gleichstellungsziele einhält und sich an veränderte Dynamiken und Bedürfnisse anpasst.

Grundsätze der integrativen Führung

Inklusive Führung ist ein Ansatz, der den Wert und die Beteiligung jedes Teammitglieds an den Prozessen und der

Entscheidungsfindung einer Organisation betont. Dieser Führungsstil wird in den heutigen vielfältigen Arbeitsumgebungen immer wichtiger, da er sicherstellt, dass eine Vielzahl von Perspektiven nicht nur gehört, sondern aktiv geschätzt und genutzt wird.

Eine integrative Führungskraft zeichnet sich durch ein hohes Maß an Einfühlungsvermögen und Bewusstsein aus, das sie in die Lage versetzt, die einzigartigen Erfahrungen und Standpunkte jedes Teammitglieds zu verstehen und zu schätzen. Dieses Verständnis ist der Schlüssel zur Schaffung eines Umfelds, in dem sich jeder wertgeschätzt und verstanden fühlt. Solche Führungskräfte sind für ihre Offenheit und Zugänglichkeit bekannt. Sie fördern eine Atmosphäre, in der die offene Kommunikation gefördert wird und die Teammitglieder ihre Gedanken und Bedenken frei äußern können, ohne Angst vor Verurteilung. Diese Offenheit ist entscheidend, um Vertrauen aufzubauen und sicherzustellen, dass alle Stimmen gehört werden.

Ein Markenzeichen der integrativen Führung ist Fairness und Objektivität bei der Entscheidungsfindung. Integrative Führungskräfte sind bestrebt, unvoreingenommen zu sein, Entscheidungen auf der Grundlage ihrer Verdienste zu treffen und bei allen ihren Handlungen Fairness zu gewährleisten. Dieser Ansatz trägt dazu bei, eine Kultur des Vertrauens und des Respekts innerhalb des Teams zu schaffen. Integrative Führungskräfte legen auch großen Wert auf Zusammenarbeit und Beteiligung. Sie sind sich darüber im Klaren, dass die besten Ideen oft aus einer Kombination verschiedener Perspektiven hervorgehen, und ermutigen alle Teammitglieder, ihren Beitrag zu leisten. Dieses kollaborative Umfeld fördert die Kreativität und Problemlösung.

Kulturelle Intelligenz ist ein weiterer wichtiger Aspekt der integrativen Führung. Führungskräfte mit kultureller Intelligenz sind in der Lage, die kulturellen Unterschiede in ihren Teams wirksam zu überbrücken und die unterschiedlichen kulturellen Hintergründe zu respektieren und zu nutzen, um die Teamleistung zu verbessern. Empowerment und Unterstützung sind ebenfalls von zentraler Bedeutung für diesen Führungsstil. Integrative Führungskräfte stellen ihrem Team die notwendigen Ressourcen, Unterstützung und Autonomie zur Verfügung, um erfolgreich zu sein, und zeigen damit ihr Engagement für berufliches und persönliches Wachstum.

Sichtbarkeit und das Eintreten für Vielfalt und Integration innerhalb der Organisation sind ebenfalls von entscheidender Bedeutung. Integrative Führungskräfte vertreten diese Werte nicht nur im Stillen, sondern zeigen ihr Engagement durch sichtbare Handlungen und Entscheidungen. Anpassungsfähigkeit und das Engagement für kontinuierliches Lernen sind integrale Bestandteile einer integrativen Führung. Da sie wissen, dass gesellschaftliche Normen und kulturelle Dynamiken im Fluss sind, sind diese Führungskräfte stets bereit, zu lernen und ihren Führungsansatz weiterzuentwickeln. Bei der integrativen Führung geht es darum, ein Umfeld zu schaffen, das Vielfalt schätzt und allen Mitarbeitern die Möglichkeit gibt, ihren Beitrag zu leisten und erfolgreich zu sein. Dieser Führungsansatz kommt nicht nur den einzelnen Teammitgliedern zugute, sondern fördert auch die Innovation und den Erfolg des Unternehmens im Allgemeinen.

Die Schaffung eines Umfelds, in dem sich alle Teammitglieder wertgeschätzt fühlen und ihren Beitrag leisten können, ist eine wichtige Aufgabe für jede Führungskraft und erfordert ein durchdachtes und bewusstes Vorgehen. Führungskräfte sollten damit beginnen, eine Kultur der offenen und effektiven Kommunikation zu schaffen. Dazu gehört nicht nur das Sprechen, sondern vor allem auch das Zuhören. Die Ermutigung der Teammitglieder, ihre Gedanken und Ideen mitzuteilen und ihnen aktiv zuzuhören, trägt dazu bei, Vertrauen aufzubauen und zeigt, dass ihre Beiträge geschätzt werden.

Die Förderung einer integrativen Kultur ist ebenfalls entscheidend. Das bedeutet nicht nur, ein vielfältiges Team zu haben, sondern auch sicherzustellen, dass sich jedes Mitglied einbezogen und respektiert fühlt. Führungskräfte können dies erreichen, indem sie unterschiedliche Kulturen und Hintergründe würdigen, verschiedene Feste und Feiertage anerkennen und auf eine integrative Sprache achten. Regelmäßiges Feedback ist eine weitere wichtige Strategie. Konstruktives Feedback hilft den Teammitgliedern, ihre Stärken und verbesserungswürdigen Bereiche zu erkennen. Die Anerkennung ihrer Bemühungen und Leistungen trägt ebenfalls wesentlich dazu bei, dass sie sich wertgeschätzt fühlen.

Die Führungskräfte sollten auch auf eine gerechte Verteilung der Chancen achten. Dazu gehört, dass jedes Teammitglied die Chance erhält, Projekte zu leiten, an wichtigen Sitzungen teilzunehmen und Zugang zu Ressourcen für die berufliche Entwicklung zu erhalten. Für ein gerechtes Arbeitsumfeld ist es entscheidend, dass alle Mitarbeiter die Möglichkeit haben, sich weiterzuentwickeln und aufzusteigen. Die Förderung von Zusammenarbeit und Teamwork ist von entscheidender Bedeutung. Die Führungskräfte sollten den Teammitgliedern die Möglichkeit geben, gemeinsam an Projekten zu arbeiten, um ein Gefühl der Kameradschaft und gegenseitigen Unterstützung zu fördern. Dies stärkt nicht nur den Teamgeist, sondern ermöglicht es den Mitgliedern auch, voneinander zu lernen.

Die Bereitstellung von Mentoren und Unterstützung ist ebenfalls wertvoll. Führungskräfte können Teammitglieder mit Mentoren zusammenbringen, die sie in ihrer beruflichen Entwicklung unterstützen. Diese Mentorenschaft kann besonders für diejenigen von Bedeutung sein, die sich am Arbeitsplatz unterrepräsentiert oder ausgegrenzt fühlen. Führungskräfte sollten mit gutem Beispiel vorangehen. Indem sie durch ihr Handeln Inklusivität, Respekt und Fairness demonstrieren, geben sie den Ton für den Rest des Teams an. Wenn Führungskräfte diese Verhaltensweisen vorleben, schaffen sie ein Umfeld, in dem sich jeder wertgeschätzt fühlt und die Möglichkeit hat, seinen Beitrag zu leisten.

Das Erkennen und Überwinden unbewusster Vorurteile bei Führungsentscheidungen und Interaktionen ist entscheidend für die Förderung eines fairen und integrativen Arbeitsumfelds. Unbewusste Vorurteile sind subtile, oft unwillkürliche Annahmen und Urteile, die wir aufgrund unseres Hintergrunds, unseres kulturellen Umfelds und unserer persönlichen Erfahrungen über

Menschen fällen. In Führungspositionen können diese Vorurteile die Entscheidungsfindung, die Interaktionen und die gesamte Kultur eines Unternehmens erheblich beeinflussen.

Unbewusste Vorurteile können sich auf verschiedene Weise äußern, z. B. bei Einstellungsentscheidungen, Beförderungen und im täglichen Umgang mit Teammitgliedern. So könnte eine Führungskraft unbewusst Kandidaten bevorzugen, die einen ähnlichen Hintergrund oder ähnliche Erfahrungen haben, wodurch die Vielfalt im Team eingeschränkt wird. Ebenso können sich Vorurteile darauf auswirken, wie Führungskräfte Aufgaben delegieren, Leistungen bewerten und Beiträge anerkennen, was zu ungleichen Chancen und einer ungleichen Behandlung der Teammitglieder führen kann. Die Auswirkungen der Nichtbeachtung dieser Vorurteile können tiefgreifend sein. Es kann zu einem Arbeitsplatz führen, an dem sich bestimmte Gruppen ausgegrenzt oder unterbewertet fühlen, was sich negativ auf die Arbeitsmoral, die Produktivität und die Mitarbeiterbindung auswirken kann. Darüber hinaus kann dies die Fähigkeit des Unternehmens beeinträchtigen, Talente unterschiedlicher Herkunft anzuziehen, da potenzielle Mitarbeiter nach Arbeitsplätzen suchen, die wirklich inklusiv und gleichberechtigt sind.

Um unbewussten Vorurteilen entgegenzuwirken, müssen Führungskräfte aktiv an der Selbstreflexion und der Ausbildung teilnehmen. Dazu gehört, dass sie sich über die verschiedenen Arten von Vorurteilen informieren, verstehen, wie sie das eigene Verhalten beeinflussen können, und Maßnahmen ergreifen, um sie abzuschwächen. Regelmäßige Schulungen zu Vorurteilen für Führungskräfte und Teammitglieder können das Bewusstsein schärfen und Instrumente zum Umgang mit diesen Vorurteilen vermitteln.

Die Einführung strukturierter Entscheidungsprozesse kann ebenfalls dazu beitragen, die Auswirkungen von Voreingenommenheit zu minimieren. Die Verwendung standardisierter Kriterien für die Bewertung von Bewerbern bei Einstellungen oder Beförderungen stellt beispielsweise sicher, dass Entscheidungen auf objektiven Maßstäben und nicht auf subjektiven Wahrnehmungen beruhen. Führungskräfte sollten sich auch um unterschiedliche Sichtweisen und Feedback bemühen, insbesondere bei der Entscheidungsfindung. Die Konsultation einer vielfältigen Gruppe von Personen kann Vorurteilen entgegenwirken und zu ausgewogeneren und integrativen Entscheidungen führen. Die Förderung einer Kultur der Offenheit und Verantwortlichkeit ist ebenfalls wichtig. Führungskräfte sollten ein Umfeld schaffen, in dem sich Teammitglieder wohl fühlen, wenn sie Vorurteile ansprechen und auf diese hinweisen, weil sie wissen, dass ihre Bedenken ernst genommen und berücksichtigt werden.

Modelle für integrative Führung

Als Reaktion auf den wachsenden Bedarf an integrativen Arbeitsplätzen haben mehrere neue Führungsmodelle an Bedeutung gewonnen. Diese Modelle betonen Inklusivität, Empathie und Zusammenarbeit und verändern die traditionellen Vorstellungen von Führung.

Dienende Führung

Dieses Modell basiert auf der Idee, dass die Führungskraft zuerst ein "Diener" ist, der die Bedürfnisse seiner Teammitglieder und des Unternehmens vor seine eigenen stellt. Dienende Führungskräfte konzentrieren sich darauf, ihre Teams zu befähigen und zu fördern. Sie legen Wert auf aktives Zuhören, Einfühlungsvermögen und die persönliche Entwicklung ihrer Teammitglieder. Ziel ist es, ein Umfeld zu schaffen, in dem sich die Mitarbeiter wertgeschätzt fühlen, was wiederum zu einem höheren Engagement und einer höheren Produktivität führt.

Partizipative Führung

Dieses auch als demokratische Führung bezeichnete Modell umfasst Führungskräfte, die die Beteiligung und den Beitrag aller Teammitglieder zu Entscheidungsprozessen fördern. Indem sie die Perspektive und das Fachwissen jedes Teammitglieds wertschätzen, fördern partizipative Führungskräfte das Gefühl der Eigenverantwortung und des Engagements ihrer Teams. Dieser integrative Ansatz führt zu einer größeren Vielfalt an Ideen, einer besseren Entscheidungsfindung und einer engagierteren und zufriedeneren Belegschaft.

Empathiegesteuerte Führung

Bei diesem Modell steht das Einfühlungsvermögen im Mittelpunkt der Führungsentscheidungen und -interaktionen. Führungskräfte, die sich diesen Stil zu eigen machen, legen Wert darauf, die emotionalen Bedürfnisse und das Wohlbefinden ihrer Teammitglieder zu verstehen und darauf einzugehen. Sie sind in der Lage, emotionale Anzeichen zu erkennen und ihren Kommunikations- und Führungsstil entsprechend anzupassen. Dieser auf Empathie ausgerichtete Ansatz trägt zum Aufbau starker, vertrauensvoller Beziehungen innerhalb des Teams bei, was zu einem unterstützenden und kohäsiven Arbeitsumfeld führt.

Jedes dieser Führungsmodelle legt großen Wert auf Inklusion und das Wohlbefinden der Teammitglieder. Sie wenden sich vom traditionellen Top-Down-Ansatz der Führung ab und fördern stattdessen ein Umfeld, in dem Zusammenarbeit, Empathie und gegenseitiger Respekt an erster Stelle stehen. Durch die Übernahme dieser Modelle können Führungskräfte integrativere und harmonischere Arbeitsplätze schaffen, die Innovation, Mitarbeiterzufriedenheit und Unternehmenserfolg begünstigen.

Mehrere Führungskräfte haben in ihren Unternehmen durch die Schaffung eines Umfelds, das Vielfalt, Gleichberechtigung und Integration fördert, viel bewirkt. Hier sind ein paar bemerkenswerte Beispiele:

Rosie Batty, Luke Batty Stiftung

Rosie Batty, eine australische Kämpferin gegen häusliche Gewalt und Gründerin der Luke Batty Foundation, ist eine beispielhafte Führungspersönlichkeit. Nach ihrer persönlichen Tragödie nutzte Batty ihre Stimme, um sich für die Opfer häuslicher Gewalt einzusetzen. Ihr Führungsstil zeichnet sich durch Empathie, Belastbarkeit und die Fähigkeit aus, Menschen für eine Sache zu gewinnen. Unter ihrer Führung hat die Stiftung erhebliche Fortschritte bei der Sensibilisierung für häusliche Gewalt in Australien gemacht und die Diskussion darüber verändert.

Reshma Saujani, Girls Who Code

Als Gründerin von Girls Who Code hat Reshma Saujani maßgeblich dazu beigetragen, die Kluft zwischen den Geschlechtern in der Technologie zu schließen. Ihre Führungsrolle ist geprägt von ihrer Leidenschaft für die Förderung von Vielfalt und Inklusion in der Tech-Branche. Durch ihre Organisation hat Saujani junge Frauen gestärkt, indem sie ihnen die Fähigkeiten und die Unterstützung vermittelte, die sie für eine Karriere in der Technologiebranche benötigen, und so eine integrativere Branche förderte.

Doug Conant, Campbell Soup Company

Doug Conant, ehemaliger CEO der Campbell Soup Company, ist dafür bekannt, dass er die Unternehmenskultur und die Leistung des Unternehmens umgestaltet hat. Conant konzentrierte sich auf das Engagement und das Wohlbefinden der Mitarbeiter und war davon überzeugt, dass der Erfolg eines Unternehmens auf dem Fundament einer vielfältigen und integrativen Belegschaft beruht. Unter seiner Führung konnte die Mitarbeiterzufriedenheit deutlich gesteigert werden, was sich in der verbesserten Leistung und dem guten Ruf des Unternehmens auf dem Markt widerspiegelte.

Alan Joyce, Qantas Airways

Alan Joyce, der CEO von Qantas Airways, ist ein Befürworter von Vielfalt und Inklusion, insbesondere bei der Unterstützung der Rechte von LGBTQ+. Joyces Führung hat maßgeblich zur Schaffung einer integrativen Kultur bei Qantas beigetragen und dazu geführt, dass das Unternehmen als bevorzugter Arbeitgeber für LGBTQ+ Personen anerkannt wurde. Seine Fürsprache hat auch einen breiteren gesellschaftlichen Wandel bewirkt, insbesondere im Bereich der Gleichstellung der Ehe in Australien.

Diese Führungspersönlichkeiten zeigen beispielhaft, wie integrative Führung einen positiven Wandel in Organisationen und in der Gesellschaft bewirken kann. Ihr Engagement für Inklusion, Empathie und Gleichberechtigung hat zu einem kohärenteren Arbeitsumfeld, größerer Innovation und gesellschaftlicher Wirkung geführt und zeigt, welch tiefgreifenden Einfluss eine integrative Führung haben kann.

DEI als Motor für Innovation

Eine starke Fokussierung auf Vielfalt, Gleichberechtigung und Einbeziehung (Diversity, Equity, and Inclusion - DEI) wird zunehmend als wichtiger Innovationsmotor in Teams und Organisationen anerkannt. Wenn DEI Priorität hat, bringt sie eine reiche Mischung von Perspektiven, Erfahrungen und Fähigkeiten zusammen, was ein fruchtbarer Boden für innovatives Denken und Kreativität ist.

Vielfalt in einem Team bedeutet mehr als nur eine Ansammlung verschiedener Identitäten; es geht darum, unterschiedliche Lebenserfahrungen, kulturelle Hintergründe und Denkweisen an den Arbeitsplatz zu bringen. Diese Vielfalt stellt sicher, dass die Lösungen, die ein Team bei der Bewältigung einer Herausforderung oder beim Brainstorming für neue Ideen entwickelt, nicht monolithisch sind, sondern von einer Reihe von Perspektiven geprägt werden. Ein solches vielfältiges Team ist eher in der Lage, komplexe Probleme zu erkennen und kreativ zu lösen, da es nicht auf eine einzige Denkweise festgelegt ist.

Gleichberechtigung am Arbeitsplatz gewährleistet, dass jedes Teammitglied die gleiche Chance hat, seinen Beitrag zu leisten und gehört zu werden. Wenn die Mitarbeiter das Gefühl haben, dass sie fair behandelt und ihre Beiträge geschätzt werden, sind sie eher bereit, ihre einzigartigen Ideen und Erkenntnisse einzubringen. Ein gleichberechtigtes Umfeld fördert die Risikobereitschaft und unterstützt die Mitarbeiter dabei, neue

Konzepte vorzustellen, ohne Angst vor Voreingenommenheit oder Diskriminierung zu haben.

Integration ist der Schlüssel zur Entfaltung des Potenzials vielfältiger Teams. Eine integrative Arbeitsplatzkultur begrüßt nicht nur die Vielfalt, sondern setzt sich aktiv mit ihr auseinander. In einem solchen Umfeld fühlen sich die Mitarbeiter wohl, wenn sie ihre Meinungen und Erfahrungen mitteilen können. Führungskräfte in integrativen Organisationen sind geschickt darin, die Zusammenarbeit zu fördern und sicherzustellen, dass alle Stimmen gehört und berücksichtigt werden. Diese integrative Kultur fördert eine kreative und innovative Belegschaft, in der ständig neue Ideen entwickelt und erforscht werden. Unternehmen, die sich die DEI zu eigen machen, sind besser in der Lage, die Bedürfnisse ihres vielfältigen Kundenstamms zu verstehen und zu erfüllen. Die von einer vielfältigen Belegschaft gewonnenen Erkenntnisse können zur Entwicklung von Produkten und Dienstleistungen führen, die ein breiteres Publikum ansprechen und neue Märkte und Wachstumschancen eröffnen.

Die Förderung einer Kultur, die Vielfalt schätzt und für kreative Problemlösungen und Innovationen nutzt, ist eine vielschichtige Aufgabe, die von den Führungskräften gezielte Maßnahmen und Strategien erfordert. Führungskräfte sollten damit beginnen, Vielfalt in all ihren Formen aktiv zu fördern und wertzuschätzen. Dies geht über die Einstellungspraktiken hinaus und umfasst auch die Förderung eines Umfelds, in dem unterschiedliche Perspektiven nicht nur willkommen, sondern auch erwünscht sind. Sie sollten dafür sorgen, dass die Vielfalt in den Entscheidungsgremien und Projektteams vertreten ist, um das Engagement des Unternehmens für unterschiedliche Sichtweisen zu demonstrieren.

Die Schaffung einer integrativen Kultur, in der sich jedes Teammitglied wertgeschätzt und gehört fühlt, ist entscheidend. Führungskräfte sollten einen offenen Dialog fördern und sicherstellen, dass alle Stimmen in Sitzungen und Diskussionen gehört werden. Dazu gehört nicht nur, dass sie Raum für unterschiedliche Meinungen lassen, sondern auch, dass sie aktiv um Beiträge derjenigen bitten, die vielleicht weniger geneigt sind, sich zu äußern. Für Führungskräfte ist es wichtig, sich unbewusster Vorurteile bewusst zu sein und aktiv daran zu arbeiten, diese abzubauen. Dazu könnten Schulungen für sie selbst und ihre Teams gehören, um zu verstehen, wie Vorurteile die Entscheidungsfindung und Interaktionen beeinflussen können. Führungskräfte sollten dieses Bewusstsein in ihrem Handeln vorleben und sich für eine faire und unvoreingenommene Führung einsetzen.

Die Förderung und Erleichterung der Zusammenarbeit zwischen Teammitgliedern mit unterschiedlichem Hintergrund kann zu einer innovativeren Problemlösung führen. Wenn Menschen mit unterschiedlichen Erfahrungen und Standpunkten zusammenarbeiten, können sie ihre einzigartigen Perspektiven kombinieren und kreativere Lösungen finden als homogene Gruppen. Es ist auch von Vorteil, Gelegenheiten zum kontinuierlichen Lernen und zum Kennenlernen verschiedener Perspektiven zu bieten. Dazu können Workshops, Seminare oder auch informelle Teamdiskussionen über Themen im Zusammenhang mit Vielfalt und Integration gehören. Solche Lernmöglichkeiten können das Verständnis und die Wertschätzung der Teammitglieder für unterschiedliche Perspektiven erweitern.

Die Anerkennung und Würdigung unterschiedlicher Beiträge kann den Wert, der der Vielfalt beigemessen wird, verstärken. Führungskräfte sollten kreative Lösungen und Innovationen, die sich aus der Nutzung unterschiedlicher Perspektiven ergeben, anerkennen und belohnen. Diese Anerkennung kann das Team motivieren und die Botschaft verstärken, dass Vielfalt zu Innovation führt.

Die Führungskräfte sollten sicherstellen, dass die Richtlinien und Praktiken des Unternehmens Vielfalt und Integration fördern. Dies reicht von flexiblen Arbeitsregelungen bis hin zur Unterstützung der beruflichen Entwicklung aller Teammitglieder, unabhängig von ihrem Hintergrund. Durch die Umsetzung dieser

Strategien können Führungskräfte eine Kultur fördern, die Vielfalt nicht nur schätzt, sondern sie auch für kreative Problemlösungen und Innovationen nutzt, was zu einem dynamischeren, kreativeren und wettbewerbsfähigeren Unternehmen führt.

In diesem Kapitel wurde die entscheidende Rolle von Vielfalt, Chancengleichheit und Integration (Diversity, Equity, Inclusion - DEI) in der Führung untersucht und betont, wie wichtig diese Prinzipien für den modernen, dynamischen Arbeitsplatz sind. Die erörterten Erkenntnisse und Strategien unterstreichen die Bedeutung der Integration von DEI in das Kerngefüge von Führung und Unternehmenskultur. Wir haben hervorgehoben, dass Führungskräfte die Vielfalt in ihren verschiedenen Formen verstehen und aktiv fördern müssen. Dies geht über die demografische Vielfalt hinaus und umfasst auch eine Mischung aus Hintergründen, Erfahrungen und Denkprozessen. Indem sie für Vielfalt in Teams und Entscheidungsprozessen sorgen, können Führungskräfte eine Fülle von Perspektiven nutzen, was zu mehr Kreativität und Problemlösung führt.

Gleichberechtigung wurde als eine Schlüsselkomponente effektiver Führung identifiziert. Die Sicherstellung einer fairen Behandlung, des Zugangs, der Chancen und des Aufstiegs für alle Mitarbeiter schafft gleiche Bedingungen, unter denen sich jeder Einzelne entfalten kann. Dazu gehört die Überarbeitung bestehender Richtlinien und Praktiken zur Beseitigung von Vorurteilen und Barrieren, die Gewährleistung eines gleichberechtigten Zugangs zu Chancen und die Förderung einer Kultur, in der die Beiträge jedes Mitarbeiters geschätzt und anerkannt werden. Inklusion wurde auch als ein entscheidender Aspekt der Führung hervorgehoben. Ein integratives Umfeld zu schaffen bedeutet nicht nur, vielfältige Teams zu haben, sondern auch, sich aktiv mit den Beiträgen jedes einzelnen Teammitglieds auseinanderzusetzen und sie zu würdigen. Die Führungskräfte müssen eine offene Kommunikation ermöglichen, den Austausch unterschiedlicher Meinungen fördern und ein Gefühl der Zugehörigkeit und des Respekts innerhalb des Teams schaffen.

In diesem Kapitel wurde auch erörtert, dass Führungskräfte sich ihrer selbst bewusst sein und sich und ihre Teams kontinuierlich über unbewusste Vorurteile und deren Auswirkungen auf die Entscheidungsfindung und die Teamdynamik aufklären müssen. Führungskräfte müssen mit gutem Beispiel vorangehen und in ihrem Handeln und ihren Entscheidungen Inklusivität demonstrieren. Wir haben auch auf die Vorteile hingewiesen, die sich aus der Nutzung von Vielfalt für Innovationen ergeben. Indem sie die Zusammenarbeit zwischen verschiedenen Teammitgliedern fördern und ein Umfeld schaffen, in dem unterschiedliche Perspektiven geschätzt werden, können Führungskräfte die Kreativität und Innovation in ihren Teams fördern.

Mit dem Abschluss unserer Untersuchung von Vielfalt, Chancengleichheit und Einbeziehung (DEI) in der Führung ebnen wir den Weg für unser nächstes Kapitel, das sich mit der sich entwickelnden Rolle der Technologie in der Führung befasst. Die Grundsätze der DEI mit ihrem Schwerpunkt auf integrativen und anpassungsfähigen Praktiken bilden die Grundlage für das Verständnis, wie die Technologie die Führung in der heutigen Zeit umgestaltet.

Im nächsten Kapitel werden wir untersuchen, wie sich technologische Fortschritte auf Führungsstile, Kommunikation, Entscheidungsfindung und die allgemeine Teamdynamik auswirken. Wir werden die Herausforderungen und Chancen untersuchen, die sich aus der Integration von Technologie in die Führungspraxis ergeben, insbesondere im Hinblick auf die Wahrung von Inklusivität und Gleichberechtigung in zunehmend digitalen Arbeitsumgebungen. Die Überschneidung von Technologie und Führung eröffnet neue Wege für Innovation, Zusammenarbeit und Produktivität. Beim Übergang zu diesem neuen Kapitel werden wir herausfinden, wie Führungskräfte die Technologie nutzen können, um ihre Effektivität zu steigern und gleichzeitig den Grundsätzen der DEI treu zu bleiben, indem sie sicherstellen, dass die Technologie als Instrument zur Unterstützung und Förderung dieser wichtigen Werte in ihren Organisationen eingesetzt wird.

7. Technologiegestützte Führung

Ziel dieses Kapitels ist es, die Integration von Technologie in die Führung zu vertiefen, mit besonderem Augenmerk darauf, wie sie die Entscheidungsfindung beeinflusst und die Effizienz steigert. In einer Zeit, in der sich die Technologie rasant weiterentwickelt und immer stärker in den Geschäftsalltag integriert wird, ist das Verständnis ihrer Auswirkungen auf die Führung von entscheidender Bedeutung.

Wir werden untersuchen, wie verschiedene technologische Tools und Plattformen die Art und Weise, wie Führungskräfte Entscheidungen treffen, verändern. Von der Datenanalyse bis zur künstlichen Intelligenz bietet die Technologie neue Erkenntnisse und Möglichkeiten, die zu fundierteren, zeitnahen und effektiveren Entscheidungsprozessen führen können. In diesem Teil des Kapitels werden die Vorteile und Herausforderungen untersucht, die sich aus dem Rückgriff auf Technologien für die Entscheidungsfindung ergeben, einschließlich der Frage, wie datengestützte Erkenntnisse mit menschlichem Urteilsvermögen in Einklang gebracht werden können. In diesem Kapitel wird erörtert, wie Technologie Abläufe rationalisieren und die Effizienz in Führungspositionen steigern kann. Wir werden uns mit Tools und Software befassen, die Routineaufgaben automatisieren, die Kommunikation erleichtern und Arbeitsabläufe verwalten, so dass sich die Führungskräfte auf strategischere Aspekte ihrer Aufgaben konzentrieren können.

In diesem Kapitel werden auch die Auswirkungen dieser technologischen Integrationen auf die Teamdynamik und die Organisationskultur untersucht. Es wird auf die Fähigkeiten und Kompetenzen eingehen, die Führungskräfte benötigen, um technologiegestützte Teams effektiv zu managen, und darauf, wie sichergestellt werden kann, dass die Technologie die

Teamleistung und das Engagement der Mitarbeiter nicht behindert, sondern fördert.

Der Aufstieg der Technologie in der modernen Arbeitswelt hat die Führungslandschaft grundlegend umgestaltet. In einer Zeit, in der die digitale Transformation nicht mehr nur eine Option, sondern eine Notwendigkeit ist, ist Technologie zu einer entscheidenden Komponente bei der Steuerung von Unternehmensstrategie, -betrieb und -kultur geworden.

Die Führungskräfte von heute bewegen sich in einer Welt, in der sich der technologische Fortschritt rasch weiterentwickelt und jeden Aspekt des Geschäftslebens beeinflusst. Die Integration digitaler Tools und Plattformen in die täglichen Abläufe ist für die Aufrechterhaltung der Wettbewerbsfähigkeit und Relevanz auf einem globalen Markt unerlässlich geworden. Von Cloud Computing und Big-Data-Analytik bis hin zu künstlicher Intelligenz (KI) und dem Internet der Dinge (IoT) - Technologie verändert die Art und Weise, wie Unternehmen arbeiten, Entscheidungen treffen und mit ihren Kunden und Mitarbeitern interagieren.

Der Einfluss der Technologie auf die Kommunikation kann gar nicht hoch genug eingeschätzt werden. Digitale Kommunikationsmittel haben die Art und Weise, wie Führungskräfte mit ihren Teams in Kontakt treten, revolutioniert und ermöglichen eine Zusammenarbeit in Echtzeit über verschiedene Standorte und Zeitzonen hinweg. Dieser Wandel war besonders wichtig im Zuge der COVID-19-Pandemie, bei der Fernarbeit zur Norm geworden ist und die Führungskräfte vor die Herausforderung stellt, den Teamzusammenhalt und die Produktivität in einer virtuellen Umgebung aufrechtzuerhalten.

Die Technologie hat den Entscheidungsprozess verändert. Der Zugang zu riesigen Datenmengen und fortschrittlichen Analysetools ermöglicht es Führungskräften, tiefere Einblicke zu gewinnen, Trends vorherzusagen und fundiertere Entscheidungen zu treffen. Dieser datengestützte Ansatz kann zu einer strategischeren und effektiveren Führung führen, da

Entscheidungen auf konkreten Informationen und nicht auf Intuition beruhen.

Mit diesen Fortschritten kommen neue Herausforderungen. Führungskräfte müssen sich nun mit Themen wie Cybersicherheit, digitaler Ethik und der digitalen Kluft auseinandersetzen. Sie müssen Fähigkeiten entwickeln, um einen technologisch fortschrittlichen Arbeitsplatz zu managen. Dazu gehören das Verständnis der Grundlagen neuer Technologien, die Leitung von Teams, die aus der Ferne und mit Hilfe von Technologie arbeiten, und die Sicherstellung eines ethisch vertretbaren und verantwortungsvollen Umgangs mit Technologie.

Die Rolle der Datenanalyse in der Unternehmensführung

Datenanalyse, ein wichtiger Bestandteil des modernen Organisationsinstrumentariums, bezieht sich auf den Prozess der Untersuchung von Datensätzen, um Schlussfolgerungen über die darin enthaltenen Informationen zu ziehen. Dieser Prozess, der zunehmend durch spezialisierte Systeme und Software unterstützt wird, ermöglicht es Führungskräften, komplexe Daten zu analysieren und zu interpretieren, um Entscheidungen zu treffen, Muster aufzudecken, Trends zu erkennen und Vorhersagen zu treffen.

Die wachsende Bedeutung der Datenanalyse für die Entscheidungsfindung in Unternehmen beruht auf ihrer Fähigkeit, große Mengen an Rohdaten in verwertbare Erkenntnisse umzuwandeln. In der heutigen datengesteuerten Welt sammeln Unternehmen eine überwältigende Menge an Informationen aus verschiedenen Quellen an - Kundeninteraktionen, Verkaufstransaktionen, Online-Aktivitäten und mehr. Die Datenanalyse ermöglicht es Führungskräften, diese Informationen zu sichten und relevante Erkenntnisse zu gewinnen, die für die strategische Planung, operative Verbesserungen und die Marktpositionierung von Bedeutung sind.

Es gibt verschiedene Formen der Datenanalyse, z. B. die deskriptive Analyse, bei der vergangene Leistungen untersucht werden, um zu verstehen, was passiert ist, die prädiktive Analyse, bei der zukünftige Möglichkeiten modelliert und prognostiziert werden, und die präskriptive Analyse, bei der Maßnahmen vorgeschlagen werden, um die gewünschten Ergebnisse zu erzielen. Jede Form spielt eine entscheidende Rolle bei der Bereitstellung eines umfassenden Überblicks über die Leistung eines Unternehmens und künftige Möglichkeiten.

Für Führungskräfte wird die Fähigkeit, Datenanalysen zu nutzen, immer wichtiger. Sie bieten eine objektivere Grundlage für die Entscheidungsfindung und minimieren Verzerrungen und Annahmen, die das menschliche Urteilsvermögen beeinträchtigen können. Datengestützte Erkenntnisse können zu einer besseren Ressourcenzuweisung, effektiveren Marketingstrategien, besseren Kundenerfahrungen und letztlich zu einem größeren Wettbewerbsvorteil auf dem Markt führen. Die Datenanalyse ist von zentraler Bedeutung, wenn es darum geht, Ineffizienzen und verbesserungswürdige Bereiche innerhalb eines Unternehmens zu identifizieren. Sie kann Führungskräften dabei helfen, betriebliche Engpässe zu erkennen, Prozesse zu optimieren und die Produktivität zu steigern, was zu Kosteneinsparungen und Leistungssteigerungen führt.

Die datengesteuerte Entscheidungsfindung stellt einen bedeutenden Wandel in der Herangehensweise von Führungskräften an Strategie, Betrieb und Problemlösung dar. Durch den Einsatz von Datenanalysen können Führungskräfte ihre Entscheidungen auf empirische Beweise stützen, was zu genaueren und effektiveren Ergebnissen führt. Mithilfe von Datenanalysen können Führungskräfte tiefe Einblicke in verschiedene Aspekte ihres Unternehmens gewinnen. Beispielsweise können Kundendaten Vorlieben und Verhaltensweisen aufzeigen und dazu beitragen, Produkte oder Dienstleistungen auf die Bedürfnisse des Marktes zuzuschneiden. Ebenso können interne Daten wie Verkaufszahlen, Leistungskennzahlen von Mitarbeitern und betriebliche Effizienz Bereiche für Verbesserungen oder Investitionen aufzeigen.

Einer der Hauptvorteile eines datengestützten Ansatzes ist die Möglichkeit, Entscheidungen zu treffen, die nicht nur auf Intuition oder Erfahrung beruhen. Diese traditionellen Faktoren sind zwar wichtig, aber die Kombination mit konkreten Daten bietet eine ganzheitlichere Sichtweise. Durch diese Methode werden Vorurteile und Annahmen reduziert, was zu einer objektiveren und rationaleren Entscheidungsfindung führt. Die Datenanalyse ermöglicht auch Vorhersagefähigkeiten. Durch die Analyse von Trends und Mustern können Führungskräfte Marktveränderungen, Kundenbedürfnisse oder potenzielle betriebliche Probleme vorhersehen, bevor sie problematisch werden. Diese Voraussicht ermöglicht proaktive Strategien anstelle reaktiver Maßnahmen und verschafft Unternehmen einen Wettbewerbsvorteil. Datengesteuerte Strategien können zu mehr Effizienz und Kosteneinsparungen führen. Die Analyse von Betriebsdaten hilft bei der Ermittlung von Ineffizienzen oder Engpässen und ermöglicht es den Verantwortlichen, Prozesse zu optimieren und Ressourcen effektiver zuzuweisen. Dies kann zu erheblichen Kostensenkungen und einer verbesserten Unternehmensleistung führen.

In einer Zeit, in der sich die Unternehmenslandschaft ständig weiterentwickelt, ist die Fähigkeit zur schnellen Anpassung von Strategien auf der Grundlage von Echtzeitdaten von unschätzbarem Wert. Die Datenanalyse gibt Führungskräften die Möglichkeit, schnell und effektiv auf veränderte Marktbedingungen, Kundenfeedback oder interne Herausforderungen zu reagieren. Die Integration von Datenanalysen in Entscheidungsprozesse ermöglicht es Führungskräften, fundiertere, effizientere und effektivere Entscheidungen zu treffen. Dieser datengesteuerte Ansatz verbessert nicht nur die Genauigkeit der Entscheidungen, sondern bietet auch eine solide Grundlage für die strategische Planung und das operative Management.

Die datengestützte Entscheidungsfindung bietet zwar zahlreiche Vorteile, bringt aber auch eine Reihe von Herausforderungen mit sich. Sich bei wichtigen Entscheidungen auf Daten zu verlassen, erfordert eine sorgfältige Abwägung verschiedener Faktoren, darunter Datenqualität, Interpretationsfehler und ethische Überlegungen.

Eine große Herausforderung besteht darin, die Qualität der Daten sicherzustellen. Daten von schlechter Qualität, die auf Ungenauigkeiten, Unvollständigkeit oder veraltete Informationen zurückzuführen sind, können zu irreführenden Erkenntnissen führen. Unternehmen müssen robuste Prozesse für die Datenerfassung, -validierung und -pflege einrichten, um sicherzustellen, dass die Daten, auf die sie sich bei der Entscheidungsfindung stützen, genau und zuverlässig sind.

Eine weitere Herausforderung stellen Interpretationsfehler dar. Daten können komplex sein, und ihre Interpretation erfordert ein gewisses Maß an Fachwissen. Eine Fehlinterpretation von Daten kann zu falschen Schlussfolgerungen und schlechten Entscheidungen führen. Dieses Risiko unterstreicht, wie wichtig es ist, über qualifizierte Datenanalysten zu verfügen und sicherzustellen, dass die Führungskräfte die Grundsätze der Datenanalyse gut verstehen. Darüber hinaus ist es von entscheidender Bedeutung, die Interpretation von Daten im breiteren Kontext des Geschäftsumfelds und der Markttrends zu betrachten.

Ethische Überlegungen sind ebenfalls von größter Bedeutung, wenn man sich auf Daten stützt. Dazu gehören Bedenken hinsichtlich des Datenschutzes, insbesondere beim Umgang mit sensiblen persönlichen Daten von Kunden oder Mitarbeitern. Führungskräfte müssen sich mit den rechtlichen und ethischen Implikationen der Datennutzung auseinandersetzen, um die Einhaltung der Datenschutzbestimmungen zu gewährleisten und das Vertrauen der Beteiligten zu erhalten. Ein weiterer ethischer Aspekt betrifft die Voreingenommenheit in Daten. Algorithmen und Datenmodelle können unbeabsichtigt bestehende Vorurteile aufrechterhalten und zu Entscheidungen führen, die ungerecht oder diskriminierend sind. Führungskräfte müssen sich dieser potenziellen Verzerrungen bewusst sein und aktiv daran arbeiten, sie abzuschwächen. Dies könnte verschiedene Datensätze, regelmäßige Überprüfungen von Datenmodellen und die

Einbeziehung ethischer Erwägungen in Datenanalyseprozesse beinhalten.

Es besteht die Gefahr, dass man sich zu sehr auf Daten verlässt. Daten sind zwar ein mächtiges Instrument, sollten aber nicht der einzige Faktor bei der Entscheidungsfindung sein. Führungskräfte müssen die Erkenntnisse aus den Daten mit dem menschlichen Urteilsvermögen abwägen und Faktoren berücksichtigen, die aus den Daten nicht sofort ersichtlich sind. Die datengestützte Entscheidungsfindung ist zwar ein leistungsfähiger Ansatz, erfordert aber ein sorgfältiges Management der Datenqualität, eine qualifizierte Interpretation und ethische Überlegungen. Führungskräfte müssen sich dieser Herausforderungen bewusst sein und proaktive Schritte unternehmen, um sicherzustellen, dass ihr Vertrauen auf Daten zu fairen, ethischen und effektiven Entscheidungen führt.

Die Datenanalyse mit ihren weitreichenden Auswirkungen kann in verschiedenen Führungsszenarien praktisch angewandt werden und bietet Erkenntnisse, die strategische Entscheidungen und betriebliche Effizienz fördern. Bei der strategischen Planung kann die Datenanalytik einen entscheidenden Beitrag leisten. Führungskräfte können Daten nutzen, um Markttrends, Kundenpräferenzen und sich abzeichnende Branchenveränderungen zu erkennen. Durch die Analyse des Verbraucherverhaltens und der Verkaufsdaten kann ein Unternehmen beispielsweise feststellen, welche Produkte gut laufen und welche nicht, und so Informationen für künftige Produktentwicklungen und Investitionsentscheidungen bereitstellen. Mit Hilfe von Predictive Analytics lassen sich auch künftige Markttrends vorhersagen, so dass Führungskräfte ihre Strategien entsprechend ausrichten können.

Im Bereich des Marketings ist die Datenanalyse unverzichtbar. Sie ermöglicht es Führungskräften, demografische Daten, Verhaltensweisen und Vorlieben von Kunden genau zu verstehen. Durch die Analyse von Daten aus verschiedenen Quellen wie sozialen Medien, Website-Traffic und Kundenbefragungen können Marketingteams ihre Strategien besser auf bestimmte

Kundensegmente zuschneiden. Dieser datengestützte Ansatz kann die Rentabilität von Marketingkampagnen erheblich verbessern, da er sicherstellt, dass sie bei der gewünschten Zielgruppe ankommen. Die Personalverwaltung ist ein weiterer Bereich, in dem die Datenanalyse eine entscheidende Rolle spielt. Führungskräfte können Daten nutzen, um Einstellungsprozesse zu optimieren, Qualifikationsdefizite in der aktuellen Belegschaft zu ermitteln und die Zufriedenheit und das Engagement der Mitarbeiter zu verstehen. Die Analyse der Leistungsdaten von Mitarbeitern kann beispielsweise dabei helfen, Leistungsträger zu identifizieren, die für Führungsaufgaben geeignet sind, und so die Nachfolgeplanung unterstützen. Die Datenanalyse kann auch zur Analyse von Fluktuationsmustern eingesetzt werden und Führungskräften dabei helfen, die Gründe für das Ausscheiden von Mitarbeitern zu verstehen und Maßnahmen zur Verbesserung der Mitarbeiterbindung zu ergreifen.

Im Betriebsmanagement kann die Datenanalyse Prozesse rationalisieren und die Effizienz verbessern. Führungskräfte können Betriebsdaten analysieren, um Engpässe oder Ineffizienzen in ihren Prozessen zu erkennen. In der Fertigung kann die Datenanalyse beispielsweise Ineffizienzen in der Produktionslinie aufdecken, die dann beseitigt werden können, um die Verschwendung zu verringern und die Produktivität zu steigern. Im Finanzmanagement können Führungskräfte die Datenanalyse für die Budgetierung, Prognose und Finanzplanung nutzen. Die Analyse von Finanztrends und historischen Daten hilft dabei, genauere Vorhersagen über künftige Einnahmen und Ausgaben zu treffen, was fundiertere Haushaltsentscheidungen ermöglicht.

In der heutigen datengesteuerten Geschäftsumgebung erleichtern mehrere wichtige Tools und Technologien die Datenanalyse in der Führung. Mit diesen Tools können Führungskräfte die Macht der Daten nutzen, um fundierte Entscheidungen zu treffen, Trends zu erkennen und den Unternehmenserfolg zu steigern.

Künstliche Intelligenz (KI)

KI spielt eine zentrale Rolle bei der Datenanalyse, da sie die Verarbeitung und Analyse riesiger Datenmengen in unglaublicher Geschwindigkeit ermöglicht. KI-Algorithmen können Muster und Einsichten erkennen, die für Menschen unmöglich zu erkennen wären, und ermöglichen Führungskräften ein tieferes Verständnis von Geschäftsabläufen, Kundenverhalten und Markttrends.

Maschinelles Lernen (ML)

Das maschinelle Lernen ist ein Teilbereich der künstlichen Intelligenz und umfasst Algorithmen, die aus Daten lernen und sich mit der Zeit verbessern. ML kann besonders bei der prädiktiven Analyse nützlich sein, wo es bei der Vorhersage künftiger Trends auf der Grundlage historischer Daten hilft. So kann ML beispielsweise das Kaufverhalten von Kunden vorhersagen und Führungskräften helfen, strategische Entscheidungen in Marketing und Vertrieb zu treffen.

Business Intelligence (BI)-Plattformen

BI-Plattformen wie Tableau, Microsoft Power BI und SAS Business Intelligence bieten umfassende Tools für die Visualisierung und Analyse von Daten. Mit diesen Plattformen können Führungskräfte Rohdaten in leicht verständliche Diagramme, Grafiken und Dashboards umwandeln, die eine schnelle und effektive Entscheidungsfindung ermöglichen. Sie umfassen häufig Funktionen für die Berichterstellung, die Online-Analyse, die Analyse, die Dashboard-Entwicklung und das Data Mining.

Big Data-Analyse-Tools

Tools wie Apache Hadoop und Spark sind für die Verarbeitung riesiger Datenmengen konzipiert, die als Big Data bezeichnet werden. Diese Tools sind für Unternehmen, die mit großen Datensätzen zu tun haben, unverzichtbar, denn sie ermöglichen die effiziente Speicherung, Verarbeitung und Analyse von Daten. Sie sind besonders nützlich, wenn es darum geht, Erkenntnisse aus unstrukturierten Daten wie Social Media-Inhalten, E-Mails und Dokumenten zu gewinnen.

Cloud Computing

Cloud-basierte Analysetools haben die Datenanalyse revolutioniert, da sie skalierbare, flexible und kostengünstige Lösungen bieten. Cloud-Plattformen wie Amazon Web Services (AWS), Google Cloud und Microsoft Azure bieten eine Reihe von Diensten für die Speicherung, Verarbeitung und Analyse von Daten. Sie bieten den Vorteil, dass sie bei Bedarf auf leistungsstarke Rechenressourcen zugreifen können, ohne dass erhebliche Vorabinvestitionen in die Infrastruktur erforderlich sind.

Systeme für das Kundenbeziehungsmanagement (CRM)

Moderne CRM-Systeme wie Salesforce und HubSpot sind mit Analysefunktionen ausgestattet, die Führungskräften helfen, Kundeninteraktionen und -präferenzen zu verstehen. Diese Systeme bieten wertvolle Einblicke in das Kundenverhalten, Verkaufstrends und die Wirksamkeit von Kampagnen und ermöglichen es Führungskräften, datengestützte Entscheidungen in Bezug auf Kundenservice und Marketingstrategien zu treffen.

Diese Tools und Technologien sind für Führungskräfte im digitalen Zeitalter unverzichtbar, da sie ihnen die Möglichkeit geben, fundierte Entscheidungen zu treffen, Markttrends voraus zu sein und den Unternehmenserfolg durch datengesteuerte Strategien zu fördern.

Technologie zur Steigerung von Effizienz und Produktivität

Technologische Hilfsmittel und Software sind für die Steigerung der organisatorischen Effizienz unverzichtbar geworden. Sie rationalisieren Abläufe, erleichtern die Kommunikation und automatisieren Routineaufgaben, so dass Unternehmen effektiver arbeiten und sich auf strategische Ziele konzentrieren können.

Projektmanagement-Software wie Asana, Trello und Microsoft Project spielt eine entscheidende Rolle bei der Organisation und Verfolgung des Fortschritts verschiedener Projekte. Diese Plattformen bieten Funktionen wie Aufgabenzuweisungen, Terminverfolgung und Fortschrittsaktualisierungen, die Teams helfen, auf Kurs zu bleiben und effektiv zusammenzuarbeiten. Außerdem bieten sie visuelle Darstellungen von Projekten, die es den Führungskräften erleichtern, den Fortschritt zu überwachen und Ressourcen effizient zuzuweisen.

Kommunikationstools haben die Art und Weise revolutioniert, wie Teams interagieren und zusammenarbeiten. Plattformen wie Slack, Microsoft Teams und Zoom ermöglichen Kommunikation und Zusammenarbeit in Echtzeit, unabhängig vom geografischen Standort. Sie unterstützen eine Reihe von Funktionen, von Instant Messaging und Videokonferenzen bis hin zu Dateifreigabe und gemeinsamer Dokumentenbearbeitung. Diese Tools sind besonders wertvoll für die Aufrechterhaltung der Konnektivität und Produktivität in entfernten oder hybriden Arbeitsumgebungen. Automatisierungstechnologien verändern die Art und Weise, wie Unternehmen sich wiederholende und zeitaufwändige Aufgaben erledigen. Tools wie Zapier, UiPath und Automation Anywhere ermöglichen die Automatisierung verschiedener administrativer und betrieblicher Prozesse, von der Planung und Beantwortung von E-Mails bis hin zu komplexeren Aufgaben wie Dateneingabe und Berichterstellung. Durch die Automatisierung dieser Aufgaben können Unternehmen menschliche Fehler reduzieren, Zeit sparen und die Gesamteffizienz steigern.

Customer Relationship Management (CRM)-Systeme wie Salesforce und HubSpot rationalisieren die Kundenverwaltung und -interaktion. Diese Systeme automatisieren und organisieren die Kundenkommunikation, die Vertriebsverfolgung und die Marketingbemühungen, bieten umfassende Einblicke in das Kundenverhalten und verbessern die Wirksamkeit von Vertriebs- und Marketingstrategien. Cloud-Computing-Dienste wie Amazon Web Services (AWS), Google Cloud und Microsoft Azure bieten skalierbare und flexible Ressourcen für die Speicherung,

Verarbeitung und Analyse von Daten. Sie bieten den Vorteil, dass sie auf leistungsstarke Rechenkapazitäten und große Speicherkapazitäten zugreifen können, ohne dass eine umfangreiche physische Infrastruktur erforderlich ist, was die Flexibilität und Effizienz des Unternehmens erhöht.

Diese technologischen Werkzeuge und Software sind in modernen Unternehmen von zentraler Bedeutung. Sie ermöglichen ein effizientes Projektmanagement, eine nahtlose Kommunikation, die Automatisierung von Routineaufgaben, ein effektives Kundenbeziehungsmanagement und flexible EDV-Ressourcen, die allesamt zu einer höheren Effizienz und Produktivität des Unternehmens beitragen.

Mehrere Unternehmen aus verschiedenen Branchen haben die Technologie erfolgreich zur Steigerung von Produktivität und Effizienz eingesetzt und damit die transformative Kraft digitaler Tools in der Geschäftswelt unter Beweis gestellt.

Toyota und schlanke Produktion

Toyota ist bekannt für die Umsetzung der Grundsätze der schlanken Produktion, die maßgeblich durch Technologie unterstützt wird. Der Einsatz von Automatisierung und Robotik in den Produktionslinien des Unternehmens hat die Effizienz drastisch erhöht. Toyotas Just-in-Time-System (JIT), eine Schlüsselkomponente seines Lean-Manufacturing-Ansatzes, stützt sich in hohem Maße auf Technologie, um sicherzustellen, dass Materialien nur bei Bedarf bestellt und erhalten werden, wodurch Verschwendung reduziert und die Effizienz erhöht wird.

Netflix und Cloud Computing

Die Umstellung von Netflix auf Cloud Computing ist ein Paradebeispiel für die Nutzung von Technologien zur Steigerung der Effizienz. Durch die Verlagerung des Betriebs zu Amazon Web Services (AWS) konnte Netflix seine Streaming-Qualität und -Geschwindigkeit erheblich verbessern und gleichzeitig die Leistung je nach Bedarf erhöhen oder verringern. Diese

Umstellung verbesserte nicht nur das Nutzererlebnis, sondern optimierte auch die Kosten und die betriebliche Effizienz.

Zara und die schnelle Mode

Der Modehändler Zara hat die Technologie effektiv genutzt, um die Fast Fashion-Branche zu revolutionieren. Durch den Einsatz fortschrittlicher Datenanalyse- und Bestandsverwaltungssysteme kann Zara schnell auf wechselnde Modetrends reagieren. Diese Flexibilität ermöglicht es dem Unternehmen, neue Designs in nur wenigen Wochen vom Konzept in die Regale der Geschäfte zu bringen - deutlich schneller als traditionelle Modehändler.

Walmart und Datenanalyse

Walmart setzt hochentwickelte Datenanalysen ein, um seine Lieferkette und sein Bestandsmanagement zu optimieren. Das Unternehmen analysiert riesige Datenmengen aus seinen Filialen, um Kauftrends vorherzusagen, Lagerbestände zu verwalten und die Logistik zu optimieren. Dank dieses datengesteuerten Ansatzes konnte Walmart die Kosten senken und die Kundenzufriedenheit verbessern, da die Produkte stets auf Lager sind.

American Express und prädiktive Analytik

American Express nutzt die prädiktive Analytik, um seinen Kunden personalisierte Dienstleistungen anzubieten und Betrug zu verhindern. Durch die Analyse von Transaktionsdaten kann American Express Ausgabenmuster identifizieren und ungewöhnliche Aktivitäten erkennen, die auf Betrug hindeuten könnten. Dieser proaktive Ansatz schützt nicht nur die Kunden, sondern verbessert auch ihre Erfahrungen, indem die Dienstleistungen auf ihre Bedürfnisse zugeschnitten werden.

Diese Fallstudien zeigen, wie Technologie die Produktivität und Effizienz erheblich steigern kann. Von der Fertigung über den Einzelhandel bis hin zu Dienstleistungen und Unterhaltung kann der strategische Einsatz von Technologie zu erheblichen

Leistungsverbesserungen und einem Wettbewerbsvorteil auf dem Markt führen.

Leadership im Zeitalter der digitalen Transformation

Die Bewältigung der digitalen Transformation ist eine komplexe und wichtige Aufgabe für moderne Führungskräfte. Sie erfordert eine Kombination aus strategischem Weitblick, effektivem Veränderungsmanagement und einem Fokus auf das Engagement der Mitarbeiter.

Strategische Vision

Führungskräfte spielen eine entscheidende Rolle bei der Festlegung der strategischen Vision für die digitale Transformation. Diese Vision sollte mit den allgemeinen Zielen des Unternehmens übereinstimmen und eine klare Richtung für die digitale Reise vorgeben. Führungskräfte müssen das Potenzial digitaler Technologien verstehen und wissen, wie sie zur Optimierung von Geschäftsprozessen, zur Verbesserung der Kundenerfahrung und zur Förderung von Innovationen eingesetzt werden können. Indem sie eine überzeugende digitale Vision formulieren, können sie ihre Teams und Stakeholder für die Transformation begeistern.

Veränderungsmanagement

Die digitale Transformation ist oft mit erheblichen Veränderungen von Prozessen, Systemen und sogar der Unternehmenskultur verbunden. Ein effektives Veränderungsmanagement ist unerlässlich, um diesen Übergang erfolgreich zu bewältigen. Führungskräfte müssen die Transformation so planen und umsetzen, dass Störungen minimiert und die Akzeptanz maximiert werden. Dazu gehört eine klare Kommunikation über die Vorteile und Auswirkungen der Umstellung, das Eingehen auf Bedenken und Widerstände sowie die Bereitstellung der erforderlichen Ressourcen und Unterstützung. Führungskräfte müssen außerdem anpassungsfähig sein und bereit sein, ihre Strategien an die Herausforderungen und neuen Möglichkeiten anzupassen, die sich während der Umgestaltung ergeben.

Engagement der Mitarbeiter

Damit die digitale Transformation erfolgreich ist, sind die Akzeptanz und das Engagement der Mitarbeiter entscheidend. Die Führungskräfte müssen sicherstellen, dass die Mitarbeiter die Bedeutung der Umstellung verstehen und wissen, wie sie ihnen und dem Unternehmen nützt. Schulung und Entwicklung spielen hier eine Schlüsselrolle, indem sie die Mitarbeiter mit den Fähigkeiten und Kenntnissen ausstatten, die sie benötigen, um an einem digital transformierten Arbeitsplatz erfolgreich zu sein. Die Führungskräfte sollten auch eine Kultur der Innovation und des Experimentierens fördern und die Mitarbeiter ermutigen, Ideen einzubringen und Teil des Transformationsprozesses zu sein.

Die Förderung einer Kultur, die den technologischen Fortschritt und das ständige Lernen unterstützt, ist für Unternehmen, die im digitalen Zeitalter erfolgreich sein wollen, von entscheidender Bedeutung. Führungskräfte spielen eine zentrale Rolle bei der Kultivierung dieser Kultur.

Die Führungskräfte sollten zunächst mit gutem Beispiel vorangehen, indem sie sich Technologie und Lernen zu eigen machen. Wenn man sieht, dass Führungskräfte neue Technologien aktiv nutzen und in ihre eigene Weiterbildung investieren, ist das ein starkes Beispiel für den Rest der Organisation. Sie sollten nicht nur zeigen, wie man diese Technologien nutzt, sondern auch deren Vorteile und Auswirkungen auf die Ziele des Unternehmens. Kommunikation ist der Schlüssel zur Förderung dieser Kultur. Die Führungskräfte müssen die Bedeutung und die Vorteile der Technologie und des kontinuierlichen Lernens klar und effektiv vermitteln. Dabei geht es nicht nur um das "Was" und das "Wie", sondern auch um das "Warum" hinter diesen technologischen Veränderungen. Wenn die Mitarbeiter die Gründe für die Einführung von Technologien verstehen, ist die Wahrscheinlichkeit größer, dass sie diese auch annehmen.

Die Schaffung von Lern- und Entwicklungsmöglichkeiten ist ebenfalls entscheidend. Dazu könnten Schulungen, Workshops oder Online-Kurse gehören, in denen sich die Mitarbeiter über neue Technologien und deren Anwendung bei ihrer Arbeit informieren können. Die Führungskräfte sollten die Teilnahme an diesen Lernangeboten fördern und erleichtern. Es ist wichtig, eine experimentelle und innovative Einstellung zu fördern. Die Führungskräfte sollten ein Umfeld schaffen, in dem sich die Mitarbeiter sicher fühlen, mit neuen Technologien zu experimentieren, Fehler zu machen und daraus zu lernen. Dies kann die Einrichtung von Innovationslabors oder Hackathons beinhalten oder die Mitarbeiter einfach dazu ermutigen, neue Technologien in ihren Projekten auszuprobieren.

Die Anerkennung und Belohnung von Mitarbeitern, die sich für Technologie und Lernen begeistern, kann diese Kultur stärken. Führungskräfte können Teams anerkennen und belohnen, die erfolgreich neue Technologien einführen oder innovative Lösungen entwickeln. Dies motiviert nicht nur die Mitarbeiter, sondern zeigt auch, dass die Organisation diese Initiativen schätzt. Führungskräfte sollten sicherstellen, dass die Richtlinien und die Infrastruktur des Unternehmens die Einführung von Technologie und Lernen unterstützen. Dazu gehören Investitionen in die notwendigen technologischen Hilfsmittel und die Sicherstellung, dass die Mitarbeiter Zugang zu den Ressourcen haben, die sie benötigen, um zu lernen und mit neuen Technologien zu experimentieren.

Durch die Umsetzung dieser Strategien können Führungskräfte eine Unternehmenskultur schaffen, die nicht nur den technologischen Fortschritt begrüßt, sondern auch kontinuierliches Lernen als Schlüsselkomponente der beruflichen Entwicklung und des Unternehmenserfolgs ansieht.

Ethische Überlegungen zur technologiegestützten Führung

Die ethische Nutzung von Technologien und Daten in der Unternehmensführung ist im digitalen Zeitalter ein wichtiges Thema. Da sich Führungskräfte bei der Entscheidungsfindung zunehmend auf Technologien und Datenanalysen stützen, müssen sie eine Reihe von ethischen Überlegungen anstellen, um eine verantwortungsvolle und faire Nutzung zu gewährleisten. Eine der wichtigsten ethischen Überlegungen ist der Schutz der Privatsphäre des Einzelnen, insbesondere beim Umgang mit persönlichen Daten. Führungskräfte müssen sicherstellen, dass die Datenerfassung und -verarbeitung im Einklang mit Datenschutzgesetzen und -vorschriften wie der Allgemeinen Datenschutzverordnung (GDPR) erfolgt. Sie müssen auch die Rechte des Einzelnen auf Privatsphäre respektieren und sicherstellen, dass personenbezogene Daten auf transparente und einvernehmliche Weise verwendet werden.

Mit der zunehmenden Abhängigkeit von digitalen Technologien ist auch das Risiko von Datenschutzverletzungen und Cyberangriffen gestiegen. Führungskräfte müssen der Datensicherheit Priorität einräumen, um sensible Informationen vor unbefugtem Zugriff und Cyber-Bedrohungen zu schützen. Dazu gehören Investitionen in robuste Cybersicherheitsmaßnahmen, die regelmäßige Aktualisierung von Sicherheitsprotokollen und die Schulung von Mitarbeitern in bewährten Verfahren zur Datensicherheit.

Ein weiteres wichtiges ethisches Problem ist das Potenzial für Voreingenommenheit in Daten und Technologien. Algorithmen und Datensätze können unbeabsichtigt bestehende Voreingenommenheit verewigen, was zu ungerechten oder diskriminierenden Ergebnissen führt. Führungskräfte müssen sich dieser potenziellen Voreingenommenheit bewusst sein und aktiv daran arbeiten, sie abzuschwächen. Dies kann die Verwendung unterschiedlicher Datensätze, die regelmäßige Überprüfung und Aktualisierung von Algorithmen und die Einführung von Kontrollmechanismen beinhalten, um Fairness und Genauigkeit bei datengesteuerten Entscheidungen zu gewährleisten.

Mit der zunehmenden Verbreitung von künstlicher Intelligenz (KI) und Automatisierungstechnologien müssen Führungskräfte die ethischen Implikationen ihres Einsatzes berücksichtigen. Dazu gehören die Auswirkungen auf die Beschäftigung, die Möglichkeit des Missbrauchs und die Notwendigkeit von Transparenz bei der Entscheidungsfindung im Zusammenhang mit KI. Führungskräfte sollten sich bemühen, KI und

Automatisierung so einzusetzen, dass sie die menschliche Arbeit und Produktivität verbessern, anstatt sie zu ersetzen, und sicherstellen, dass diese Technologien verantwortungsvoll und ethisch vertretbar eingesetzt werden.

Ethische Führung im digitalen Zeitalter erfordert auch Transparenz und Verantwortlichkeit bei der Nutzung von Technologie und Daten. Führungskräfte sollten sich darüber im Klaren sein, wie und warum sie Technologien und Daten nutzen, und für die Ergebnisse dieser Entscheidungen verantwortlich sein. Dazu gehört eine offene Kommunikation mit den Interessengruppen und die Bereitschaft, auf alle auftretenden Probleme und Bedenken einzugehen.

Ethische Überlegungen bei der Nutzung von Technologie und Daten sind komplex und vielschichtig. Führungskräfte müssen diese Herausforderungen sorgfältig meistern und sicherstellen, dass sie die Privatsphäre respektieren, der Datensicherheit Vorrang einräumen, Vorurteile abbauen, KI und Automatisierung verantwortungsvoll einsetzen und bei ihren digitalen Praktiken Transparenz und Verantwortlichkeit wahren. Auf diese Weise können sie die Macht der Technologie und der Daten in einer Weise nutzen, die ethisch und verantwortungsvoll ist und mit den Werten ihrer Organisation und der Gesellschaft übereinstimmt. Die Entwicklung und Umsetzung ethischer Richtlinien für den Einsatz von Technologie in der Führung erfordert eine Reihe durchdachter und bewusster Maßnahmen. Zunächst ist es von entscheidender Bedeutung, das ethische Umfeld der in der Organisation eingesetzten oder geplanten Technologien zu bewerten und zu verstehen. Dieses Verständnis sollte verschiedene Aspekte wie den Schutz der Privatsphäre, die Datensicherheit, potenzielle Voreingenommenheit und andere ethische Bedenken, die sich aus dem Einsatz von Technologien ergeben könnten, umfassen.

Im Anschluss an diese Bewertung sollten die Führungskräfte eine Reihe klarer ethischer Grundsätze aufstellen, die mit den Grundwerten des Unternehmens übereinstimmen. Diese Grundsätze sollten spezifische Anliegen wie die Achtung der

Privatsphäre der Nutzer, die Gewährleistung der Datensicherheit und die Wahrung der Fairness bei algorithmischen Prozessen behandeln. Die Festlegung dieser Grundsätze bildet die Grundlage für die ethische Nutzung von Technologien.

Die Einbeziehung einer Vielzahl von Interessengruppen in die Entwicklung dieser Leitlinien ist unerlässlich. Durch die Einbeziehung von IT-Fachleuten, Rechtsberatern, Personalverantwortlichen und Vertretern verschiedener Abteilungen wird sichergestellt, dass die Richtlinien umfassend sind und die verschiedenen Perspektiven und Auswirkungen innerhalb des Unternehmens berücksichtigen. Die Umsetzung dieser ethischen Grundsätze in konkrete, umsetzbare Richtlinien und Verfahren ist der nächste wichtige Schritt. Dies könnte Richtlinien zur verantwortungsvollen Datenerfassung und -nutzung, Protokolle für KI- und maschinelle Lernanwendungen und Verfahren für den Umgang mit Datenschutzverletzungen umfassen.

Um sicherzustellen, dass diese Richtlinien effektiv in das Unternehmen integriert werden, ist die Durchführung von Schulungs- und Sensibilisierungsprogrammen für alle Mitarbeiter erforderlich. Solche Programme sollten die Mitarbeiter über die ethische Nutzung von Technologie, die spezifischen Richtlinien des Unternehmens und die Rolle, die jeder Mitarbeiter bei der Einhaltung dieser Standards spielt, aufklären. Regelmäßige Schulungen sind wichtig, um mit der Entwicklung der Technologie und ethischen Überlegungen Schritt zu halten.

Es ist wichtig, diese ethischen Leitlinien regelmäßig zu überwachen und zu überprüfen. So wie sich die Technologie weiterentwickelt, so entwickeln sich auch ihre ethischen Implikationen. Regelmäßige Überprüfungen und Aktualisierungen der Richtlinien sind notwendig, um auf dem neuesten Stand zu bleiben und neuen Herausforderungen und rechtlichen Anforderungen gerecht zu werden. Die Förderung einer Kultur des ethischen Umgangs mit Technologie innerhalb der Organisation ist unerlässlich. Führungskräfte müssen mit gutem Beispiel vorangehen, die Bedeutung der ethischen Nutzung von Technologie offen diskutieren und Verhaltensweisen, die mit den ethischen Richtlinien übereinstimmen, anerkennen und belohnen. Auf diese Weise wird ein Umfeld geschaffen, in dem die ethische Nutzung von Technologie Teil des Unternehmensethos ist.

Mit diesen Schritten können Führungskräfte sicherstellen, dass die Integration von Technologie in ihren Unternehmen auf verantwortungsvolle Weise erfolgt und sowohl mit den Werten des Unternehmens als auch mit den breiteren ethischen Standards der Gesellschaft in Einklang steht. Dieser Ansatz mindert nicht nur die Risiken, sondern stärkt auch das Vertrauen und die Integrität innerhalb der Organisation und bei externen Stakeholdern.

Vorbereitung auf künftige technologische Neuerungen

Aufstrebende Technologien werden in naher Zukunft einen tiefgreifenden Einfluss auf die Führung haben und die Art und Weise verändern, wie Führungskräfte Abläufe verwalten, Entscheidungen treffen und mit ihren Teams interagieren.

Erweiterte Realität (AR)

Augmented Reality, also die Überlagerung von digitalen Informationen mit der physischen Welt, ist im Begriff, verschiedene Aspekte von Wirtschaft und Führung zu verändern. In der Aus- und Weiterbildung zum Beispiel kann AR immersive und interaktive Erfahrungen bieten, die das Lernen interessanter und effektiver machen. Sie kann auch in der Produktgestaltung und -entwicklung eingesetzt werden und ermöglicht es Führungskräften und Teams, 3D-Modelle in Echtzeit zu visualisieren und mit ihnen zu interagieren, wodurch Kreativität und Innovation gefördert werden.

Blockchain

Die Blockchain-Technologie, die vor allem für ihre Anwendung bei Kryptowährungen bekannt ist, hat weitreichende

Auswirkungen über das Finanzwesen hinaus. Ihre Fähigkeit, sichere, transparente und fälschungssichere Aufzeichnungen zu liefern, macht sie wertvoll für das Lieferkettenmanagement, die Vertragsausführung und den sicheren Datenaustausch. Führende Unternehmen in verschiedenen Branchen, vom Gesundheitswesen bis zur Fertigung, erkunden das Potenzial von Blockchain zur Rationalisierung von Abläufen und zur Gewährleistung der Datenintegrität.

Erweiterte KI

Künstliche Intelligenz entwickelt sich ständig weiter, und fortschrittliche KI-Systeme sind in der Lage, immer anspruchsvollere Aufgaben zu übernehmen und Entscheidungen zu treffen. Diese Systeme können große Datenmengen analysieren, um Trends und Erkenntnisse zu ermitteln, bei der strategischen Planung helfen und sogar komplexe Entscheidungsprozesse automatisieren. Die Herausforderung für Führungskräfte wird darin bestehen, fortschrittliche KI effektiv in ihre Abläufe zu integrieren und gleichzeitig ethische Bedenken zu berücksichtigen und einen menschenzentrierten Ansatz zu gewährleisten.

Internet der Dinge (IoT)

Das Internet der Dinge (IoT), das alltägliche Geräte mit dem Internet verbindet, ermöglicht eine stärker datengestützte Entscheidungsfindung. Für Führungskräfte bietet das IoT Einblicke in alles, vom Verbraucherverhalten bis zur betrieblichen Effizienz. In Zukunft könnte das IoT zu vernetzteren, reaktionsfähigeren und intelligenteren Geschäftsumgebungen führen, in denen Führungskräfte die Abläufe aus der Ferne und in Echtzeit überwachen und verwalten können.

Diese aufkommenden Technologien stellen für Führungskräfte sowohl Chancen als auch Herausforderungen dar. Sie bieten das Potenzial, Innovation und Effizienz voranzutreiben, doch müssen sich Führungskräfte auch mit Fragen der Integration, der Mitarbeiterschulung, des Datenschutzes und der ethischen

Nutzung auseinandersetzen. Mit diesen Technologien Schritt zu halten und ihre Auswirkungen zu verstehen, wird für eine effektive Führung in den kommenden Jahren entscheidend sein.

In der heutigen, sich schnell entwickelnden digitalen Landschaft ist die Fähigkeit von Führungskräften, sich kontinuierlich weiterzubilden und anzupassen, nicht nur von Vorteil, sondern unerlässlich. Mit dem technologischen Fortschritt Schritt zu halten, ist entscheidend für die Aufrechterhaltung von Relevanz, Wettbewerbsfähigkeit und Effektivität in der Führung. Das Tempo, in dem neue Technologien entwickelt und eingeführt werden, hat sich beschleunigt und verändert Geschäftsmodelle, betriebliche Prozesse und die Marktdynamik dramatisch. Führungskräfte, die mit diesen Veränderungen nicht Schritt halten, laufen Gefahr, ins Hintertreffen zu geraten, so dass ihre Unternehmen weniger wettbewerbsfähig und möglicherweise überflüssig werden. Aus diesem Grund ist es wichtig, eine Haltung des kontinuierlichen Lernens einzunehmen. Dazu gehört, dass man über neue Technologien wie KI, Blockchain und IoT auf dem Laufenden bleibt und ihre potenziellen Auswirkungen auf die Branche und das Unternehmen versteht.

Kontinuierliches Lernen ermöglicht es Führungskräften, technologische Umwälzungen vorherzusehen und sich darauf einzustellen. Indem sie die Trends und Richtungen des technologischen Fortschritts verstehen, können Führungskräfte Veränderungen vorhersehen und ihre Unternehmen strategisch so positionieren, dass sie neue Chancen nutzen können. Diese proaktive Herangehensweise an die Einführung von Technologien kann zu Innovationen, höherer Effizienz und besseren Kundenerfahrungen führen.

Anpassung ist auf diesem Weg ebenso wichtig. Wenn neue Technologien auftauchen, müssen die Führungskräfte bereit sein, ihre Strategien und Abläufe anzupassen. Dies kann Investitionen in neue Technologien, die Umschulung von Mitarbeitern oder sogar die Änderung des Geschäftsmodells des Unternehmens bedeuten. Führungskräfte müssen agil, flexibel und offen für

Veränderungen sein, um die digitale Transformation erfolgreich zu meistern.

Um Talente zu gewinnen und zu halten, ist es wichtig, mit der Technologie Schritt zu halten. Die modernen Arbeitskräfte, insbesondere die jüngeren Generationen, erwarten, dass sie in einem Umfeld arbeiten, das den technologischen Fortschritt begrüßt. Führungskräfte, die sich für die Nutzung der neuesten Technologien engagieren, werden mit größerer Wahrscheinlichkeit innovative und technikaffine Mitarbeiter anziehen.

Die Führungskräfte müssen in ihren Unternehmen auch eine Kultur pflegen, die kontinuierliches Lernen und Anpassung schätzt und fördert. Dies könnte die Bereitstellung von Schulungs- und Entwicklungsmöglichkeiten, die Förderung von Experimenten und Innovationen sowie die Schaffung eines Umfelds beinhalten, in dem das Lernen aus Fehlern als wertvoller Teil des Wachstums angesehen wird.

Dieses Kapitel hat sich mit der entscheidenden Rolle der Technologie in der modernen Führung befasst und verschiedene Aspekte und Strategien für die effektive Integration von Technologie in die Führungspraxis untersucht. Zu Beginn des Kapitels wurde die Bühne für den Aufstieg der Technologie am modernen Arbeitsplatz bereitet und aufgezeigt, wie technologische Fortschritte zu einem integralen Bestandteil der Führung geworden sind. Von der Rationalisierung von Abläufen bis hin zur Verbesserung der Kommunikation - die Technologie verändert die Art und Weise, wie Führungskräfte ihre Organisationen verwalten und leiten. Anschließend erörterten wir das Konzept der Datenanalyse und ihre wachsende Bedeutung für die Entscheidungsfindung in Unternehmen. Führungskräfte können ihre Strategien mithilfe von Datenanalysen ausrichten und so Erkenntnisse gewinnen, die zu fundierteren und effektiveren Entscheidungsprozessen führen. Die Vorteile eines datengesteuerten Ansatzes wurden erörtert, wobei hervorgehoben wurde, wie er zu einer besseren strategischen Planung, zu Marketingentscheidungen und zum Personalmanagement führt.

Auch die potenziellen Herausforderungen, die sich aus der Verwendung von Daten ergeben, wie Probleme mit der Datenqualität, Interpretationsfehler und ethische Überlegungen, wurden angesprochen. Führungskräfte müssen sich dieser Herausforderungen bewusst sein und proaktive Schritte unternehmen, um die ethische und korrekte Nutzung von Daten zu gewährleisten. Es wurden praktische Anwendungen der Datenanalyse in verschiedenen Führungsszenarien vorgestellt, die zeigten, wie Daten als Entscheidungsgrundlage in Bereichen wie strategische Planung, Marketing und Personalwesen dienen können. Dies veranschaulichte die Vielseitigkeit und den Einfluss der Datenanalyse auf den Unternehmenserfolg.

Das Kapitel befasste sich auch mit wichtigen Tools und Technologien, die die Datenanalyse erleichtern, darunter KI, maschinelles Lernen und Business Intelligence-Plattformen. Diese Technologien sind für Führungskräfte im digitalen Zeitalter unverzichtbar, da sie es ihnen ermöglichen, fundierte Entscheidungen zu treffen, den Markttrends voraus zu sein und den Unternehmenserfolg voranzutreiben. Wir haben die Bedeutung des kontinuierlichen Lernens und der Anpassung für Führungskräfte hervorgehoben. In einer Zeit, in der sich die Technologie rasant weiterentwickelt, müssen Führungskräfte über technologische Fortschritte informiert bleiben und bereit sein, ihre Strategien und Abläufe entsprechend anzupassen. Dieses kontinuierliche Lernen und diese Anpassungsfähigkeit sind der Schlüssel zur Aufrechterhaltung von Relevanz und Wettbewerbsfähigkeit im digitalen Zeitalter.

Die Integration von Technologie in die Unternehmensführung ist unerlässlich, um die Komplexität der modernen Unternehmenslandschaft zu bewältigen. Indem sie Datenanalysen nutzen, mit technologischen Fortschritten Schritt halten und sich für kontinuierliches Lernen und Anpassungsfähigkeit einsetzen, können Führungskräfte ihre Effektivität steigern und ihre Organisationen zu größerem Erfolg führen.

Nach der Erforschung der Integration von Technologie in die Führung verlagert sich unser Schwerpunkt auf das nächste

Kapitel, in dem wir uns mit den Herausforderungen der globalen Führung in einem multikulturellen Umfeld befassen. Die Konzepte der technologiegesteuerten Führung bieten einen nahtlosen Übergang zu diesem neuen Diskussionsbereich, da Technologie eine wichtige Voraussetzung für Führungskräfte ist, die in einem vielfältigen und global verteilten Umfeld tätig sind.

Das nächste Kapitel befasst sich mit den Feinheiten der Führung über verschiedene Kulturen und Regionen hinweg - eine Herausforderung, die in der heutigen vernetzten Welt noch größer ist. Wir werden untersuchen, wie die zuvor erörterten technologischen Fähigkeiten und Strategien genutzt werden können, um die Komplexität der globalen Führung zu bewältigen. Dazu gehört der Einsatz von Technologie zur Überbrückung geografischer und kultureller Unterschiede, zur Erleichterung der Kommunikation und zur Förderung des Verständnisses und der Zusammenarbeit in unterschiedlichen Teams. Wir werden uns mit den besonderen Herausforderungen befassen, die ein multikulturelles Umfeld mit sich bringt, wie z. B. die Bewältigung der kulturübergreifenden Kommunikation, die Anpassung des Führungsstils an unterschiedliche kulturelle Normen und der Aufbau kohäsiver Teams mit unterschiedlichen Hintergründen. Das Kapitel gibt Einblicke in die Frage, wie Führungskräfte die Technologie effektiv nutzen können, um diese Herausforderungen zu bewältigen und in einem globalen Kontext erfolgreich zu führen.

8. Globale Führung in einem multikulturellen Umfeld

In der heutigen, zunehmend globalisierten Geschäftswelt sehen sich Führungskräfte mit einer Vielzahl einzigartiger Herausforderungen konfrontiert, die sich aus der Arbeit in unterschiedlichen kulturellen, wirtschaftlichen und rechtlichen Umgebungen ergeben. Die Globalisierung der Wirtschaft hat sich durch die Fortschritte in den Bereichen Technologie, Kommunikation und Transport dramatisch ausgeweitet. Die Märkte sind stärker denn je miteinander verbunden, Unternehmen operieren über Grenzen hinweg und erreichen Kunden in jedem Winkel der Erde. Diese Verflechtung bietet zwar enorme Chancen, stellt aber auch eine Reihe von Herausforderungen für die Unternehmensführung dar.

Eine der größten Herausforderungen ist der Umgang mit der kulturellen Vielfalt. Globale Führungskräfte müssen die kulturellen Nuancen und Geschäftspraktiken der verschiedenen Regionen verstehen und respektieren. Dies erfordert ein tiefes Verständnis dafür, wie die Kultur Kommunikationsstile, Entscheidungsprozesse und die Dynamik am Arbeitsplatz beeinflusst.

Eine weitere Herausforderung ist das Management geografisch verteilter Teams. Führungskräfte müssen Wege finden, um die Zusammenarbeit, den Zusammenhalt und ein gemeinsames Ziel unter den Teammitgliedern zu fördern, die über verschiedene Zeitzonen und Standorte verteilt sein können. Dazu gehört die Überwindung von Sprachbarrieren und der effektive Einsatz von Technologien zur Aufrechterhaltung von Kommunikation und Arbeitsabläufen. Globale Führungskräfte müssen sich in unterschiedlichen rechtlichen und regulatorischen Umgebungen zurechtfinden. Jedes Land oder jede Region hat seine eigenen Gesetze und Geschäftsvorschriften, und Führungskräfte müssen sicherstellen, dass ihre Organisationen diese lokalen Anforderungen erfüllen und gleichzeitig einheitliche globale Standards einhalten.

Die wirtschaftliche Volatilität und die politische Unsicherheit in verschiedenen Regionen tragen ebenfalls zur Komplexität bei. Führungskräfte müssen in der Lage sein, ihre Strategien an die sich ändernden wirtschaftlichen Bedingungen und geopolitischen Veränderungen anzupassen, um Risiken zu minimieren und Chancen zu nutzen. Die globale Führungslandschaft ist ein anspruchsvolles, aber lohnendes Feld. Führungskräfte, die sich in dieser komplexen Welt zurechtfinden, sind gut positioniert, um die Chancen zu nutzen, die sich in einem globalisierten Geschäftsumfeld bieten.

In diesem Kapitel werden diese Herausforderungen näher beleuchtet und Strategien für eine erfolgreiche globale Führung untersucht. Wir werden untersuchen, wie Führungskräfte effektiv kommunizieren, Vertrauen aufbauen und die Zusammenarbeit in multikulturellen Teams fördern können, indem sie kulturelle Unterschiede verstehen und überbrücken, um ein kohäsives und produktives Arbeitsumfeld zu schaffen. Das Kapitel befasst sich auch mit den Herausforderungen, die mit der Führung in verschiedenen internationalen Kontexten verbunden sind, einschließlich der Anpassung an lokale Geschäftspraktiken, an das regulatorische Umfeld und an die geopolitische Dynamik.

Am Ende dieses Kapitels werden die Leser Einblicke in die effektive Führung in einem multikulturellen und internationalen Umfeld erhalten und mit dem Wissen ausgestattet sein, das sie benötigen, um die Stärken der Vielfalt zu nutzen und den globalen Geschäftserfolg zu fördern.

Multikulturelles Führungsverständnis

Multikulturelle Führung ist in der heutigen, zunehmend vernetzten und globalisierten Geschäftswelt ein wichtiges Konzept. Diese Form der Führung bezieht sich auf die Fähigkeit, kulturell vielfältige Teams effektiv zu managen und zu leiten und dabei den Reichtum anzuerkennen und zu nutzen, den unterschiedliche Hintergründe, Perspektiven und Erfahrungen in ein Unternehmen einbringen. Die Bedeutung der multikulturellen Führung ergibt sich aus der zunehmenden Vielfalt in der Belegschaft und der Expansion von Unternehmen in neue globale Märkte. Führungskräfte in multikulturellen Umgebungen stehen vor der einzigartigen Herausforderung, kulturelle Gräben zu überbrücken und Menschen mit unterschiedlichen kulturellen Werten und Arbeitsweisen auf gemeinsame Unternehmensziele auszurichten.

Zu einer effektiven multikulturellen Führung gehört mehr als nur ein Bewusstsein für kulturelle Unterschiede. Sie erfordert ein tiefgreifendes Verständnis dafür, wie sich diese Unterschiede auf die Kommunikation, die Teamarbeit und die Motivation der Mitarbeiter auswirken können. Multikulturelle Führungskräfte müssen über ausgeprägte interkulturelle Kommunikationsfähigkeiten verfügen und Sensibilität und Anpassungsfähigkeit an verschiedene kulturelle Normen und Erwartungen zeigen.

Diese Führungskräfte spielen eine entscheidende Rolle bei der Schaffung eines integrativen Umfelds, in dem sich alle Teammitglieder wertgeschätzt und verstanden fühlen. Diese Inklusivität ist der Schlüssel zur Förderung von gegenseitigem Respekt und Zusammenarbeit in vielfältigen Teams. Wenn Teammitglieder mit unterschiedlichem kulturellem Hintergrund das Gefühl haben, dass ihre Perspektiven respektiert und ihre Beiträge geschätzt werden, führt dies zu mehr Innovation, Problemlösung und einer besseren Gesamtleistung des Teams. Bei der multikulturellen Führung geht es darum, die Vielfalt nicht nur als moralisches Gebot, sondern auch als strategischen Vorteil zu begreifen und zu würdigen. Führungskräfte, die sich in einem multikulturellen Umfeld auszeichnen, sind in der Lage, die unterschiedlichen Talente und Einsichten ihrer Teams zu nutzen, was zu effektiveren und innovativeren organisatorischen Ergebnissen führt.

Führungskräfte in multikulturellen Umgebungen sehen sich oft mit einer Reihe von Herausforderungen konfrontiert, die sich auf die Teamdynamik, die Kommunikation und die allgemeine Effektivität auswirken können. Das Verständnis und die Bewältigung dieser Herausforderungen sind entscheidend für eine erfolgreiche Führung.

Kulturelle Missverständnisse

Eine der größten Herausforderungen ist der Umgang mit kulturellen Missverständnissen. Verschiedene Kulturen haben unterschiedliche Normen, Werte und Geschäftspraktiken, die zu Fehlinterpretationen oder Konflikten führen können. Was in einer Kultur als unkomplizierter Kommunikationsstil gilt, kann in einer anderen als unhöflich oder respektlos empfunden werden. Führungskräfte müssen kulturell sensibel und bewusst sein und sich die Zeit nehmen, die kulturellen Hintergründe ihrer Teammitglieder zu verstehen, um Missverständnisse zu vermeiden.

Barrieren in der Kommunikation

Effektive Kommunikation kann in multikulturellen Umgebungen eine Herausforderung sein, insbesondere wenn Sprachunterschiede im Spiel sind. Selbst wenn eine gemeinsame Sprache verwendet wird, können Nuancen und nonverbale Hinweise missverstanden werden. Führungskräfte müssen in der Lage sein, klar und umfassend zu kommunizieren, wobei sie oft auf visuelle Hilfsmittel zurückgreifen, die Sprache vereinfachen und sicherstellen müssen, dass die wichtigsten Botschaften von allen Teammitgliedern verstanden werden.

Unterschiedliche Perspektiven verwalten

Multikulturelle Teams bringen eine Vielzahl von Perspektiven und Ansätzen zur Problemlösung und Entscheidungsfindung mit. Diese Vielfalt kann ein großer Vorteil sein, sie kann aber auch zu Problemen bei der Konsensfindung oder bei Entscheidungsprozessen führen. Führungskräfte müssen diese unterschiedlichen Standpunkte ausgleichen und sicherstellen, dass alle Stimmen gehört und berücksichtigt werden. Dies erfordert starke Moderationsfähigkeiten und die Fähigkeit, Konflikte konstruktiv zu bewältigen.

Balance zwischen Integration und Individualität

Die Führungskräfte müssen das richtige Gleichgewicht zwischen der Schaffung einer kohäsiven Teamkultur und der Achtung individueller kultureller Identitäten finden. Eine zu starke Betonung der Assimilierung kann zum Verlust einzigartiger Perspektiven führen, während eine zu starke Betonung der Individualität die Einheit des Teams beeinträchtigen kann. Führungskräfte sollten sich bemühen, ein Umfeld zu schaffen, in dem individuelle kulturelle Identitäten gewürdigt und in die breitere Team- und Organisationskultur integriert werden.

Anpassung des Führungsstils

Eine wirksame Führung in einem multikulturellen Umfeld erfordert häufig eine Anpassung des eigenen Führungsstils an die unterschiedlichen kulturellen Normen und Erwartungen. Ein Führungsansatz, der in einem kulturellen Kontext gut funktioniert, ist in einem anderen möglicherweise nicht effektiv. Führungskräfte müssen flexibel und anpassungsfähig sein und ihren Ansatz bei Bedarf ändern, um ihn an den kulturellen Kontext ihrer Teammitglieder anzupassen.

Vertrauen über Kulturen hinweg aufbauen

Der Aufbau von Vertrauen kann in multikulturellen Umgebungen aufgrund unterschiedlicher kultureller Normen und Erwartungen hinsichtlich der Vertrauensbildung eine besondere Herausforderung darstellen. Führungskräfte müssen diese Unterschiede verstehen und darauf hinarbeiten, durch konsequente, respektvolle und faire Interaktionen Vertrauen aufzubauen.

Die Fusion von Roche und Genentech ist ein überzeugendes Beispiel für die Komplexität und den Erfolg multikultureller

Führung in der Praxis. Als der Schweizer Pharmariese Roche 2009 das US-amerikanische Biotechnologieunternehmen Genentech übernahm, war dies nicht nur ein Zusammenschluss zweier Unternehmen, sondern auch eine Verschmelzung zweier unterschiedlicher Unternehmenskulturen und Führungsstile. Der strukturierte, hierarchische Ansatz von Roche stand im krassen Gegensatz zum informellen, kollaborativen Ethos von Genentech, das den Unternehmergeist des Silicon Valley widerspiegelt.

Eine der größten Herausforderungen bei dieser Fusion war die Integration dieser unterschiedlichen Kulturen. Die Mitarbeitenden von Genentech befürchteten, ihre einzigartige und geschätzte Unternehmenskultur zu verlieren, die als Eckpfeiler ihrer Innovation und ihres Erfolgs angesehen wurde. Gleichzeitig musste Roche sicherstellen, dass das fusionierte Unternehmen kohärent funktionierte und seine übergeordneten Unternehmensziele einhielt.

Der Erfolg des Zusammenschlusses ist vor allem den Führungsansätzen bei Roche und Genentech zu verdanken. Die Führungskräfte beider Seiten verpflichteten sich zu offener Kommunikation, gegenseitigem Respekt für die Stärken beider Unternehmen und dem Bestreben, eine gemeinsame Basis zu finden, die dem fusionierten Unternehmen zugute kommen würde. Sie erkannten, wie wichtig es ist, die innovative Kultur von Genentech zu bewahren und gleichzeitig die beiden Unternehmen nahtlos zusammenzuführen. Das Ergebnis der Fusion von Roche und Genentech ist ein Beweis für erfolgreiche multikulturelle Führung. Das integrierte Unternehmen ist weiterhin führend im Biotechnologie- und Pharmasektor und schafft ein Gleichgewicht, in dem der Pioniergeist von Genentech innerhalb der globalen Struktur von Roche gedeiht.

Eine Schlüsselstrategie, die zum Erfolg der Fusion beitrug, war der Respekt für die einzigartige Kultur von Genentech. Die Führung von Roche erkannte den Wert des kollaborativen und innovativen Umfelds von Genentech und bemühte sich aktiv darum, dieses zu erhalten, anstatt ihre eigene Unternehmenskultur aufzuzwingen. Dieser Ansatz trug entscheidend dazu bei, die

Befürchtungen der Genentech-Mitarbeitenden zu zerstreuen, ihre besondere Arbeitskultur zu verlieren. Ein weiterer wichtiger Aspekt für den Erfolg der Fusion war die Betonung einer effektiven Kommunikation. Roche sorgte während des gesamten Prozesses für eine offene und transparente Kommunikation, indem sie die Wege offen hielt und Klarheit über die Ziele und Prozesse der Fusion schaffte. Dieser Ansatz trug wesentlich dazu bei, Vertrauen aufzubauen, Unsicherheiten abzubauen und den Widerstand in der Belegschaft zu minimieren.

Der ausgewogene Integrationsansatz von Roche war ebenfalls ein Schlüsselfaktor für den Erfolg der Fusion. Roche schaffte ein ausgewogenes Gleichgewicht zwischen der Integration von Genentech in ihre globalen Aktivitäten und der Beibehaltung eines gewissen Grades an Autonomie. Diese Strategie gewährleistete die operative Kohäsion, während die einzigartigen Stärken und Fähigkeiten von Genentech erhalten blieben.

Die Fusion war nicht ohne Herausforderungen. Anfänglich gab es unter den Mitarbeitern von Genentech erhebliche Bedenken wegen des möglichen Verlusts ihrer Unternehmenskultur. Diese Befürchtung hätte zu einem Rückgang der Arbeitsmoral und zum Verlust von Talenten führen können, wenn sie nicht sorgfältig behandelt worden wäre. Zudem war die Angleichung der unterschiedlichen Geschäftspraktiken und Betriebsabläufe der beiden Unternehmen eine komplexe Aufgabe, die eine sorgfältige Planung und Ausführung erforderte.

Aus der Fusion von Roche und Genech lassen sich mehrere wichtige Lehren ziehen. Die Bedeutung kultureller Sensibilität bei Fusionen und Übernahmen ist von größter Bedeutung. Die Anerkennung und Wertschätzung der Kultur eines übernommenen Unternehmens kann sich erheblich auf den Erfolg der Integration auswirken. Eine klare und konsequente Kommunikation während des gesamten Fusionsprozesses ist entscheidend, um die Erwartungen der Mitarbeiter zu steuern und den Widerstand gegen Veränderungen zu verringern. Darüber hinaus ist ein strategischer Integrationsansatz, der ein Gleichgewicht zwischen Zusammenhalt und Respekt vor der

Individualität schafft, von entscheidender Bedeutung. Dieser Ansatz ermöglicht es, Synergien zu nutzen und gleichzeitig die einzigartigen Eigenschaften zu bewahren, die jedes Unternehmen erfolgreich machen. Und schließlich kann die aktive Einbindung der Mitarbeiter in den Prozess und das Eingehen auf ihre Bedenken Ängste abbauen und ein Gefühl der Einheit und Zielstrebigkeit fördern.

Strategien für globale Führungsaufgaben

Kulturelle Intelligenz (CQ) ist in der heutigen globalisierten Geschäftswelt eine entscheidende Kompetenz, insbesondere für Führungskräfte, die sich in unterschiedlichen kulturellen Umgebungen bewegen. CQ bezieht sich auf die Fähigkeit, über kulturelle Grenzen hinweg Beziehungen zu knüpfen und effektiv zu arbeiten, und ist eine wesentliche Fähigkeit für globale Führungskräfte, um multikulturelle Teams effektiv zu managen, internationale Geschäfte auszuhandeln und Geschäftsstrategien an unterschiedliche kulturelle Kontexte anzupassen. Führungskräfte mit einer hohen CQ sind erfolgreicher bei der Überbrückung der Kluft zwischen den Kulturen, was zu einer verbesserten Kommunikation, einem stärkeren Teamzusammenhalt und einer höheren Gesamtleistung führt. Sie sind in der Lage, unterschiedliche kulturelle Normen und Praktiken zu verstehen und zu respektieren, was dazu beiträgt, Vertrauen und Glaubwürdigkeit bei Teammitgliedern und Geschäftspartnern mit unterschiedlichem kulturellem Hintergrund aufzubauen.

Die Entwicklung von CQ umfasst mehrere Strategien:

1. Bildung und Sensibilisierung: Einer der ersten Schritte bei der Entwicklung von CQ ist Bildung. Führungskräfte sollten sich aktiv darum bemühen, mehr über andere Kulturen, ihre Werte, Überzeugungen und Geschäftspraktiken zu erfahren. Dies kann durch formale Schulungen, Workshops oder Selbststudium erreicht werden. Der Erwerb eines grundlegenden Verständnisses der verschiedenen kulturellen Dimensionen hilft Führungskräften, kulturelle Unterschiede zu erkennen und zu bewältigen.

2. Erfahrungsorientiertes Lernen: Der reale Kontakt mit anderen Kulturen ist von unschätzbarem Wert. Dazu können Reisen, die Arbeit in einem internationalen Umfeld oder die Teilnahme an interkulturellen Projekten gehören. Erfahrungslernen ermöglicht es Führungskräften, in verschiedene Kulturen einzutauchen und so praktische Einblicke und ein tieferes Verständnis für kulturelle Nuancen zu gewinnen.

3. Reflektierte Praktiken: Die regelmäßige Reflexion der eigenen kulturellen Vorurteile und Annahmen ist von entscheidender Bedeutung. Führungskräfte sollten über ihre Interaktionen mit Menschen aus anderen Kulturen nachdenken, um ihre eigene kulturelle Prägung zu verstehen und zu erkennen, wie diese ihre Wahrnehmung und ihr Verhalten beeinflusst.

4. Feedback einholen: Konstruktives Feedback von Kollegen, Mentoren oder Teammitgliedern mit unterschiedlichem Hintergrund kann Führungskräften Einblicke in ihre kulturübergreifenden Interaktionen geben. Dieses Feedback kann helfen, Stärken und verbesserungsbedürftige Bereiche zu identifizieren.

5. Sprachen lernen: Auch wenn es nicht immer möglich ist, kann das Erlernen einer neuen Sprache den CQ erheblich steigern. Es hilft nicht nur bei der Kommunikation, sondern bietet auch tiefere Einblicke in die kulturellen Nuancen der Muttersprachler.

6. Aufbau vielfältiger Netzwerke: Der Aufbau eines vielfältigen beruflichen Netzwerks bringt Führungskräfte mit einer Vielzahl von Perspektiven und Erfahrungen in Kontakt. Diese Netzwerke können eine wertvolle Ressource für das Lernen und Verstehen unterschiedlicher kultureller Kontexte sein.

7. Mentoring und Coaching: Die Zusammenarbeit mit einem Mentor oder Coach, der über einen hohen CQ verfügt, kann

Führungskräften Anleitung, Rat und Feedback geben, um ihre eigene kulturelle Intelligenz zu entwickeln.

Durch die Entwicklung kultureller Intelligenz können globale Führungskräfte die Komplexität der multikulturellen Geschäftswelt besser bewältigen, integrative und harmonische Arbeitsplätze fördern und erfolgreiche internationale Kooperationen vorantreiben.

Eine wirksame Kommunikation in einem multikulturellen Kontext erfordert ein Verständnis und eine Anpassung an die kulturellen Unterschiede, um das gegenseitige Verständnis zu fördern. Dabei geht es nicht nur um die gesprochenen Worte, sondern auch darum, wie die Botschaft in den verschiedenen Kulturen vermittelt und wahrgenommen wird.

Ein wichtiger Aspekt ist, sich der kulturellen Kommunikationsstile bewusst zu sein und auf sie einzugehen. Einige Kulturen bevorzugen eine direkte und geradlinige Kommunikation, während andere einen eher indirekten und nuancierten Ansatz bevorzugen. Das Verständnis dieser Unterschiede hilft dabei, den Kommunikationsstil auf das Publikum abzustimmen und sicherzustellen, dass die Botschaft effektiv vermittelt wird, ohne dass es zu Missverständnissen oder Beleidigungen kommt.

Aktives Zuhören ist in der multikulturellen Kommunikation von entscheidender Bedeutung. Es beinhaltet aufmerksames Zuhören, um die Perspektive des Sprechers zu verstehen, anstatt nur darauf zu warten, dass er antwortet. Dies zeugt von Respekt für den Sprecher und hilft, seinen Standpunkt besser zu verstehen, was für eine wirksame kulturübergreifende Kommunikation unerlässlich ist. Nonverbale Signale spielen eine wichtige Rolle in der Kommunikation und können von Kultur zu Kultur sehr unterschiedlich sein. So können beispielsweise Gesten, Augenkontakt und Körpersprache in verschiedenen kulturellen Kontexten unterschiedliche Bedeutungen haben. Wenn man auf diese nonverbalen Elemente achtet und weiß, wie sie interpretiert werden könnten, kann man Missverständnisse vermeiden.

Klarheit und Einfachheit in der Sprache sind wichtig, besonders wenn man mit Nicht-Muttersprachlern oder in einer heterogenen Gruppe kommuniziert. Die Vermeidung von Jargon, Slang und Redewendungen, die sich möglicherweise nicht gut in andere Kulturen übersetzen lassen, kann dazu beitragen, dass die Botschaft klar ist und von allen verstanden wird. Die Schaffung eines gemeinsamen Kontextes kann ebenfalls zu einer effektiven Kommunikation beitragen. Dazu gehört die Schaffung einer gemeinsamen Verständigungsbasis, die durch die Verwendung von universellen Beispielen oder Erfahrungen oder durch die ausdrückliche Erklärung von Konzepten, die möglicherweise kulturspezifisch sind, erreicht werden kann.

Einfühlungsvermögen und Offenheit sind entscheidend. Ein echtes Interesse an und Respekt für unterschiedliche kulturelle Hintergründe und Sichtweisen fördert ein Gefühl des Vertrauens und der Offenheit, was eine effektivere und sinnvollere Kommunikation begünstigt. Der Aufbau und die Leitung von Teams, die kulturell vielfältig und geografisch weit verstreut sind, erfordert einen strategischen Ansatz, der die Stärken der Vielfalt anerkennt und nutzt und gleichzeitig die Herausforderungen der Entfernung überwindet. Eine grundlegende Strategie besteht darin, klare und gemeinsame Ziele festzulegen. Es muss sichergestellt werden, dass alle Teammitglieder, unabhängig von ihrem Standort oder kulturellen Hintergrund, die gemeinsamen Ziele verstehen und sich ihnen verpflichtet fühlen. Dieses gemeinsame Ziel dient als verbindende Kraft, die die Bemühungen des Teams lenkt und ein Gefühl der Zugehörigkeit und des Engagements fördert.

Effektive Kommunikation ist der Schlüssel zum Management verteilter Teams. Der Einsatz verschiedener Kommunikationstechnologien wie Videokonferenzen, Instant Messaging und kollaborative Online-Tools kann helfen, die geografische Kluft zu überbrücken. Regelmäßige virtuelle Meetings und Check-Ins können den Zusammenhalt des Teams aufrechterhalten und sicherstellen, dass alle auf derselben Seite stehen. Kulturelles Bewusstsein und Sensibilität sind bei der Führung vielfältiger Teams unerlässlich. Führungskräfte sollten ein integratives Umfeld fördern, in dem kulturelle Unterschiede respektiert und geschätzt werden. Dies kann durch Schulungen zur kulturellen Kompetenz, durch die Förderung eines offenen Dialogs über kulturelle Unterschiede und durch die Berücksichtigung kultureller Nuancen bei der Kommunikation und Entscheidungsfindung erreicht werden.

Flexibilität bei Arbeitspraktiken und Zeitplänen ist wichtig, um unterschiedlichen Zeitzonen und Arbeitsstilen Rechnung zu tragen. Die Ermöglichung flexibler Arbeitszeiten und die Berücksichtigung der verschiedenen Zeitzonen bei der Planung von Besprechungen können den Respekt vor den lokalen Gegebenheiten der Teammitglieder demonstrieren und ein integrativeres Arbeitsumfeld fördern. Der Aufbau von Vertrauen ist in verstreuten Teams besonders wichtig. Dazu gehört nicht nur das Vertrauen in die Fähigkeiten und das Engagement der Teammitglieder, sondern auch der Aufbau zwischenmenschlichen Vertrauens. Die Schaffung von Gelegenheiten für die Teammitglieder, persönliche Erfahrungen auszutauschen und sich auf einer persönlicheren Ebene kennen zu lernen, kann dazu beitragen, dieses Vertrauen aufzubauen.

Die Förderung der Zusammenarbeit und des Wissensaustauschs ist eine weitere wirksame Strategie. Durch die Schaffung von Gelegenheiten für Teammitglieder, gemeinsam an Projekten zu arbeiten und ihr Fachwissen auszutauschen, können Führungskräfte ein kollaboratives Umfeld fördern, das die unterschiedlichen Fähigkeiten und Perspektiven des Teams nutzt. Die Anerkennung und Würdigung der Leistungen des Teams und seiner Mitglieder kann die Teamdynamik ebenfalls stärken. Die Anerkennung der Beiträge aller Teammitglieder, unabhängig von ihrem Standort, kann die Moral steigern und das Gefühl der Zusammengehörigkeit stärken.

Umgang mit kulturellen Unterschieden in der Führung

Die Anpassung von Führungsstilen, um in verschiedenen kulturellen Kontexten wirksam zu sein, ist eine entscheidende Fähigkeit im heutigen globalisierten Geschäftsumfeld.

Führungskräfte müssen vielseitig und beweglich sein und in der Lage, je nach Situation und kulturellem Kontext zwischen verschiedenen Führungsstilen zu wechseln. Diese Anpassungsfähigkeit kann durch adaptive und situative Führungsansätze erreicht werden.

Adaptive Führung

Bei der adaptiven Führung geht es um die Anpassung des eigenen Stils an die Bedürfnisse des Umfelds und des Teams. In unterschiedlichen kulturellen Kontexten kann dies bedeuten, dass man von einem direktiven zu einem eher kooperativen Stil wechselt oder umgekehrt. In einer Kultur, die Hierarchie und Struktur schätzt, kann ein eher direktiver Ansatz effektiv sein. Im Gegensatz dazu könnte in Kulturen, die Egalitarismus schätzen, ein partizipativer Ansatz besser geeignet sein. Anpassungsfähige Führungskräfte sind in der Lage, das kulturelle Umfeld zu erkennen und ihren Stil entsprechend anzupassen.

Situatives Führen

Situative Führung basiert auf der Idee, dass kein einzelner Führungsstil in allen Situationen der beste ist. Stattdessen hängt eine effektive Führung von verschiedenen Faktoren ab, darunter die Aufgabe, der Reifegrad des Teams und der kulturelle Kontext. Ein neues Team in einem ungewohnten kulturellen Umfeld könnte beispielsweise anfangs einen eher praxisorientierten Coaching-Ansatz erfordern. Wenn das Team an Erfahrung und Vertrauen gewinnt, kann die Führungskraft zu einem eher delegierenden Stil übergehen.

Um ihren Stil effektiv anzupassen, sollten Führungskräfte:

1. Kulturelle Intelligenz entwickeln: Ein Verständnis der verschiedenen Kulturen, ihrer Werte, Kommunikationsstile und Geschäftspraktiken ist unerlässlich. Dieses Verständnis hilft Führungskräften dabei, vorauszusehen, wie ihre Handlungen und Worte in verschiedenen kulturellen Kontexten wahrgenommen werden könnten.

2. Einfühlungsvermögen: Einfühlungsvermögen in die kulturellen Perspektiven und Hintergründe der Teammitglieder hilft beim Aufbau von Vertrauen und Beziehungen. Empathie ermöglicht es Führungskräften, sich mit ihren Teammitgliedern auf einer tieferen Ebene zu verbinden, was eine effektivere Kommunikation und Zusammenarbeit ermöglicht.

3. Feedback einholen: Regelmäßiges Feedback von Teammitgliedern zu Führungsstil und -ansatz kann wertvolle Erkenntnisse liefern. Dieses Feedback kann genutzt werden, um Führungsansätze anzupassen und zu verfeinern, damit sie den Bedürfnissen des Teams und dem kulturellen Kontext besser entsprechen.

4. Fördern Sie ein integratives Umfeld: Führungskräfte sollten ein Umfeld schaffen, in dem sich alle Teammitglieder unabhängig von ihrem kulturellen Hintergrund wertgeschätzt und respektiert fühlen. Die Förderung eines offenen Dialogs und die Gewährleistung, dass alle Stimmen gehört werden, können dazu beitragen, ein integratives und harmonisches Team aufzubauen.

5. Seien Sie flexibel und aufgeschlossen: Flexibilität und Aufgeschlossenheit sind der Schlüssel zur Anpassung des Führungsstils. Führungskräfte sollten offen für neue Arbeits- und Führungsmethoden sein und bereit sein, aus ihren Erfahrungen in unterschiedlichen kulturellen Kontexten zu lernen und zu wachsen.

Durch den Einsatz adaptiver und situativer Führungsansätze können Führungskräfte die Komplexität unterschiedlicher kultureller Umgebungen besser bewältigen. Diese Flexibilität steigert nicht nur ihre Führungseffektivität, sondern fördert auch eine integrativere und produktivere Unternehmenskultur.

Die Bewältigung und Lösung von Konflikten, die sich aus kulturellen Unterschieden ergeben, ist eine entscheidende Fähigkeit in der multikulturellen Führung. Das Verständnis der zugrunde liegenden Ursachen dieser Konflikte und die

Anwendung geeigneter Techniken sind entscheidend für die Aufrechterhaltung von Harmonie und Produktivität in vielfältigen Teams.

Eine wirksame Technik besteht darin, eine offene und respektvolle Kommunikation zu fördern. Ermutigen Sie die Teammitglieder, ihre Bedenken und Standpunkte offen zu äußern. Dieser offene Dialog kann dazu beitragen, die Ursachen von Konflikten zu ermitteln, die oft auf Missverständnisse oder Fehlinterpretationen aufgrund kultureller Unterschiede zurückzuführen sind. Aktives Zuhören spielt eine wichtige Rolle bei der Konfliktlösung. Führungskräfte sollten sich im aktiven Zuhören üben, indem sie dem Sprecher ihre volle Aufmerksamkeit schenken, seine Argumente anerkennen und seine Sichtweise verstehen. Dieser Ansatz kann dazu beitragen, Spannungen zu deeskalieren und Empathie zu zeigen, was den Weg für gegenseitiges Verständnis ebnet.

Auch die Aufklärung des Teams über kulturelle Unterschiede ist wichtig. Schulungen oder Workshops zum Thema kulturelles Bewusstsein können den Teammitgliedern helfen, den Hintergrund und die Standpunkte der anderen zu verstehen und zu schätzen. Dieses Wissen kann das Entstehen von Konflikten verhindern und bei der Lösung von Konflikten helfen.

Die Mediation kann eine nützliche Technik zur Konfliktlösung sein. In Fällen, in denen Konflikte komplex oder schwierig zu lösen sind, kann die Hinzuziehung einer neutralen dritten Partei zur Mediation eine Lösung erleichtern. Der Mediator kann dabei helfen, sich in den kulturellen Nuancen zurechtzufinden und sicherzustellen, dass alle Parteien gehört und verstanden werden. Es ist auch wichtig, eine Kultur der Inklusion und des Respekts zu schaffen. Führungskräfte sollten den Ton angeben, indem sie integratives Verhalten vorleben und keine Form von kultureller Unsensibilität oder Diskriminierung tolerieren. Ein integratives Umfeld kann die Wahrscheinlichkeit von Konflikten verringern, die durch kulturelle Missverständnisse entstehen. Eine weitere Technik besteht darin, eine gemeinsame Basis zu finden. Trotz kultureller Unterschiede kann die Suche nach gemeinsamen

Interessen, Zielen oder Werten dabei helfen, Brücken zu bauen und Konflikte zu lösen. Die Konzentration auf diese Gemeinsamkeiten kann den Fokus von den Unterschieden auf die Gemeinsamkeiten verlagern und so ein Gefühl der Einheit und Zusammenarbeit fördern.

Anpassungsfähigkeit und Flexibilität bei Konfliktlösungsstrategien sind von entscheidender Bedeutung. Führungskräfte sollten erkennen, dass das, was in einem kulturellen Kontext funktioniert, in einem anderen möglicherweise nicht funktioniert, und darauf vorbereitet sein, ihren Ansatz bei Bedarf anzupassen. Die Nutzung kultureller Vielfalt als Quelle für Innovation und Wettbewerbsvorteile ist eine zunehmend wichtige Strategie im heutigen globalen Geschäftsumfeld. Führungskräfte, die das Potenzial ihrer vielfältigen Teams erkennen und nutzen, können eine bemerkenswerte Kreativität entwickeln und sich einen erheblichen Marktvorteil verschaffen.

Führungskräfte können sich die unterschiedlichen Perspektiven und Erfahrungen zunutze machen, die jedes Teammitglied mitbringt. Unterschiedliche kulturelle Hintergründe bedeuten oft auch unterschiedliche Denk- und Problemlösungsansätze. Wenn diese unterschiedlichen Perspektiven kombiniert werden, können sie zu kreativeren und innovativeren Lösungen führen, als dies in homogenen Gruppen möglich ist. Diese Gedankenvielfalt ist ein mächtiges Werkzeug bei Brainstorming-Sitzungen, Strategieentwicklung und Problemlösung.
Die Förderung der Zusammenarbeit zwischen Teammitgliedern mit unterschiedlichem Hintergrund kann ebenfalls Innovationen fördern. Die Zusammenarbeit in einem gemischten Team kann zu einer Synergie von Ideen führen, bei der die Stärken der einen Kultur die Stärken der anderen ergänzen können. Führungskräfte sollten interkulturellen Teams die Möglichkeit geben, gemeinsam an Projekten zu arbeiten, und ein Umfeld schaffen, in dem sich jeder wertgeschätzt und ermutigt fühlt, seine Ideen einzubringen.

Ein weiterer Bereich, in dem die kulturelle Vielfalt genutzt werden kann, ist das Verständnis für und der Kontakt zu einem globalen

Kundenstamm. Teams mit einem breiten Spektrum an kulturellen Kenntnissen können wertvolle Hinweise darauf geben, wie die Bedürfnisse und Vorlieben verschiedener Kundensegmente erfüllt werden können. Dies kann zu effektiveren Marketingstrategien, einer auf die verschiedenen Märkte zugeschnittenen Produktentwicklung und einer höheren Kundenzufriedenheit führen.

Führungskräfte können die kulturelle Vielfalt auch nutzen, um das Lernen im Unternehmen zu verbessern. Indem sie Teammitglieder dazu ermutigen, ihr einzigartiges Wissen und ihre Erfahrungen weiterzugeben, können Organisationen von unterschiedlichen kulturellen Ansätzen in den Bereichen Wirtschaft, Management und Innovation lernen. Dies kann zu einer kontinuierlichen Verbesserung und Anpassungsfähigkeit führen, so dass die Organisation in einer wettbewerbsorientierten und sich verändernden Geschäftslandschaft die Nase vorn hat.

Die Förderung einer integrativen und vielfältigen Unternehmenskultur kann den Ruf eines Unternehmens verbessern und es für Spitzenkräfte, Investoren und Kunden attraktiver machen. Ein Engagement für Vielfalt und Integration zeigt einen fortschrittlichen, sozial verantwortlichen Geschäftsansatz, der ein wichtiges Unterscheidungsmerkmal auf dem Markt sein kann. Führungskräfte, die kulturelle Vielfalt effektiv nutzen, können eine Fülle von innovativem Potenzial freisetzen, was zu gesteigerter Kreativität, einem besseren Verständnis der globalen Märkte, kontinuierlichem organisatorischem Lernen und einem besseren Ruf führt. Diese Vorteile verschaffen Unternehmen einen Wettbewerbsvorteil in der vielfältigen und vernetzten Welt der globalen Wirtschaft.

Ethische Erwägungen in der globalen Führung

Die Aufrechterhaltung ethischer Standards in der globalen Führung ist von entscheidender Bedeutung, stellt jedoch aufgrund kultureller Unterschiede in den ethischen Normen eine besondere Herausforderung dar. In einer Welt, in der Unternehmen in verschiedenen Kulturen tätig sind, ist es für eine effektive und verantwortungsvolle Führung unerlässlich, diese Unterschiede zu verstehen und zu respektieren und gleichzeitig einen einheitlichen ethischen Standard aufrechtzuerhalten.

Das Erkennen kultureller Unterschiede in den ethischen Normen ist der erste Schritt zur Aufrechterhaltung ethischer Standards auf globaler Ebene. Ethische Auffassungen und Praktiken können sich von einer Kultur zur anderen erheblich unterscheiden. So können Praktiken, die in einer Kultur als Korruption angesehen werden, in einer anderen als übliche Geschäftsetikette gelten, wie z. B. das Verteilen von Geschenken. Globale Führungskräfte müssen sich dieser Unterschiede bewusst sein und sorgfältig damit umgehen, um ethische Missverständnisse und Konflikte zu vermeiden.

Trotz dieser kulturellen Unterschiede ist es für Führungskräfte unabdingbar, einen Kernbestand an ethischen Standards aufrechtzuerhalten, der mit den Werten ihres Unternehmens und den internationalen ethischen Normen übereinstimmt. Dazu gehört die Festlegung klarer ethischer Richtlinien, die den kulturellen Unterschieden Rechnung tragen, aber keine Kompromisse bei den grundlegenden ethischen Prinzipien wie Integrität, Fairness und Respekt eingehen.

Die wirksame Vermittlung dieser ethischen Standards ist von entscheidender Bedeutung. Globale Führungskräfte sollten sicherstellen, dass ihre Teams in den verschiedenen Kulturen die ethischen Richtlinien des Unternehmens und die Gründe dafür klar verstehen. Dazu könnten maßgeschneiderte Schulungsprogramme gehören, die den kulturellen Nuancen im ethischen Verständnis und in der Praxis Rechnung tragen.

Mit gutem Beispiel voranzugehen, ist vielleicht das wirksamste Mittel zur Einhaltung ethischer Standards. Führungskräfte müssen das ethische Verhalten vorleben, das sie von ihren Teams erwarten. Indem sie sich bei ihren Entscheidungen und Interaktionen zu ethischen Praktiken bekennen, setzen sie ein Zeichen, das die Bedeutung der Ethik im Unternehmen unterstreicht.

Ein kulturell sensibler Umgang mit ethischen Dilemmata ist ebenfalls entscheidend. Globale Führungskräfte sollten solche Situationen mit einem Verständnis des kulturellen Kontextes angehen und nach Lösungen suchen, die die kulturellen Unterschiede respektieren und gleichzeitig die ethische Integrität wahren. Dies erfordert oft einen heiklen Balanceakt und manchmal schwierige Entscheidungen.

Die Aufrechterhaltung eines offenen Dialogs und die Bereitstellung von Kanälen zur Meldung unethischen Verhaltens sind wichtige Praktiken. Die Mitarbeiter sollten sich wohl fühlen, wenn sie Bedenken äußern, und sicher sein, dass diese Bedenken verantwortungsbewusst und vertraulich behandelt werden.

Der Aufbau von Vertrauen und die Umsetzung ethischer Praktiken in einem multikulturellen Umfeld ist ein nuancierter Prozess, der von Führungskräften Sensibilität, Verständnis und Konsequenz erfordert. Hier erfahren Sie, wie Führungskräfte sich in diesem komplexen Terrain bewegen können:

1. Kulturelle Unterschiede verstehen: Kulturelle Unterschiede anzuerkennen und zu respektieren ist der erste Schritt zur Vertrauensbildung. Führungskräfte sollten sich über die kulturellen Hintergründe ihrer Teammitglieder informieren, um deren Werte, Normen und Erwartungen zu verstehen. Dieses Verständnis trägt dazu bei, kulturelle Fehltritte zu vermeiden, und zeigt den Respekt für unterschiedliche Sichtweisen.

2. Einheitliche ethische Standards: Legen Sie klare ethische Standards fest und kommunizieren Sie diese, die unabhängig von kulturellen Unterschieden im gesamten Unternehmen gelten. Diese Standards sollten mit den Grundwerten des Unternehmens und den universellen Prinzipien von Fairness, Respekt und Integrität übereinstimmen. Stellen Sie sicher, dass diese Standards klar kommuniziert und von allen Mitarbeitern verstanden werden.

3. Transparente Kommunikation: Praktizieren Sie eine offene und transparente Kommunikation. Geben Sie Informationen frei und einheitlich im Team weiter und stellen Sie sicher, dass alle Mitglieder unabhängig von ihrem Standort oder ihrer Kultur auf dem Laufenden sind. Transparenz in Entscheidungsprozessen schafft Vertrauen und demonstriert Fairness.

4. Mit gutem Beispiel vorangehen: Legen Sie bei allen Interaktionen und Entscheidungen ethisches Verhalten an den Tag. Führungskräfte, die konsequent nach ethischen Grundsätzen handeln, sind ein starkes Vorbild für ihre Teams und unterstreichen die Bedeutung von Ethik am Arbeitsplatz.

5. Fördern Sie ein integratives Umfeld: Schaffen Sie ein Umfeld, in dem sich jedes Teammitglied wertgeschätzt und respektiert fühlt. Ermutigen Sie zum offenen Dialog und zum Austausch unterschiedlicher Perspektiven. Eine integrative Atmosphäre, in der unterschiedliche Standpunkte willkommen sind, fördert das Vertrauen und die Zusammenarbeit.

6. Maßgeschneiderte Schulung und Entwicklung: Bieten Sie Schulungs- und Entwicklungsprogramme an, die ethische und kulturelle Kompetenz behandeln. Diese Programme sollten auf den multikulturellen Charakter des Teams zugeschnitten sein und den Mitarbeitern dabei helfen, kulturelle Unterschiede zu verstehen und effektiv zu bewältigen.

7. Lokale Führungskräfte befähigen: In multinationalen Unternehmen sollten Sie lokale Führungskräfte einsetzen, die die kulturellen Besonderheiten ihrer Region kennen. Diese Führungskräfte können sicherstellen, dass ethische Praktiken in einer Weise umgesetzt werden, die kulturell angemessen und respektvoll ist.

8. Stellen Sie Kanäle für Feedback und Meldungen bereit: Schaffen Sie klare Kanäle, über die Mitarbeiter unethisches Verhalten melden oder Bedenken äußern können. Stellen Sie sicher, dass diese Kanäle für alle Teammitglieder zugänglich

sind und dass aufgeworfene Fragen umgehend und fair behandelt werden.

9. Regelmäßige Überprüfung und Anpassung der Richtlinien: Überprüfen Sie regelmäßig die Ethikrichtlinien und -praktiken, um sicherzustellen, dass sie angesichts der sich verändernden kulturellen Dynamik und des Geschäftsumfelds relevant und wirksam bleiben. Seien Sie bereit, diese Richtlinien bei Bedarf anzupassen, um sie besser mit den verschiedenen kulturellen Normen in Einklang zu bringen.

Durch die Befolgung dieser Leitlinien können Führungskräfte Vertrauen aufbauen und ethische Praktiken in multikulturellen Umgebungen fördern und so eine solide Grundlage für erfolgreiche und harmonische internationale Tätigkeiten schaffen.

Vorbereitung auf künftige globale Führungsherausforderungen Aufkommende Trends und künftige Herausforderungen im Bereich der globalen Führung spiegeln die sich rasch entwickelnde Landschaft des internationalen Geschäfts und des kulturübergreifenden Managements wider. Da die Globalisierung Märkte und Menschen immer enger miteinander verbindet, müssen sich Führungskräfte in einem zunehmend komplexen und dynamischen Umfeld zurechtfinden.

Ein wichtiger neuer Trend ist die zunehmende Bedeutung von Nachhaltigkeit und sozialer Verantwortung. Von Führungskräften wird erwartet, dass sie nicht nur die Rentabilität steigern, sondern auch einen positiven Beitrag für die Gesellschaft und die Umwelt leisten. Diese Verlagerung hin zu einer stärker sozial verantwortlichen Führung erfordert ein Gleichgewicht zwischen wirtschaftlichen Zielen und nachhaltigen Praktiken. Der technologische Fortschritt, insbesondere in den Bereichen KI, maschinelles Lernen und Big Data, verändert auch die globale Führung. Diese Technologien bieten zwar enorme Chancen für Innovation und Effizienz, stellen aber auch eine Herausforderung dar, wenn es um Qualifikationsdefizite, die ethische Nutzung von Technologien und die mögliche Verdrängung von Arbeitsplätzen geht.

Ein weiterer Trend, der sich auf die globale Führung auswirkt, ist die Zunahme von Remote- und virtuellen Teams. Die COVID-19-Pandemie hat diesen Wandel noch beschleunigt, da die Führungskräfte nun Teams leiten, die geografisch verstreut und kulturell vielfältig sind. Diese neue Art der Arbeit erfordert Anpassungen in den Bereichen Kommunikation, Teambildung und Leistungsmanagement. Kulturelle Agilität wird immer wichtiger, da Unternehmen in neue Märkte expandieren und Führungskräfte immer vielfältigere Teams leiten. Führungskräfte müssen in der Lage sein, sich in unterschiedlichen kulturellen Normen und Erwartungen zurechtzufinden. Dies erfordert ein tiefes Verständnis der verschiedenen kulturellen Kontexte und die Fähigkeit, den Führungsstil entsprechend anzupassen.

Geopolitische Spannungen und wirtschaftliche Unwägbarkeiten sind ebenfalls potenzielle zukünftige Herausforderungen für globale Führungskräfte. Die Bewältigung dieser komplexen Zusammenhänge erfordert ein ausgeprägtes Verständnis internationaler Beziehungen und wirtschaftlicher Trends sowie die Fähigkeit, in unsicheren Umgebungen strategische Entscheidungen zu treffen. Die wachsende Vielfalt in der Erwerbsbevölkerung und das gestiegene Bewusstsein für soziale Fragen wie Rassen- und Geschlechtergleichheit zwingen die Führungskräfte, integrativere und gerechtere Arbeitsplätze zu schaffen. Dies erfordert nicht nur Änderungen in der Politik, sondern auch einen Wandel in der Unternehmenskultur und der Denkweise.

Die sich abzeichnenden Trends und künftigen Herausforderungen im Bereich der globalen Führung drehen sich um die Anpassung an den technologischen Wandel, das Management von dezentralen und heterogenen Teams, die Bewältigung geopolitischer Unwägbarkeiten und die Übernahme von sozialer Verantwortung und Nachhaltigkeit. Führungskräfte, die diese Herausforderungen effektiv meistern können, sind gut positioniert, um ihre Organisationen erfolgreich auf der globalen Bühne zu führen.

In diesem Kapitel haben wir die vielschichtige Landschaft der globalen Führung untersucht und uns auf die Herausforderungen und Strategien konzentriert, die für die Führung in einer zunehmend vernetzten und kulturell vielfältigen Welt relevant sind. Ein Hauptthema war die Bedeutung der kulturellen Intelligenz (CQ) für die globale Führung. Wir erörterten, wie wichtig das Verständnis und die Achtung kultureller Unterschiede für eine effektive Führung in einem multikulturellen Umfeld ist. Strategien zur Entwicklung von CQ, wie z. B. Bildung, Erfahrungslernen und reflektierende Praktiken, wurden als wesentlich für Führungskräfte hervorgehoben, um interkulturelle Interaktionen erfolgreich zu bewältigen.

Ein weiteres zentrales Thema war die wirksame Kommunikation in einem multikulturellen Umfeld. Wir betonten, dass Führungskräfte ihren Kommunikationsstil anpassen müssen, um kulturelle Unterschiede auszugleichen und das gegenseitige Verständnis zu fördern. Techniken wie aktives Zuhören, eine klare Sprache und die Wahrnehmung nonverbaler Signale wurden als entscheidend für eine effektive kulturübergreifende Kommunikation angesehen. Das Kapitel befasste sich auch mit der Bewältigung und Lösung von Konflikten, die durch kulturelle Unterschiede entstehen. Wir erörterten die Bedeutung des offenen Dialogs, des Einfühlungsvermögens und des Verständnisses unterschiedlicher kultureller Perspektiven als wichtige Instrumente für die Konfliktlösung in vielfältigen Teams.

Der Aufbau und die Leitung kulturell vielfältiger und geografisch verstreuter Teams wurde untersucht, wobei die Notwendigkeit unterstrichen wurde, gemeinsame Ziele festzulegen, effektive Kommunikationstechnologien zu nutzen und ein integratives Umfeld zu fördern. Wir untersuchten auch, wie Führungskräfte ihren Führungsstil anpassen können, um in verschiedenen kulturellen Kontexten mit Hilfe von adaptiven und situativen Führungsansätzen erfolgreich zu sein. Wir befassten uns mit der Nutzung kultureller Vielfalt als Quelle für Innovation und Wettbewerbsvorteile. In diesem Kapitel wurde hervorgehoben, wie unterschiedliche Perspektiven zu mehr Kreativität und Problemlösungskompetenz führen können, was wiederum die organisatorische Innovation fördert.

Die Aufrechterhaltung ethischer Standards in der globalen Führung, insbesondere im Kontext unterschiedlicher kultureller Normen, wurde als große Herausforderung diskutiert. Wir skizzierten Strategien für den Aufbau von Vertrauen und die Umsetzung ethischer Praktiken in multikulturellen Umgebungen und betonten die Notwendigkeit klarer ethischer Richtlinien und kulturell sensibler Führungsansätze. Wir gingen auf aufkommende Trends und potenzielle künftige Herausforderungen in der globalen Führung ein, darunter technologischer Fortschritt, Nachhaltigkeit und soziale Verantwortung, Management von Remote-Teams, geopolitische Spannungen und der Bedarf an integrativen Führungspraktiken. Das Kapitel bietet einen umfassenden Überblick über die Komplexität und die Nuancen globaler Führung und bietet Einblicke und Strategien, die Führungskräften helfen, die Herausforderungen der Führung in einem multikulturellen und sich schnell verändernden globalen Umfeld effektiv zu meistern.

Im Anschluss an die Erforschung der globalen und multikulturellen Führung stellen wir eine Verbindung zwischen diesen Konzepten und den allgemeinen Themen des Buches her: Anpassungsfähigkeit, kulturelle Intelligenz und ethische Führung. Diese Themen sind von zentraler Bedeutung für das Verständnis des Kontextes unseres nächsten Kapitels, das sich mit neuen Führungsansätzen befasst.

Im nächsten Kapitel werden wir untersuchen, wie die sich rasch entwickelnde Unternehmenslandschaft neue Führungsstile und -strategien hervorbringt. Diese Entwicklung wird durch die Herausforderungen und Chancen des technologischen Fortschritts, des demografischen Wandels und der stärkeren Betonung von Nachhaltigkeit und sozialer Verantwortung vorangetrieben. Wir werden untersuchen, wie sich Führungskräfte an diese Veränderungen anpassen und die Lehren aus der globalen und multikulturellen Führung integrieren, um die Komplexität der modernen Welt zu bewältigen.

Dieses Kapitel soll Einblicke in innovative Führungsansätze geben, die als Reaktion auf diese dynamischen Veränderungen entstehen. Durch das Verständnis dieser sich abzeichnenden Trends können sich Führungskräfte mit den notwendigen Fähigkeiten und Perspektiven ausstatten, um in einem zunehmend vernetzten und sich rasch verändernden globalen Umfeld effektiv zu führen.

9. Aufkommende Führungsansätze

Zu Beginn von Kapitel 9, "Neu aufkommende Führungsansätze", ist es wichtig zu verstehen, wie sich Führungstheorien und -praktiken im Laufe der Zeit entwickelt haben, um eine Grundlage für die Einführung neuer Ansätze zu schaffen.

Historisch gesehen haben die Führungstheorien verschiedene Paradigmen durchlaufen. Frühe Theorien konzentrierten sich stark auf die Eigenschaften und Verhaltensweisen einzelner Führungskräfte, wie die Great Man Theory und die Trait Theory, die davon ausgingen, dass Führungskräfte mit bestimmten angeborenen Qualitäten geboren werden. Diese Sichtweise änderte sich mit dem Aufkommen der Verhaltenstheorien in der Mitte des 20. Jahrhunderts, die davon ausgingen, dass Führungsfähigkeiten und -stile erlernt und entwickelt werden können. In der Folgezeit erweiterte sich der Fokus auf den Einfluss externer Faktoren auf die Effektivität der Führung. Die Kontingenz- und die Situationsorientierte Führungstheorie gingen davon aus, dass der beste Führungsstil von verschiedenen situativen Faktoren abhängt, darunter der bevorzugte Führungsstil der Führungskraft, die Fähigkeiten und Verhaltensweisen der Mitarbeiter und die Komplexität der Aufgabe.

In der zweiten Hälfte des 20. Jahrhunderts kamen die Theorien der transformationalen und der transaktionalen Führung auf. Diese Theorien unterschieden sich in ihrer Herangehensweise, wobei die transformationale Führung sich darauf konzentrierte, die Gefolgschaft zu inspirieren und zu motivieren, die Erwartungen zu übertreffen, während die transaktionale Führung die Bedeutung des Austauschs zwischen Führungskräften und Gefolgschaft betonte, z. B. die Belohnung für Leistung.

In den letzten Jahren haben wir einen zunehmenden Schwerpunkt auf integrativere und kooperative Führungsmodelle gelegt. Servant Leadership, bei dem die Bedürfnisse des Teams und der Organisation Vorrang vor den Bedürfnissen der Führungskraft haben, und Distributed Leadership, bei dem die Führungsaufgaben innerhalb einer Gruppe geteilt werden, spiegeln einen stärker partizipativen und teamorientierten Ansatz wider.

Das 21. Jahrhundert hat neue Herausforderungen und Komplexitäten mit sich gebracht, was zur Entstehung der adaptiven Führung geführt hat, die die Fähigkeit von Führungskräften betont, sich an ein sich veränderndes Umfeld anzupassen und komplexe Probleme zu bewältigen. Auch die emotionale Intelligenz hat an Bedeutung gewonnen, da man erkannt hat, wie wichtig die Fähigkeit einer Führungskraft ist, Emotionen zu verstehen und zu steuern, um effektiv zu führen.

Wenn wir nun zur Diskussion über neu entstehende Ansätze übergehen, wird deutlich, dass diese Entwicklungen eine Reaktion auf ein sich schnell veränderndes, globalisiertes Geschäftsumfeld sind, das von technologischen Fortschritten, kultureller Vielfalt und sich verändernden Organisationsstrukturen geprägt ist. Diese neuen Ansätze konzentrieren sich auf Flexibilität, Zusammenarbeit, digitale Kompetenz und eine stärkere Betonung ethischer und nachhaltiger Führungspraktiken und spiegeln die sich verändernde Landschaft moderner Führungsanforderungen wider.

In den letzten Jahren sind mehrere neue Führungstheorien und - ansätze entstanden, die die veränderte Dynamik des modernen Arbeitsplatzes widerspiegeln. Diese Ansätze betonen Anpassungsfähigkeit, Inklusivität und eine ganzheitliche Sichtweise von Führung. Für jeden dieser Ansätze werden wir eine Definition, eine Anwendung, Vorteile und Grenzen angeben.

Authentische Führung

Dieser Ansatz konzentriert sich auf die Authentizität von Führungskräften. Authentische Führungskräfte sind sich ihrer selbst bewusst, aufrichtig, auftragsorientiert und ergebnisorientiert. Sie führen mit ihren Werten und sind für ihre Transparenz, Ehrlichkeit und ihr ethisches Verhalten bekannt. Bei authentischer Führung geht es um den Aufbau von Vertrauen und echten Beziehungen zu den Anhängern.

Anwendung: Authentische Führung wird in modernen Organisationen, die Wert auf Transparenz und ethische Praktiken legen, immer wichtiger. Diese Führungskräfte schaffen Vertrauen und Loyalität, indem sie in ihrem Handeln und ihrer Kommunikation authentisch und konsequent sind und eine Kultur der Offenheit fördern.

Vorteile: Dieser Ansatz steigert das Engagement der Mitarbeiter, fördert eine positive Arbeitsplatzkultur und baut starke, auf Vertrauen basierende Beziehungen zwischen Führungskräften und Mitarbeitern auf.

Beschränkungen: Die subjektive Natur dessen, was als "authentisch" angesehen wird, kann variieren, und eine zu starke Betonung der Authentizität könnte dazu führen, dass die Notwendigkeit übersehen wird, dass Führungskräfte ihren Stil an verschiedene Situationen anpassen.

Komplexität Führung

In einer zunehmend vernetzten Welt ist die Theorie der komplexen Führung in den Vordergrund gerückt. Dieser Ansatz erkennt an, dass es bei der Führung nicht nur um das Management von Menschen geht, sondern auch um das Management des Beziehungsnetzes und der gegenseitigen Abhängigkeiten in komplexen adaptiven Systemen. Er unterstreicht die Notwendigkeit für Führungskräfte, Kreativität und Innovation in dynamischen Umgebungen zu fördern.

Anwendung: In Organisationen, die mit schnellem Wandel und Ungewissheit konfrontiert sind, kann eine komplexe Führung besonders effektiv sein. Sie fördert adaptive und kreative Antworten auf komplexe Probleme und nutzt das kollektive Wissen der Organisation.

Vorteile: Förderung von Innovation, Agilität und Reaktionsfähigkeit auf Veränderungen.

Beschränkungen: Die Umsetzung in traditionell strukturierten Organisationen kann schwierig sein und zu Unklarheiten bei Rollen und Zuständigkeiten führen.

Digitale Führung

Da die Technologie die Unternehmenslandschaft immer weiter umgestaltet, ist digitale Führung unverzichtbar geworden. Digitale Führungskräfte sind nicht nur technisch versiert, sondern nutzen die Möglichkeiten der digitalen Transformation, um Veränderungen voranzutreiben, Innovationen zu schaffen und Unternehmensziele zu erreichen. Sie sind versiert im Einsatz von Technologie zur Verbesserung von Kommunikation, Zusammenarbeit und Produktivität.

Anwendung: In Unternehmen, die sich im digitalen Wandel befinden, sind digitale Führungskräfte unverzichtbar. Sie treiben den Wandel voran, indem sie Technologien für strategische Vorteile nutzen, das Kundenerlebnis verbessern und Prozesse rationalisieren.

Vorteile: Erhöht die betriebliche Effizienz, verbessert die Entscheidungsfindung durch Datenanalysen und fördert eine Kultur der Innovation.

Beschränkungen: Erfordert ständiges Lernen, um mit den technologischen Fortschritten Schritt zu halten und kann nicht-digitale Aspekte der Führung übersehen.

Inklusive Führung

Mit der zunehmenden Vielfalt in der Belegschaft ist eine integrative Führung noch wichtiger geworden. Integrative Führungskräfte suchen und berücksichtigen aktiv unterschiedliche Perspektiven und Ideen, fördern ein offenes und respektvolles Arbeitsumfeld und setzen sich für Gleichberechtigung ein. Sie erkennen den Wert vielfältiger Teams für die Förderung von Innovation und Unternehmenserfolg.

Anwendung: Eine integrative Führung ist an vielfältigen Arbeitsplätzen von entscheidender Bedeutung, da sie sicherstellt, dass sich alle Teammitglieder wertgeschätzt und gehört fühlen. Diese Führungskräfte arbeiten aktiv daran, Vorurteile zu beseitigen und Chancengleichheit zu schaffen.

Vorteile: Erhöht das Engagement der Mitarbeiter, fördert unterschiedliche Perspektiven und führt zu einer besseren Entscheidungsfindung.

Beschränkungen: Kann in homogenen oder traditionellen Unternehmenskulturen schwierig umzusetzen sein und erfordert ständige Bemühungen, unbewusste Vorurteile zu beseitigen.

Agile Führung

Bei der agilen Führung, die ihren Ursprung in den Grundsätzen der agilen Softwareentwicklung hat, geht es um Anpassungsfähigkeit, Flexibilität und Reaktionsfähigkeit. Agile Führungskräfte sind in der Lage, schnell auf Veränderungen zu reagieren, Teams zu schnellen Entscheidungen zu befähigen und eine Kultur der kontinuierlichen Verbesserung zu fördern.

Anwendung: Agile Führung eignet sich für Organisationen, die sich schnell an Marktveränderungen anpassen müssen. Sie befähigt Teams, fördert die Zusammenarbeit und unterstützt einen dynamischen Ansatz zur Problemlösung.

Vorteile: Erhöht die Flexibilität, beschleunigt die Produktentwicklungszyklen und verbessert die Reaktionsfähigkeit gegenüber Kunden.

Beschränkungen: Kann zu einem Mangel an langfristiger strategischer Ausrichtung führen, wenn der Schwerpunkt zu sehr auf kurzfristiger Anpassungsfähigkeit liegt.

Nachhaltige Führung

Dieser Ansatz legt den Schwerpunkt auf die langfristige Gesundheit und Nachhaltigkeit sowohl der Organisation als auch ihrer Umwelt. Nachhaltige Führungskräfte konzentrieren sich auf die Schaffung dauerhafter Werte und berücksichtigen dabei die sozialen, wirtschaftlichen und ökologischen Auswirkungen ihrer Entscheidungen. Sie legen bei ihrer Führung den Schwerpunkt auf verantwortungsvolle Verwaltung und nachhaltige Praktiken.

Anwendung: Dieser Ansatz ist für Organisationen, die auf langfristige Rentabilität und unternehmerische Verantwortung ausgerichtet sind, von entscheidender Bedeutung. Nachhaltige Führungskräfte berücksichtigen die weiterreichenden Auswirkungen von Unternehmensentscheidungen auf die Gesellschaft und die Umwelt.

Vorteile: Führt zu verantwortungsbewusstem Wachstum, stärkt den Ruf der Marke und sichert die langfristige Gesundheit der Organisation.

Beschränkungen: Es kann schwierig sein, wirtschaftliche Ziele mit nachhaltigen Praktiken in Einklang zu bringen, und die anfängliche Umsetzung kann erhebliche Investitionen erfordern.

Diesen neuen Führungsansätzen ist gemeinsam, dass sie sich an moderne Herausforderungen anpassen - sei es durch Authentizität, Bewältigung von Komplexität, Nutzung digitaler Technologien, Förderung von Inklusivität, Agilität oder Konzentration auf Nachhaltigkeit. Sie spiegeln einen Wandel hin zu dynamischeren, flexibleren und verantwortungsvolleren Formen der Führung wider, die der Schnelllebigkeit und Vielfalt des heutigen globalen Geschäftsumfelds gerecht werden. Jede dieser Führungstheorien bietet bestimmte Vorteile und kann in verschiedenen organisatorischen Kontexten wirksam sein. Sie bringen jedoch auch potenzielle Nachteile mit sich, derer sich die Führungskräfte bewusst sein und mit denen sie entsprechend umgehen müssen. Der beste Ansatz besteht oft darin, Aspekte mehrerer Führungsstile zu integrieren, um den spezifischen Bedürfnissen der Organisation und ihrer Stakeholder gerecht zu werden.

Die neuen Führungstheorien unterscheiden sich von den traditionellen Führungsmodellen in mehreren grundlegenden Punkten und spiegeln die sich entwickelnden Bedürfnisse und die Komplexität moderner Organisationen wider. Traditionelle Führungsmodelle betonen oft einen hierarchischen Top-Down-Ansatz, bei dem Entscheidungsfindung und Autorität zentralisiert sind. Bei diesen Modellen liegt der Schwerpunkt in der Regel auf Befehl und Kontrolle, wobei die Führungskraft die Richtung vorgibt und die Mitarbeiter folgen. Im Gegensatz dazu betonen moderne Ansätze wie authentische, integrative und agile Führung einen eher kooperativen und partizipativen Stil. Sie konzentrieren sich auf die Befähigung der Mitarbeiter, die Wertschätzung ihrer Beiträge und die Förderung eines demokratischeren Arbeitsumfelds.

Ein weiterer wichtiger Unterschied ist die Reaktion auf Veränderungen und Komplexität. Traditionelle Modelle stützen sich oft auf etablierte Verfahren und können sich nur schwer an Veränderungen anpassen. Im Gegensatz dazu sind Komplexitätsführung und agile Führung für Umgebungen konzipiert, die durch raschen Wandel und Unsicherheit gekennzeichnet sind. Sie legen den Schwerpunkt auf Anpassungsfähigkeit, Flexibilität und schnelle Entscheidungsfindung, oft auf dezentralisierte Weise. Was die Technologie betrifft, so sind die traditionellen Führungsmodelle nicht von Natur aus auf digitale Strategien ausgerichtet. Digital Leadership hingegen konzentriert sich speziell auf die Nutzung des technologischen Fortschritts, um Innovation und Effizienz voranzutreiben - eine Notwendigkeit in der heutigen technologiegesteuerten Unternehmenslandschaft.

Herkömmliche Modelle betrachten Führung häufig als eine Rolle, die von einer einzelnen Person oder einer kleinen Gruppe von Personen eingenommen wird. Im Gegensatz dazu betrachten neuere Modelle wie "Distributed Leadership" und "Complexity Leadership" Führung als einen dynamischen Prozess, der auf jeder Ebene einer Organisation stattfinden kann und an dem mehrere Personen beteiligt sind.

Was kulturelle Sensibilität und Vielfalt angeht, so legen traditionelle Führungsmodelle in der Regel keinen großen Wert auf diese Aspekte. Modelle wie "Inclusive Leadership" und "Multicultural Leadership" hingegen legen den Schwerpunkt auf das Verständnis, die Wertschätzung und die Nutzung kultureller Vielfalt und erkennen an, dass unterschiedliche Perspektiven zu einer besseren Entscheidungsfindung und Innovation führen können. Nachhaltige Führung bedeutet eine Verlagerung vom traditionellen Fokus auf kurzfristige Gewinne und finanzielle Kennzahlen hin zu einer umfassenderen Betrachtung der langfristigen Auswirkungen, der Nachhaltigkeit und der sozialen Verantwortung von Unternehmen. Dieser Ansatz steht im Einklang mit der weltweit zunehmenden Bedeutung von ökologischen und sozialen Kriterien für die Unternehmensführung.

Diese neuen Führungstheorien bieten im Vergleich zu traditionellen Modellen dynamischere, integrativere und anpassungsfähigere Ansätze. Sie spiegeln eine Verlagerung hin zur Wertschätzung von Vielfalt, Befähigung, Agilität und ethischen Erwägungen wider und entsprechen damit den sich entwickelnden Anforderungen des globalen Geschäftsumfelds.

Führen im digitalen Zeitalter

Digital Leadership ist ein entscheidendes Konzept in einer Zeit, die zunehmend von digitalen Technologien und der digitalen Transformation beherrscht wird. Es geht über die bloße Beherrschung von Technologien hinaus. Digital Leadership bedeutet, digitale Fortschritte zu nutzen, um Organisationen umzugestalten, Innovationen voranzutreiben und neue Geschäftsmodelle zu schaffen.

Was sind nun die Kernaspekte der digitalen Führung? Sie sind wie folgt:

1. Vision für digitale Transformation: Digitale Führungskräfte haben eine klare Vision davon, wie Technologie ihr Unternehmen verändern kann. Diese Vision umfasst nicht nur die Verbesserung bestehender Prozesse, sondern auch die Neugestaltung von Geschäftsmodellen und Strategien mit digitalen Mitteln. Sie sehen über die unmittelbaren technologischen Veränderungen hinaus und verstehen die langfristigen Auswirkungen der digitalen Transformation auf ihre Branche.

2. Förderung einer digitalen Kultur: Ein wichtiger Aspekt der digitalen Führung ist die Förderung einer Kultur, die digitale Innovationen unterstützt. Dazu gehört die Förderung einer experimentier- und lernfreudigen Einstellung, in der sich die Mitarbeiter wohl fühlen, wenn sie neue Technologien ausprobieren und möglicherweise scheitern. Digitale Führungskräfte setzen sich für eine Kultur der Agilität und der kontinuierlichen Verbesserung ein.

3. Strategische Nutzung von Daten: Digital Leaders erkennen die Macht der Daten bei der Umsetzung von Entscheidungen und Strategien. Sie nutzen Datenanalysen, um Einblicke in das Kundenverhalten, Markttrends und interne Prozesse zu gewinnen, und verwenden diese Informationen, um strategische Entscheidungen zu treffen und das Kundenerlebnis zu personalisieren.

4. Technologische Innovationen annehmen: Mit aufkommenden Technologien wie KI, IoT, Blockchain und Cloud Computing Schritt zu halten, ist ein Markenzeichen der digitalen Führung. Diese Führungspersönlichkeiten bewerten und integrieren neue Technologien dort, wo sie einen Mehrwert schaffen und

die Effizienz, die Kundenbindung und den Wettbewerbsvorteil verbessern können.

5. Digitale Geläufigkeit: Digitale Führungskräfte verfügen über ein hohes Maß an digitaler Kompetenz. Sie verstehen das Potenzial und die Grenzen verschiedener Technologien und können sowohl mit technischen als auch mit nicht-technischen Interessengruppen effektiv über Technologie kommunizieren.

6. Leitung von Initiativen zur digitalen Transformation: Sie sind in der Lage, Initiativen zur digitalen Transformation zu leiten und die Komplexität zu bewältigen, die mit der Integration neuer Technologien einhergeht. Dazu gehören die Beaufsichtigung der technischen Aspekte, das Management des Wandels und die Abstimmung der Transformation auf die Unternehmensziele.

7. Aufbau digitaler Kompetenzen in der gesamten Organisation: Führungskräfte im digitalen Bereich investieren in den Aufbau digitaler Kompetenzen im gesamten Unternehmen. Sie wissen, dass eine digital versierte Belegschaft für den Erfolg digitaler Initiativen entscheidend ist. Dies kann Schulungsprogramme, Workshops und die Schaffung von Möglichkeiten zum Erfahrungslernen beinhalten.

8. Ethische Erwägungen und Cybersicherheit: Mit der zunehmenden Abhängigkeit von digitalen Technologien werden Bedenken hinsichtlich des Datenschutzes, der ethischen Nutzung von KI und der Cybersicherheit immer wichtiger. Digitalverantwortliche setzen diese Aspekte in den Vordergrund und stellen sicher, dass die digitalen Initiativen ihres Unternehmens sicher und ethisch einwandfrei sind.

Bei der digitalen Führung in der heutigen Zeit geht es um mehr als nur um die Einführung neuer Technologien; es geht darum, Unternehmen so umzugestalten, dass sie im digitalen Zeitalter erfolgreich sind. Sie erfordert eine Mischung aus technischem Know-how, strategischem Denken, Fähigkeiten zum

Veränderungsmanagement und das Engagement, eine Kultur der kontinuierlichen Innovation und des Lernens zu fördern.

Adaptive Führung

Adaptive Leadership ist ein Konzept, das Führungskräften helfen soll, sich in einem komplexen und sich schnell verändernden Umfeld zurechtzufinden. Dieser Ansatz ist in der heutigen schnelllebigen und unsicheren Welt, in der traditionelle Führungsmodelle möglicherweise nicht ausreichen, besonders wichtig. Im Kern geht es bei der adaptiven Führung darum, den Wandel als Konstante zu begreifen und Herausforderungen als Chance für Wachstum und Innovation zu sehen. Sie erfordert von den Führungskräften Flexibilität und Offenheit für neue Ideen, aber auch die Fähigkeit, andere zu mobilisieren und zu motivieren, um schwierige Herausforderungen zu bewältigen und sich angesichts des Wandels zu behaupten.

Einer der wichtigsten Aspekte der adaptiven Führung ist die Fähigkeit, zwischen technischen Problemen und adaptiven Herausforderungen zu unterscheiden. Technische Probleme sind solche, die mit vorhandenem Wissen und Verfahren gelöst werden können, während adaptive Herausforderungen komplexer sind und neues Lernen und innovative Lösungen erfordern. Adaptive Führungskräfte konzentrieren sich darauf, die zugrundeliegenden Probleme, die die adaptiven Herausforderungen vorantreiben, zu identifizieren und anzugehen, anstatt nur die Symptome zu behandeln.

Zu einer adaptiven Führung gehört auch ein hohes Maß an Selbsterkenntnis und emotionaler Intelligenz. Führungskräfte müssen sich ihrer eigenen Voreingenommenheit und ihrer Grenzen bewusst sein und wissen, welche Auswirkungen ihre Handlungen und Entscheidungen auf andere haben. Diese Selbsterkenntnis ermöglicht es ihnen, effektiver zu führen, insbesondere in Situationen, die ein Abweichen von konventionellen Ansätzen erfordern.

Die Befähigung anderer ist eine entscheidende Komponente der adaptiven Führung. Adaptive Führungskräfte fördern die Kreativität und Experimentierfreude ihrer Teammitglieder. Sie fördern eine Kultur, in der Menschen auf allen Ebenen der Organisation Ideen und Lösungen einbringen können, da sie wissen, dass die besten Antworten auf komplexe Herausforderungen oft aus der kollektiven Intelligenz der Gruppe hervorgehen. Ein weiteres wichtiges Element der adaptiven Führung ist die Aufrechterhaltung einer gesunden Toleranz gegenüber Risiken und Unklarheiten. In einem sich schnell verändernden Umfeld müssen Führungskräfte oft Entscheidungen mit unvollständigen Informationen treffen. Adaptive Führungskräfte können mit dieser Ungewissheit gut umgehen und sind in der Lage, in unklaren Situationen fundierte Entscheidungen zu treffen.

Eine anpassungsfähige Führung erfordert auch eine wirksame Kommunikation und die Fähigkeit, eine überzeugende Vision der Zukunft zu formulieren. In Zeiten des Wandels suchen die Menschen bei ihren Führungskräften nach Orientierung und Sicherheit. Anpassungsfähige Führungskräfte bieten Klarheit und Inspiration und helfen ihren Anhängern, durch die Ungewissheit zu navigieren und sich auf die größeren Ziele zu konzentrieren.

Zur Verbesserung der Anpassungsfähigkeit von Führungskräften gehört die Entwicklung einer Reihe von Strategien und Praktiken, die es ihnen ermöglichen, wirksam auf Veränderungen und Unsicherheiten zu reagieren. Dazu gehören die Entwicklung von Flexibilität, die Verpflichtung zu kontinuierlichem Lernen und der Aufbau von Resilienz.

Flexibilität ist der Schlüssel zur Anpassungsfähigkeit. Führungskräfte müssen offen sein für neue Ideen und Ansätze und bereit sein, bei Bedarf den Kurs zu ändern. Das bedeutet, dass sie bei der Entscheidungsfindung flexibel sind, für Feedback empfänglich sind und bereit sind, ihre Strategien als Reaktion auf neue Informationen oder veränderte Umstände anzupassen. Flexibilität bedeutet auch, offen für unterschiedliche Perspektiven zu sein und nicht auf eine bestimmte Vorgehensweise festgelegt zu sein.

Kontinuierliches Lernen ist eine weitere entscheidende Strategie zur Verbesserung der Anpassungsfähigkeit. Die Unternehmenslandschaft entwickelt sich ständig weiter, und es tauchen immer wieder neue Technologien, Markttrends und Geschäftsmodelle auf. Um auf dem neuesten Stand zu bleiben, müssen sich Führungskräfte zu einer kontinuierlichen persönlichen und beruflichen Weiterentwicklung verpflichten. Dies könnte bedeuten, dass sie sich formal weiterbilden, an Workshops und Konferenzen teilnehmen, sich über Branchentrends informieren und von anderen Führungskräften und Fachleuten lernen.

Der Aufbau von Resilienz ist eine wesentliche Voraussetzung für Anpassungsfähigkeit. Resiliente Führungskräfte können Rückschläge und Herausforderungen verkraften, ohne sich zu überfordern. Sie betrachten Schwierigkeiten als Chancen für Wachstum und Lernen. Zur Entwicklung von Resilienz gehören Selbstfürsorge, eine positive Einstellung, der Aufbau von Unterstützungsnetzen und die Entwicklung von Bewältigungsstrategien zur Stressbewältigung.

Es ist auch wichtig, eine Kultur des Experimentierens und der Innovation innerhalb der Organisation zu fördern und zu modellieren. Führungskräfte sollten ein Umfeld schaffen, in dem das Eingehen kalkulierter Risiken gefördert wird und Misserfolge als Lernchance betrachtet werden. Ein solches Umfeld fördert die Kreativität und ermöglicht es sowohl den Führungskräften als auch ihren Teams, neue Ideen und Ansätze ohne Angst zu erkunden. Effektive Kommunikationsfähigkeiten sind für anpassungsfähige Führungskräfte unerlässlich. Sie müssen in der Lage sein, ihre Vision zu formulieren, ihre Teams zu inspirieren und Veränderungen und neue Strategien effektiv zu kommunizieren. Dazu gehören Klarheit in der Kommunikation, aktives Zuhören und die Fähigkeit, komplexe Informationen auf verständliche Weise zu vermitteln.

Schließlich ist die Förderung der emotionalen Intelligenz entscheidend für die Anpassungsfähigkeit. Führungskräfte mit hoher emotionaler Intelligenz können besser mit der sozialen Komplexität ihrer Rolle umgehen, Beziehungen pflegen und andere inspirieren und motivieren. Dazu gehört es, sich seiner eigenen Emotionen und der anderer bewusst zu sein, Emotionen effektiv zu steuern und in zwischenmenschlichen Interaktionen Einfühlungsvermögen und Verständnis zu zeigen.

Durch die Entwicklung dieser Strategien und Praktiken können Führungskräfte ihre Anpassungsfähigkeit verbessern und sich und ihre Organisationen in die Lage versetzen, die komplexen Gegebenheiten des modernen Geschäftsumfelds erfolgreich zu meistern.

Führen durch Ungewissheit und Komplexität

Führungskräfte in einem unsicheren und komplexen Umfeld sehen sich mit einer Reihe von Herausforderungen konfrontiert, die ihre Anpassungsfähigkeit, Entscheidungsfähigkeit und Belastbarkeit auf die Probe stellen. Diese Herausforderungen erfordern einen besonderen Ansatz für die Führung.

Eine große Herausforderung ist der Umgang mit Mehrdeutigkeit. In unsicheren Umgebungen müssen Führungskräfte häufig Entscheidungen auf der Grundlage unvollständiger oder sich schnell ändernder Informationen treffen. Dies kann entmutigend sein, da das Risiko einer falschen Entscheidung höher ist und die Folgen erheblich sein können.

Eine weitere Herausforderung ist die Aufrechterhaltung der Moral und Motivation des Teams. Ungewissheit kann zu Angst und Stress bei den Teammitgliedern führen. Führungskräfte müssen Wege finden, um ihre Teams trotz Unklarheit und potenzieller Zukunftsängste konzentriert und motiviert zu halten.

Auch die Navigation in einem sich rasch verändernden Umfeld stellt eine große Herausforderung dar. In komplexen Situationen kann das, was gestern funktioniert hat, heute nicht mehr funktionieren. Führungskräfte müssen in der Lage sein, ihre Strategien und Taktiken schnell an die sich ändernden Umstände anzupassen, was ein hohes Maß an Agilität und Flexibilität erfordert.

Das Management der Erwartungen von Interessengruppen in einem unsicheren und komplexen Umfeld kann eine Herausforderung sein. Verschiedene Interessengruppen können unterschiedliche Erwartungen und Prioritäten haben, und es kann eine heikle Aufgabe sein, diese auszugleichen und gleichzeitig die Organisation voranzubringen. Eine weitere Herausforderung ist die Innovation angesichts der Ungewissheit. Führungskräfte müssen Kreativität und Innovation fördern, um sich anzupassen und zu gedeihen, aber Ungewissheit kann diese Qualitäten manchmal unterdrücken. Es ist wichtig, ein Umfeld zu schaffen, in dem das Eingehen kalkulierter Risiken gefördert und Scheitern als Lernmöglichkeit gesehen wird.

Führungskräfte müssen auch mit ihrem eigenen Stress und ihrer Unsicherheit umgehen. Die Führung in einem komplexen und unsicheren Umfeld kann eine persönliche Herausforderung sein, und die Aufrechterhaltung des eigenen Wohlbefindens ist für eine effektive Führung unerlässlich.

Das Führen in einem unsicheren und komplexen Umfeld erfordert eine Reihe von besonderen Fähigkeiten und Eigenschaften. Führungskräfte müssen mit Mehrdeutigkeiten umgehen können, sich schnell anpassen können, mit den Erwartungen der verschiedenen Interessengruppen umgehen können und in der Lage sein, ein Umfeld zu schaffen, das Innovationen fördert und die Moral des Teams aufrechterhält. Gleichzeitig müssen sie ihren eigenen Stress in den Griff bekommen und sich eine klare Vision bewahren. Um Komplexität und Ungewissheit effektiv zu managen und zu führen, bedarf es einer Kombination von Instrumenten und Methoden, die es Führungskräften ermöglichen, sich in diesem schwierigen Umfeld erfolgreich zu bewegen.

Die Szenarioplanung ist ein wertvolles Instrument für den Umgang mit Unsicherheit. Sie beinhaltet die Vorstellung verschiedener Zukunftsszenarien und die Entwicklung von Plänen, um auf jedes zu reagieren. Dies hilft den Führungskräften, sich auf verschiedene Möglichkeiten vorzubereiten, und macht die Organisation widerstandsfähiger gegen unvorhergesehene Ereignisse.

Agile Methoden, die ursprünglich aus der Softwareentwicklung stammen, werden zunehmend auch im allgemeinen Management eingesetzt. Diese Methoden legen den Schwerpunkt auf Flexibilität, iterativen Fortschritt und Anpassungsfähigkeit und ermöglichen es Führungskräften, schnell auf Veränderungen zu reagieren. Systems Thinking ist eine Methode, die Führungskräften hilft, die komplexen Zusammenhänge innerhalb ihrer Organisation und des weiteren Umfelds zu verstehen. Indem sie die Organisation als ein System betrachten, können Führungskräfte die Folgen ihres Handelns besser vorhersehen und die Komplexität effektiver steuern.

Achtsamkeit und reflexive Praktiken helfen Führungskräften, in einem unsicheren Umfeld Klarheit und Konzentration zu bewahren. Durch die regelmäßige Anwendung dieser Praktiken können Führungskräfte eine größere emotionale Intelligenz und Widerstandsfähigkeit entwickeln, die für die Führung unter Unsicherheit entscheidend sind.

Offene Kommunikationskanäle sind für den Umgang mit Ungewissheit unerlässlich. Führungskräfte sollten einen offenen Dialog fördern, Informationen transparent weitergeben und sich Feedback und Ideen von allen Ebenen des Unternehmens anhören. Dies fördert das Vertrauen und hilft den Führungskräften, verschiedene Perspektiven zu sammeln, was in komplexen Situationen von unschätzbarem Wert ist.

Die Befähigung von Teams ist eine weitere wirksame Strategie. Führungskräfte sollten Befugnisse delegieren und die Entscheidungsfindung auf niedrigeren Ebenen fördern. Dies beschleunigt nicht nur die Reaktionszeiten, sondern nutzt auch die kollektive Intelligenz des Teams. Risikomanagementtechniken, wie z. B. die Ermittlung potenzieller Risiken, die Bewertung ihrer

Wahrscheinlichkeit und ihrer Auswirkungen sowie die Entwicklung von Strategien zur Risikominderung, sind von entscheidender Bedeutung. Ein wirksames Risikomanagement hilft den Führungskräften, die negativen Auswirkungen der Ungewissheit zu minimieren.

Kontinuierliche Weiterbildung und Entwicklung stellen sicher, dass die Führungskräfte und ihre Teams mit den neuesten Kenntnissen und Fähigkeiten ausgestattet sind. Die Förderung einer Lernkultur hilft der Organisation, anpassungsfähig und innovativ zu bleiben.

Schließlich ist der Aufbau eines Unterstützungsnetzes für Führungskräfte, die mit Komplexität und Unsicherheit zu kämpfen haben, von entscheidender Bedeutung. Ein Netzwerk von Gleichgesinnten, Mentoren und Beratern bietet Führungskräften einen Resonanzboden für ihre Ideen und Herausforderungen und bietet Unterstützung und Anleitung.

Durch den Einsatz dieser Instrumente und Methoden können Führungskräfte die Agilität, Belastbarkeit und strategische Weitsicht entwickeln, die notwendig sind, um die Komplexität und Ungewissheit des modernen Geschäftsumfelds zu bewältigen.

Vorbereitung auf künftige Herausforderungen

Die Vorwegnahme künftiger Trends in Wirtschaft und Gesellschaft ist für Führungskräfte von entscheidender Bedeutung, um sich vorzubereiten und ihre Strategien entsprechend anzupassen. Mehrere Schlüsseltrends werden wahrscheinlich die künftige Landschaft prägen:

- Technologischer Fortschritt: Das rasante Tempo der technologischen Innovation, insbesondere in Bereichen wie künstliche Intelligenz (KI), maschinelles Lernen, das Internet der Dinge (IoT) und Quantencomputing, wird die Unternehmen weiterhin verändern. Führungskräfte müssen die Auswirkungen dieser Technologien verstehen und wissen, wie sie als Wettbewerbsvorteil genutzt werden können.

- Nachhaltigkeit und Klimawandel: Da die Auswirkungen des Klimawandels immer deutlicher werden, wird Nachhaltigkeit nicht mehr nur eine Option sein, sondern zu einer geschäftlichen Notwendigkeit werden. Führungskräfte werden nachhaltige Praktiken in jeden Aspekt ihres Unternehmens einbeziehen müssen, vom Lieferkettenmanagement bis hin zu Produktdesign und Betrieb.

- Demografische Entwicklung der Arbeitskräfte: Die alternde Bevölkerung in vielen Teilen der Welt, gepaart mit einer jüngeren Generation mit anderen Erwartungen und Arbeitsstilen, wird zu erheblichen Verschiebungen in der Dynamik der Belegschaft führen. Führungskräfte müssen sich mit diesen demografischen Veränderungen auseinandersetzen und dabei den Schwerpunkt auf Vielfalt, Inklusivität und die Anpassung an die Bedürfnisse einer generationenübergreifenden Belegschaft legen.

- Fernarbeit und flexible Arbeit: Die COVID-19-Pandemie hat den Trend zur Telearbeit und zu flexiblen Arbeitsformen beschleunigt. Die Führungskräfte müssen sich weiterhin auf diesen Wandel einstellen und sich darauf konzentrieren, wie Produktivität, Kultur und Teamzusammenhalt in einer weitgehend virtuellen Umgebung aufrechterhalten werden können.

- Globalisierung vs. Lokalisierung: Während die Globalisierung ein vorherrschender Trend war, gibt es als Reaktion auf geopolitische Spannungen, Handelskriege und die Pandemie eine zunehmende Verlagerung zur Lokalisierung. Führungskräfte müssen die Vorteile der globalen Integration mit der Notwendigkeit lokalisierter Strategien abwägen, um sich in dieser komplexen Landschaft zurechtzufinden.

- Datenschutz und Cybersicherheit: Mit der zunehmenden Abhängigkeit von digitalen Technologien steigen auch die Risiken in Bezug auf Datenschutz und Cybersicherheit. Führungskräfte müssen dem Schutz der Daten ihrer

Unternehmen und Kunden Priorität einräumen und sich auf die sich entwickelnde Landschaft der Cyberbedrohungen vorbereiten.

- Sich ändernde Verbraucherverhaltensweisen: Die sich rasch verändernden Verbraucherpräferenzen und die zunehmende Bedeutung von sozialer und ökologischer Verantwortung bei Kaufentscheidungen erfordern von den Marktführern Flexibilität bei der Anpassung ihrer Produkte und Dienstleistungen.

- Gesundheit und Wohlbefinden: Die Pandemie hat die Gesundheit und das Wohlbefinden der Mitarbeiter in den Mittelpunkt gerückt. Künftige Führungskräfte müssen die körperliche und geistige Gesundheit ihrer Mitarbeiter als Kernbestandteil ihrer Unternehmensstrategie betrachten.

- Ethische Führung und soziale Verantwortung: Von Unternehmen wird zunehmend erwartet, dass sie ethisch handeln und einen positiven Beitrag zur Gesellschaft leisten. Von Führungskräften wird erwartet, dass sie nicht nur den Gewinn, sondern auch den sozialen Wert steigern.

Indem sie sich auf diese Trends einstellen, können Führungskräfte ihre Unternehmen darauf vorbereiten, zukünftige Herausforderungen zu meistern und neue Chancen zu nutzen, um in einer sich ständig verändernden globalen Landschaft langfristig erfolgreich zu sein.

Die Entwicklung zukunftsfähiger Führungsfähigkeiten beinhaltet die Kultivierung einer Reihe von Kompetenzen und Denkweisen, die Führungskräfte darauf vorbereiten, sich in einem sich ständig verändernden Umfeld zurechtzufinden und erfolgreich zu sein. Zu den wichtigsten Bereichen gehören Anpassungsfähigkeit, visionäres Denken und emotionale Intelligenz. Anpassungsfähigkeit ist in der sich rasch entwickelnden Geschäftswelt unerlässlich. Führungskräfte müssen in der Lage sein, auf neue Herausforderungen und Chancen zu reagieren und ihre Strategien anzupassen. Dies setzt die Bereitschaft voraus, ständig zu lernen, sich auf Veränderungen einzulassen und mit neuen Ansätzen zu experimentieren. Führungskräfte sollten eine Mentalität der Flexibilität und Widerstandsfähigkeit kultivieren, die es ihnen ermöglicht, mit Unsicherheiten umzugehen und ihre Teams effektiv durch Übergänge zu führen.

Visionäres Denken ist eine weitere wichtige Fähigkeit für zukunftsfähige Führungskräfte. Dabei geht es darum, über das Unmittelbare hinauszublicken und sich vorzustellen, was in Zukunft möglich sein könnte. Führungskräfte sollten die Fähigkeit entwickeln, Trends zu antizipieren, Innovationsmöglichkeiten zu erkennen und ihre Teams mit einer überzeugenden Vision zu inspirieren. Dies erfordert eine Kombination aus Kreativität, strategischem Denken und der Fähigkeit, unterschiedliche Ideen zu einer kohärenten und zukunftsorientierten Strategie zu verbinden.

Emotionale Intelligenz (EQ) wird zunehmend als wesentlicher Bestandteil einer effektiven Führung anerkannt. Der EQ umfasst die Fähigkeit, die eigenen Emotionen sowie die Emotionen anderer zu verstehen und zu steuern. Führungskräfte mit einem hohen EQ können starke Beziehungen aufbauen, komplexe soziale Dynamiken steuern und ein integratives und motivierendes Umfeld schaffen. Sie sind versiert in einfühlsamer Kommunikation, Konfliktbewältigung und Vertrauensbildung, was für die Führung vielfältiger Teams und den Erfolg des Unternehmens von entscheidender Bedeutung ist.

Um diese Fähigkeiten zu entwickeln, können sich Führungskräfte an verschiedenen Aktivitäten beteiligen, z. B:

1. Sie suchen nach vielfältigen Erfahrungen, die ihr Denken herausfordern und ihnen neue Perspektiven eröffnen.

2. Ständiges Lernen, sei es durch formale Bildung, Workshops, Lektüre oder andere Mittel.

3. Sie üben sich im reflektierenden Denken, um ihre Erfahrungen auszuwerten und aus Erfolgen und Misserfolgen zu lernen.

4. Sie suchen nach Feedback und Coaching, um Einblicke in ihren Führungsstil und verbesserungswürdige Bereiche zu gewinnen.

5. Pflege von Achtsamkeitspraktiken zur Verbesserung des Selbstbewusstseins und der Emotionsregulierung.

Indem sie sich auf diese Bereiche konzentrieren, können Führungskräfte die Fähigkeiten und Denkweisen entwickeln, die für eine effektive Führung in der Zukunft erforderlich sind und die sich durch Anpassungsfähigkeit, visionäres Denken und ein tiefes Verständnis für sich selbst und andere auszeichnen.

Das Kapitel über neue Führungsansätze befasst sich mit verschiedenen Schlüsselkonzepten, die die Zukunft der Führung in der modernen Unternehmenslandschaft prägen.

Authentic Leadership hat sich als wichtiger Ansatz herauskristallisiert, der betont, dass Führungskräfte authentisch und transparent sein und ihren Werten treu bleiben müssen. Dieser Ansatz fördert das Vertrauen und schafft authentischere Verbindungen zwischen Führungskräften und ihren Teams.

Complexity Leadership wurde als wesentlich für das heutige vernetzte und dynamische Geschäftsumfeld diskutiert. Dieser Ansatz konzentriert sich auf das Navigieren in komplexen Systemen und Beziehungen und ermutigt Führungskräfte, Innovation und Anpassungsfähigkeit angesichts des Wandels zu fördern. Digital Leadership wird immer wichtiger, da die Technologie die Unternehmen weiter verändert. Dieser Ansatz konzentriert sich auf die Nutzung digitaler Innovationen, um organisatorische Veränderungen voranzutreiben, die betriebliche Effizienz zu verbessern und neue Geschäftsmodelle zu schaffen.

Inclusive Leadership wurde hervorgehoben, weil es sich auf die Wertschätzung und Nutzung von Vielfalt in Teams konzentriert.

Integrative Führungskräfte verstehen es, ein Umfeld zu schaffen, in dem unterschiedliche Sichtweisen gefördert werden, was zu einer innovativeren und effektiveren Entscheidungsfindung führt.

Agile Leadership ist den Grundsätzen der agilen Entwicklung entlehnt und legt den Schwerpunkt auf Anpassungsfähigkeit, Reaktionsfähigkeit und Zusammenarbeit. Agile Führungskräfte fühlen sich in schnelllebigen Umgebungen wohl und sind in der Lage, Teams durch schnelle Veränderungen zu führen. Nachhaltige Führung wurde als Antwort auf die wachsende Bedeutung von Umwelt-, Sozial- und Unternehmensführung definiert. Führungskräfte, die diesen Ansatz verfolgen, konzentrieren sich auf langfristige Nachhaltigkeit und die breiteren Auswirkungen von Unternehmensentscheidungen.

Jeder dieser neuen Führungsansätze geht auf spezifische Herausforderungen und Chancen in der modernen Geschäftswelt ein. Gemeinsam ist ihnen die Betonung der Anpassungsfähigkeit, der ethischen Praxis, der Inklusivität und des Einsatzes von Technologie für den Unternehmenserfolg. Da sich das Geschäftsumfeld ständig weiterentwickelt, bieten diese Ansätze wertvolle Einblicke und Strategien für eine effektive Führung.

Die Übernahme dieser neuen Führungsansätze ist eine wesentliche Voraussetzung für die Vorbereitung auf künftige Führungsaufgaben. Da die Geschäftswelt immer komplexer, vernetzter und dynamischer wird, reichen traditionelle Führungsmodelle möglicherweise nicht mehr aus. Die erörterten neuen Ansätze bieten einen Fahrplan für die Bewältigung der Ungewissheiten und Chancen der Zukunft.

Führungskräfte, die sich diese Ansätze zu eigen machen, sind besser gerüstet für den raschen technologischen Wandel, die wachsende Bedeutung von Nachhaltigkeit und sozialer Verantwortung sowie die Herausforderungen, die sich aus der Führung vielfältiger und geografisch verstreuter Teams ergeben. Sie werden in der Lage sein, Innovationskulturen, Inklusivität und Flexibilität zu fördern und ihre Organisationen so zu positionieren, dass sie in einer sich ständig verändernden Landschaft erfolgreich sind.

Darüber hinaus betonen diese Ansätze die Bedeutung von Anpassungsfähigkeit, ethischer Führung und emotionaler Intelligenz - Fähigkeiten, die für die Bewältigung der sich wandelnden Herausforderungen des 21. Jahrhunderts entscheidend sein werden. Jahrhunderts entscheidend sein werden. Durch die Übernahme dieser neuen Führungsparadigmen können Führungskräfte sicherstellen, dass sie nicht nur auf Veränderungen reagieren, sondern ihre Organisationen proaktiv für den künftigen Erfolg gestalten.

Da wir uns auf das abschließende Kapitel des Buches vorbereiten, bilden die Themen, die im vorangegangenen Kapitel über neu entstehende Führungsansätze erörtert wurden, ein entscheidendes Bindeglied für die Gesamterzählung. Im gesamten Buch haben wir verschiedene Dimensionen der Führung untersucht, von der Dynamik des Verhaltens von Einzelpersonen und Gruppen in Organisationen bis hin zu den Feinheiten der Führung in vielfältigen und digitalen Landschaften.

Das abschließende Kapitel wird diese verschiedenen Stränge miteinander verweben und eine kohärente Synthese der erörterten Erkenntnisse und Strategien bieten. Wir werden die Schlüsselthemen Anpassungsfähigkeit, kulturelle Intelligenz, ethische Führung und Innovation noch einmal aufgreifen und dabei ihre Verflechtung und ihre kollektive Bedeutung für die Gestaltung einer effektiven, zukunftsorientierten Führung hervorheben.
Dabei werden wir auch darüber nachdenken, wie sich Führung angesichts des globalen Wandels, des technologischen Fortschritts und der sich wandelnden gesellschaftlichen Erwartungen weiterentwickelt. Die im vorangegangenen Kapitel erörterten neuen Führungsansätze werden in den Kontext einer umfassenderen Entwicklung des Führungsdenkens und der Führungspraxis gestellt, um zu verdeutlichen, dass diese Ansätze nicht nur Reaktionen auf aktuelle Trends sind, sondern auch die Richtung aufzeigen, in die sich die Führung bewegt.

Das abschließende Kapitel zielt darauf ab, Führungskräften und solchen, die es werden wollen, ein umfassendes Verständnis der Herausforderungen und Chancen zu vermitteln, die vor ihnen liegen. Es unterstreicht die Bedeutung von kontinuierlichem Lernen, Anpassungsfähigkeit und einer integrativen Denkweise bei der Navigation durch die komplexe Landschaft der modernen Führung. Durch die Integration der Erkenntnisse aus dem gesamten Buch bietet das letzte Kapitel eine zukunftsorientierte Perspektive, die den Lesern die Werkzeuge und das Wissen an die Hand gibt, um in einer zunehmend komplexen und dynamischen Welt effektiv zu führen.

Schlussfolgerung: Die Zukunft der Führung

Auf dem Weg zu diesem Buch haben wir eine vielfältige Landschaft moderner Führungskonzepte durchquert, von denen jedes zu einem umfassenden Verständnis dessen beiträgt, was es braucht, um in der komplexen Welt von heute effektiv zu führen. Wir begannen mit der Erforschung der Führungsdynamik, wobei wir uns mit den Eigenschaften, Fähigkeiten, Einstellungen und Kenntnissen beschäftigten, die sowohl für Führungskräfte als auch für Gefolgsleute wichtig sind. Dies bildete die Grundlage für das Verständnis von Führung als einem relationalen und interaktiven Prozess, der tief in den Kontext von Teams, Organisationen und der Gesellschaft eingebettet ist.

Das Buch befasst sich dann mit den transformativen Auswirkungen von COVID-19 auf Führung und Organisationsdynamik. Dieses beispiellose globale Ereignis hat unser Verständnis von Motivation, Führungsstilen und dem Wesen von Teamdynamik, Innovation und Telearbeit neu geprägt.

Wir befassten uns mit den Feinheiten der Organisationskultur und des agilen Veränderungsmanagements und betonten, wie wichtig es ist, die Kultur so anzupassen, dass sie widerstandsfähig ist, und agile Strategien zur Bewältigung des Wandels umzusetzen. Diese Untersuchung unterstrich die Notwendigkeit von Agilität und Anpassungsfähigkeit in den sich schnell entwickelnden Geschäftsumgebungen von heute.

Wir befassten uns auch mit den komplexen menschlichen Verhaltensweisen in Organisationen, insbesondere im Zusammenhang mit den neuen Arbeitsrealitäten nach der COVID-19. In dieser Diskussion wurden die Verhaltensänderungen und neu entstehende Organisationsstrukturen wie dezentrale und netzwerkbasierte Modelle hervorgehoben.

Ein weiteres wichtiges Thema war die Führung in unterschiedlichen und flexiblen Arbeitsumgebungen. Dabei ging es um die Frage, wie Führungskräfte Teams in verschiedenen Umgebungen - von der persönlichen Anwesenheit bis hin zu hybriden und vollständig ferngesteuerten Umgebungen - effektiv navigieren und führen können.

Das Buch untersuchte außerdem den verstärkten Fokus auf Vielfalt, Gleichberechtigung und Inklusion in der Führung und verdeutlichte, wie wichtig die Förderung vielfältiger Teams und integrativer Führungsmodelle in der heutigen globalisierten Geschäftswelt ist. Wir haben uns dann in den Bereich der technologiegesteuerten Führung vorgewagt und erörtert, wie Fortschritte wie Datenanalysen und umfassende Big-Data-Systeme Führungsentscheidungen und die organisatorische Effizienz neu gestalten.

Im vorletzten Kapitel wurde der Fokus auf globale Führung in multikulturellen Umgebungen gelegt. Anhand von Fallstudien aus der Praxis, wie Roche und Genentech, wurden die Herausforderungen und Strategien der Führung in unterschiedlichen kulturellen Kontexten aufgezeigt. Wir untersuchten neue Führungsansätze und zeigten auf, wie Anpassungsfähigkeit, digitale Kompetenz, Nachhaltigkeit und emotionale Intelligenz bei der Vorbereitung von Führungskräften auf zukünftige Herausforderungen immer wichtiger werden.

Auf dieser Reise hat das Buch diese verschiedenen Themen miteinander verwoben und so einen reichen Wandteppich moderner Führung präsentiert. Es hebt die Vielschichtigkeit von Führung im 21. Jahrhundert hervor und bietet den Lesern die notwendigen Einsichten und Werkzeuge, um die Komplexität von Führung in einer sich ständig verändernden Welt zu bewältigen. Die Lehren aus den verschiedenen Kapiteln des Buches sind miteinander verknüpft und verstärken sich gegenseitig, so dass ein ganzheitlicher Blick auf die Führung entsteht, der für das Verständnis und die Bewältigung des heutigen organisatorischen Umfelds entscheidend ist.

Ausgehend von den grundlegenden Konzepten der Führungseigenschaften, -fähigkeiten, -einstellungen und -kenntnisse haben wir eine Basis dafür geschaffen, was effektive Führung ausmacht. Diese Grundlage ist von entscheidender Bedeutung, da sie die Wichtigkeit der persönlichen Entwicklung und des Selbstbewusstseins in der Führung unterstreicht - Themen, die sich durch das gesamte Buch ziehen. Die Diskussion über die Auswirkungen von COVID-19 auf die Führungsdynamik baute auf dieser Grundlage weiter auf und verdeutlichte die Bedeutung von Anpassungsfähigkeit und Widerstandsfähigkeit. Die Herausforderungen der Pandemie haben deutlich gemacht, wie wichtig Eigenschaften wie Flexibilität und emotionale Intelligenz für die Bewältigung von Krisen und Unsicherheiten sind. Dies knüpft an die grundlegenden Qualitäten effektiver Führungskräfte an und unterstreicht die Notwendigkeit, dass Führungskräfte in ihrem Ansatz agil sind. Bei der Untersuchung von Organisationskultur und agilem Veränderungsmanagement wird in dem Buch die Bedeutung des externen Umfelds für die Gestaltung von Führungspraktiken hervorgehoben. Dies knüpft an die früheren Diskussionen über Anpassungsfähigkeit und Belastbarkeit an und zeigt, dass diese Qualitäten nicht nur bei den Führungskräften selbst, sondern auch in den Kulturen, die sie in ihren Organisationen fördern, erforderlich sind.

Die Konzentration auf komplexe menschliche Verhaltensweisen und neue Arbeitsrealitäten nach dem COVID-19 hat gezeigt, wie wichtig es ist, das menschliche Element in der Führung zu verstehen und zu managen. Dieses Thema zieht sich wie ein roter Faden durch das gesamte Buch und verdeutlicht die Wechselwirkung zwischen individuellen Führungsqualitäten und dem breiteren organisatorischen Kontext. Die Führung in vielfältigen und flexiblen Arbeitsformen brachte die Bedeutung von Inklusivität und kultureller Intelligenz in der modernen Führung ans Licht. Dies knüpft an frühere Diskussionen über die Bedeutung des Verständnisses und der Anpassung an verschiedene externe Faktoren, einschließlich kultureller Unterschiede und sich verändernder Arbeitsumgebungen, an.

Die Betonung von Vielfalt, Gleichberechtigung und Inklusion sowie technologieorientierter Führung unterstreicht die Notwendigkeit, dass Führungskräfte vielseitig, sich gesellschaftlicher Veränderungen bewusst und technologisch versiert sein müssen. Diese Kapitel verdeutlichen, dass es bei moderner Führung nicht nur um die Führung von Menschen geht, sondern auch um das Verständnis und die Nutzung breiterer gesellschaftlicher und technologischer Trends. Die Erforschung globaler Führung und neuer Führungsansätze brachte all diese Themen zusammen und zeigte, dass effektive Führung heute eine Mischung aus persönlichen Qualitäten, Anpassungsfähigkeit an externe Veränderungen, technologischem Verständnis und einem Engagement für Inklusion und Nachhaltigkeit erfordert.

Das Buch vermittelt ein umfassendes Bild von Führung, in dem persönliche Entwicklung, Anpassungsfähigkeit, Verständnis des externen Umfelds, technologisches Wissen und ein Engagement für Integration und ethische Praktiken miteinander verknüpft sind. Diese ganzheitliche Sichtweise ist entscheidend für Führungskräfte, die sich in der komplexen und sich schnell entwickelnden Landschaft moderner Organisationen zurechtfinden wollen.

Die COVID-19-Pandemie hatte tiefgreifende Auswirkungen auf die Führungs- und Organisationsdynamik, indem sie bestimmte Trends beschleunigte und andere in einer Weise veränderte, die nachhaltige Auswirkungen haben wird. Eine der wichtigsten Auswirkungen war die Beschleunigung des digitalen Wandels. Die Pandemie zwang die Unternehmen, Technologien für die Telearbeit in einem noch nie dagewesenen Tempo einzuführen. Die Führungskräfte mussten schnell digitale Tools für die Kommunikation, die Zusammenarbeit und den Betrieb einführen, ein Trend, der unter normalen Umständen wahrscheinlich Jahre gedauert hätte, um sich zu entwickeln. Diese schnelle Digitalisierung hat auch deutlich gemacht, dass Führungskräfte digital versiert und anpassungsfähig sein müssen.

Die Pandemie hat gezeigt, wie wichtig eine agile Führung ist. Die Unvorhersehbarkeit und die schnellen Veränderungen, die

COVID-19 mit sich brachte, verlangten von den Führungskräften mehr Flexibilität und Reaktionsfähigkeit denn je. Sie mussten mit begrenzten Informationen schnelle Entscheidungen treffen, Strategien häufig anpassen und Operationen auf die sich verändernden Bedingungen ausrichten. Diese Agilität wird wahrscheinlich auch nach der Pandemie eine entscheidende Komponente der Führung bleiben.

Ein weiterer Trend, der durch die Pandemie beschleunigt wurde, ist die Konzentration auf das Wohlbefinden der Mitarbeiter. Die Gesundheitskrise rückte das physische und psychische Wohlbefinden der Mitarbeiter in den Vordergrund. Die Führungskräfte mussten sich nicht nur um die physische Sicherheit ihrer Teams kümmern, sondern auch um deren psychische Gesundheit, denn viele kämpften mit Isolation, Angst und Burnout. Dies hat zu einem breiteren Verständnis und einer größeren Wertschätzung der Rolle von Empathie und emotionaler Intelligenz in der Führung geführt.

Die Pandemie hat auch deutlich gemacht, wie wichtig die Widerstandsfähigkeit sowohl auf individueller als auch auf organisatorischer Ebene ist. Die Führungskräfte mussten ihre eigenen Herausforderungen meistern und gleichzeitig ihre Teams unterstützen und das Überleben und den Erfolg ihrer Organisationen sicherstellen. Der Aufbau von Resilienz in der Struktur der Organisation ist zu einem wichtigen Schwerpunkt geworden, um sicherzustellen, dass Unternehmen zukünftigen Schocks standhalten können. COVID-19 hat zu einer Neubewertung von Arbeitsmodellen geführt. Die Verlagerung zur Telearbeit hat viele Unternehmen dazu veranlasst, die Notwendigkeit der traditionellen Büroarbeit zu überdenken. Führungskräfte erkunden nun flexiblere, hybride Arbeitsmodelle, die erhebliche Auswirkungen auf die Unternehmenskultur, die Zusammenarbeit und die Work-Life-Balance haben können.

Die Pandemie hat die Notwendigkeit einer verantwortungsvollen und ethischen Führung deutlich gemacht. Die Führungskräfte mussten schwierige Entscheidungen mit weitreichenden Folgen treffen und dabei die Kontinuität des Geschäftsbetriebs mit der

Sicherheit und dem Wohlergehen von Mitarbeitern und Kunden in Einklang bringen. Dies hat den Gedanken gestärkt, dass Führungskräfte die breiteren sozialen und ethischen Auswirkungen ihrer Entscheidungen berücksichtigen müssen.

Mit Blick auf die Zukunft gibt es mehrere potenzielle Entwicklungen im Bereich der Führung, die die Landschaft von Organisationen und die Rolle von Führungskräften verändern werden. Diese Entwicklungen spiegeln die fortschreitende Entwicklung der Technologie, der Arbeitsmethoden und der gesellschaftlichen Erwartungen wider.

Zunehmende Bedeutung von KI und maschinellem Lernen

Künstliche Intelligenz (KI) und maschinelles Lernen werden eine noch wichtigere Rolle bei der Entscheidungsfindung, Strategieentwicklung und betrieblichen Effizienz spielen. Führungskräfte müssen die Möglichkeiten und Grenzen dieser Technologien verstehen und sie in die verschiedenen Aspekte ihres Unternehmens integrieren. Diese Integration erfordert ein Gleichgewicht zwischen der Nutzung von KI für Wettbewerbsvorteile und dem Umgang mit ethischen Bedenken wie Datenschutz und Voreingenommenheit.

Kontinuierliche Entwicklung der Fernarbeit

Die Pandemie hat die Wahrnehmung von Telearbeit grundlegend verändert, und dieser Trend wird sich wahrscheinlich weiter fortsetzen. Führungskräfte werden sich auf eine Zukunft einstellen müssen, in der hybride Arbeitsmodelle zur Norm werden, was ein Umdenken in Bezug auf Zusammenarbeit, Kommunikation und Unternehmenskultur erfordert. Dazu müssen neue Wege gefunden werden, um das Engagement zu fördern, den Zusammenhalt im Team zu erhalten und die Produktivität in einer verteilten Arbeitsumgebung zu gewährleisten.

Wachsende Betonung von Nachhaltigkeit und sozialer Verantwortung

Es besteht eine steigende Nachfrage nach Führungskräften, die der Nachhaltigkeit und der sozialen Verantwortung Priorität einräumen. Der Schwerpunkt wird auf der Entwicklung nachhaltiger Geschäftsmodelle liegen, die die Auswirkungen auf die Umwelt berücksichtigen und einen positiven Beitrag zur Gesellschaft leisten. Führungskräfte müssen diese Überlegungen in ihre Kernstrategien integrieren und ein Gleichgewicht zwischen Rentabilität und sozialem und ökologischem Verantwortungsbewusstsein herstellen.

Fokus auf Inklusion und Vielfalt

Da die Belegschaft immer vielfältiger wird, müssen die Führungskräfte mehr Wert auf Inklusion und Vielfalt legen. Dazu gehört die Schaffung eines Umfelds, in dem unterschiedliche Perspektiven geschätzt und für Innovationen genutzt werden. Führungskräfte müssen Fähigkeiten zur Führung vielfältiger Teams und zur Förderung von Gleichberechtigung und Integration auf allen Organisationsebenen entwickeln.

Geopolitische und wirtschaftliche Ungewissheit bewältigen

Die Zukunft wird wahrscheinlich weiterhin geopolitische und wirtschaftliche Unsicherheiten mit sich bringen. Führungskräfte müssen diese Komplexität beherrschen und strategische Entscheidungen treffen, die der Dynamik der globalen Märkte und den politischen Veränderungen Rechnung tragen. Dies erfordert ein genaues Verständnis der internationalen Beziehungen und wirtschaftlichen Trends sowie die Fähigkeit, Strategien entsprechend anzupassen.

Stärkerer Fokus auf das Wohlbefinden der Mitarbeiter

Das Wohlbefinden der Mitarbeiter wird weiterhin eine Priorität sein, und es wird zunehmend anerkannt, dass es sich auf die Produktivität und die Mitarbeiterbindung auswirkt. Führungskräfte müssen sich darauf konzentrieren, ein unterstützendes Arbeitsumfeld zu schaffen, das der psychischen

Gesundheit, der Vereinbarkeit von Beruf und Privatleben und dem allgemeinen Wohlbefinden Vorrang einräumt.

Künftige Entwicklungen im Bereich der Führung werden sich um technologische Fortschritte, sich verändernde Arbeitspraktiken und eine stärkere Konzentration auf Nachhaltigkeit, soziale Verantwortung, Inklusivität und die Bewältigung von Unsicherheiten drehen. Führungskräfte, die sich an diese Veränderungen anpassen und sie effektiv nutzen können, werden gut positioniert sein, um ihre Organisationen erfolgreich in die Zukunft zu führen.

Mit Blick auf die Zukunft ist davon auszugehen, dass sich die Rolle der Führungskräfte als Reaktion auf die sich wandelnden organisatorischen Anforderungen, die gesellschaftlichen Erwartungen und den technologischen Fortschritt erheblich verändern wird. Diese Entwicklung markiert eine Abkehr von traditionellen Führungsparadigmen hin zu dynamischeren und anpassungsfähigeren Modellen.

Führungskräfte sind nicht mehr in erster Linie direktiv tätig, sondern nehmen eher eine unterstützende Rolle ein. In der sich entwickelnden Landschaft liegt der Schwerpunkt auf der Befähigung und Führung von Teams, um Innovation und Reaktionsfähigkeit zu fördern. Dieser Ansatz steht im Einklang mit dem Trend zur Dezentralisierung und befähigt Mitarbeiter auf allen Ebenen, die Initiative zu ergreifen und den Wandel voranzutreiben. Der technologische Fortschritt ist ein wichtiger Katalysator für die Umgestaltung der Führungsrolle. Führungskräfte müssen nicht nur mit diesen Veränderungen Schritt halten, sondern sie auch strategisch nutzen, um die organisatorischen Prozesse und Ergebnisse zu verbessern. Dies erfordert ein differenziertes Verständnis dafür, wie Technologien wie KI und Datenanalyse in den Geschäftsbetrieb integriert werden können, ohne dabei die menschlichen Aspekte der Technologie aus den Augen zu verlieren. Die Notwendigkeit organisatorischer Agilität ist ein weiterer Faktor, der die Entwicklung der Führungsrollen vorantreibt. Von Führungskräften wird mehr Anpassungsfähigkeit verlangt, damit sie schnell auf Marktveränderungen und neue Herausforderungen reagieren können. Es wird immer wichtiger, eine Kultur zu kultivieren, die den Wandel begrüßt und inmitten von Unklarheiten gedeiht.

Ethische Führung und der Fokus auf Nachhaltigkeit gewinnen an Bedeutung. Von Führungskräften wird heute erwartet, dass sie bei ihren Entscheidungen die sozialen und ökologischen Auswirkungen berücksichtigen, was einen Wandel hin zu verantwortungsvolleren und nachhaltigeren Geschäftspraktiken widerspiegelt. Der Umgang mit einer vielfältigen Belegschaft und die Förderung der Inklusion ist ein weiterer Bereich, in dem sich die Führungsaufgaben weiterentwickeln. Integration und Vielfalt sind nicht mehr nur moralische Gebote, sondern werden als Triebkräfte für Innovation und Unternehmenserfolg anerkannt. Führungskräfte spielen eine Schlüsselrolle bei der Schaffung eines Umfelds, in dem Vielfalt geschätzt und genutzt wird.

Die Förderung und Entwicklung der nächsten Generation von Führungskräften ist für den nachhaltigen Erfolg und das Wachstum eines jeden Unternehmens von entscheidender Bedeutung. Dazu gehört ein strategischer Ansatz, um potenzielle Führungskräfte zu identifizieren und ihnen die Instrumente, Erfahrungen und Anleitungen zu geben, die sie benötigen, um sich zu effektiven Führungskräften zu entwickeln. Mentorenschaft ist eine Schlüsselkomponente bei der Förderung künftiger Führungskräfte. Wenn man aufstrebenden Führungskräften erfahrene Mentoren zur Seite stellt, können diese ihnen unschätzbare Einblicke, Anleitung und Unterstützung bieten. Mentoren können ihre Erfahrungen weitergeben, Ratschläge zur Bewältigung organisatorischer Herausforderungen erteilen und Feedback geben. Diese Beziehung trägt nicht nur zum beruflichen Wachstum des Mentees bei, sondern fördert auch eine Kultur des Lernens und des Wissensaustauschs innerhalb der Organisation.

Kontinuierliches Lernen ist für die Entwicklung von Führungskräften unerlässlich. Die Geschäftswelt entwickelt sich ständig weiter, und Führungskräfte müssen mit den neuesten Trends, Technologien und bewährten Verfahren Schritt halten. Unternehmen sollten das kontinuierliche Lernen fördern, indem sie Zugang zu Schulungsprogrammen, Workshops, Konferenzen und Online-Kursen bieten. Dazu könnten auch funktionsübergreifende Schulungen gehören, die den künftigen Führungskräften ein breiteres Verständnis für das Unternehmen vermitteln.

Programme zur Entwicklung von Führungskräften sind eine weitere wirksame Methode, um künftige Führungskräfte zu fördern. Diese Programme sollten so konzipiert sein, dass sie potenziellen Führungskräften die notwendigen Fähigkeiten und Kenntnisse für eine effektive Führung vermitteln. Dies könnte Schulungen in Bereichen wie strategisches Denken, emotionale Intelligenz, Entscheidungsfindung und Veränderungsmanagement umfassen. Programme zur Entwicklung von Führungskräften können auch praktische Komponenten beinhalten, wie die Leitung eines Projekts oder eines Teams, um praktische Führungserfahrung zu vermitteln. Wichtig ist auch, dass die künftigen Führungskräfte verschiedene Aspekte des Unternehmens kennen lernen. Dies kann durch rotierende Einsätze oder die Beteiligung an abteilungsübergreifenden Projekten geschehen. Solche Erfahrungen ermöglichen es angehenden Führungskräften, die verschiedenen Funktionen des Unternehmens zu verstehen, eine ganzheitliche Perspektive zu entwickeln und ein Netzwerk innerhalb des Unternehmens aufzubauen.

Die Förderung einer Feedback-Kultur ist für die Entwicklung künftiger Führungskräfte unerlässlich. Konstruktives Feedback hilft dem Einzelnen, seine Stärken und verbesserungswürdigen Bereiche zu erkennen. Unternehmen sollten ein Umfeld fördern, in dem regelmäßig konstruktives Feedback gegeben und entgegengenommen wird. Es ist wichtig, Möglichkeiten für angehende Führungskräfte zu schaffen, ihre Führungsqualitäten unter Beweis zu stellen und zu verbessern. Dies kann durch die Leitung kleiner Teams, das Management von Projekten oder die Teilnahme an strategischen Planungssitzungen geschehen. Wenn man ihnen Verantwortung überträgt und sie vor Herausforderungen stellt, stärkt das ihr Selbstvertrauen und ihre Kompetenz als Führungskraft.

Die Förderung von Vielfalt und Inklusion in der Führungskräfteentwicklung ist nicht nur ein moralisches Gebot, sondern eine strategische Notwendigkeit im heutigen globalen Geschäftsumfeld. Vielfältige und integrative Führungskräfte bringen eine Reihe von Perspektiven, Erfahrungen und Fähigkeiten ein, die Innovationen vorantreiben, die Entscheidungsfindung verbessern und die vielfältige Zusammensetzung der Belegschaft und des Kundenstamms widerspiegeln. Die Förderung der Vielfalt in den Führungsetagen beginnt mit der Verpflichtung, ein gerechtes und integratives Umfeld zu schaffen, in dem alle Menschen die Möglichkeit haben, sich zu entwickeln und erfolgreich zu sein. Dies erfordert bewusste Anstrengungen zur Identifizierung und Beseitigung von Vorurteilen bei Einstellungs-, Beförderungs- und Entwicklungsprozessen. Organisationen sollten sicherstellen, dass ihre Programme zur Entwicklung von Führungskräften für Personen mit unterschiedlichem Hintergrund, einschließlich verschiedener Rassen, Geschlechter, Altersgruppen, Kulturen und Fähigkeiten, zugänglich sind.

Inklusion spielt auch eine entscheidende Rolle bei der Förderung einer vielfältigen Führung. Dies bedeutet, ein Umfeld zu schaffen, in dem unterschiedliche Perspektiven nicht nur akzeptiert, sondern auch geschätzt und gesucht werden. Eine integrative Führungsentwicklung beinhaltet die Anpassung von Schulungs- und Mentorenprogrammen an die besonderen Bedürfnisse und Perspektiven der verschiedenen Teilnehmer. Dazu könnte das Angebot von Mentorenprogrammen gehören, die Führungskräfte aus unterrepräsentierten Gruppen mit erfahrenen Mentoren zusammenbringen, die sie beraten und unterstützen können.

Ein weiterer wichtiger Aspekt ist die Schulung aller Führungskräfte zu den Themen Vielfalt, Gerechtigkeit und Integration. Solche Schulungen sollten über die reine Sensibilisierung hinausgehen und sich auf umsetzbare Strategien zur Förderung einer integrativen Kultur konzentrieren. Die Führungskräfte sollten mit den Fähigkeiten ausgestattet werden, vielfältige Teams effektiv zu führen, unbewusste Vorurteile zu bekämpfen und ein Umfeld zu schaffen, in dem sich alle

Teammitglieder wertgeschätzt fühlen und ihren vollen Beitrag leisten können.

Organisationen sollten sich auch auf den Aufbau eines vielfältigen Führungsnachwuchses konzentrieren. Dabei geht es darum, potenzialstarke Mitarbeiter mit unterschiedlichem Hintergrund schon früh in ihrer Laufbahn zu identifizieren und ihnen die Erfahrungen, Schulungen und Unterstützung zu bieten, die sie benötigen, um in Führungspositionen aufzusteigen. Dies könnte das Angebot von Programmen zur Entwicklung von Führungskräften umfassen, die sich an Mitarbeiter aus unterrepräsentierten Gruppen richten, die Bereitstellung von Stipendien für die Ausbildung von Führungskräften oder die Schaffung von Praktika und Rotationsprogrammen, um diese Mitarbeiter mit verschiedenen Unternehmensbereichen vertraut zu machen.

Es ist wichtig, die Fortschritte bei der Förderung einer vielfältigen und integrativen Führung zu messen und zu verfolgen. Dies könnte die Festlegung spezifischer, messbarer Ziele für die Vielfalt in Führungspositionen und die regelmäßige Überprüfung der Fortschritte anhand dieser Ziele beinhalten. Durch die Verfolgung von Kennzahlen wie der Vielfalt der Teilnehmer an Führungsprogrammen und der Beförderungsraten von Mitarbeitern aus unterrepräsentierten Gruppen können Organisationen die Wirksamkeit ihrer Initiativen bewerten und bei Bedarf Anpassungen vornehmen.

Am Ende dieser Reise durch die facettenreiche Welt der modernen Führung wird deutlich, dass sich die Landschaft der Führung und des Managements rasant entwickelt. Für derzeitige und angehende Führungskräfte ist dies ein Aufruf zum Handeln: Machen Sie sich die in diesem Buch besprochenen Grundsätze und Strategien nicht nur als Leitlinien zu eigen, sondern als Katalysatoren für Wandel und Wachstum auf Ihrer Führungsreise.

Steigen Sie ein in die Zukunft der Führung, indem Sie sich zu kontinuierlichem Lernen und Anpassungsfähigkeit verpflichten. Die Welt verändert sich in einem noch nie dagewesenen Tempo, und um die Nase vorn zu haben, muss man offen sein für neue Ideen, neue Technologien und neue Arbeitsweisen. Pflegen Sie eine wachstumsorientierte Denkweise und nutzen Sie die Chancen, die sich aus dem Wandel ergeben. Setzen Sie sich für Vielfalt und Integration in Ihren Teams und Organisationen ein. Erkennen Sie die Stärke, die aus unterschiedlichen Perspektiven entsteht, und schaffen Sie ein Umfeld, in dem jede Stimme gehört und geschätzt wird. Ihre Führung kann den Ton für eine Unternehmenskultur angeben, die sich durch Inklusivität und Respekt auszeichnet.

Geben Sie Nachhaltigkeit und ethischen Entscheidungen in Ihrer Führungspraxis den Vorrang. Als Führungskräfte haben Sie nicht nur Einfluss auf den Erfolg Ihrer Organisationen, sondern auch auf deren Auswirkungen auf Gesellschaft und Umwelt. Treffen Sie Entscheidungen, die langfristige Nachhaltigkeit und positive soziale Auswirkungen gewährleisten.
Nehmen Sie die digitale Führung an und bereiten Sie sich auf die Herausforderungen des digitalen Zeitalters vor. Ob es um die Nutzung von Daten für fundierte Entscheidungen oder die Einführung neuer Technologien geht - Ihre Rolle als digital versierte Führungskraft ist entscheidend für die Steuerung Ihres Unternehmens durch die digitale Landschaft.

Entwickeln Sie Ihre emotionale Intelligenz und Widerstandsfähigkeit. Die Herausforderungen einer Führungsposition sind nicht nur strategisch, sondern auch emotional und psychologisch. Investieren Sie in das Verständnis für sich selbst und andere, in den Aufbau starker Beziehungen und in die Förderung eines belastbaren Geistes. Am wichtigsten ist, dass Sie authentisch und zielgerichtet führen. Bleiben Sie Ihren Werten und Ihrer Vision treu, und inspirieren Sie Ihr Umfeld mit Ihrem Engagement und Ihrer Leidenschaft. Denken Sie daran, dass es bei effektiver Führung nicht nur darum geht, Ziele zu erreichen, sondern auch darum, andere zu befähigen und zu ermutigen.

Die Reise der Führung ist noch nicht zu Ende, und jeder von Ihnen hat das Potenzial, einen bedeutenden Einfluss auszüüben. Nutzen

Sie diese Erkenntnisse, wenden Sie sie in Ihrem eigenen Kontext an, und seien Sie die Führungskraft, die eine bessere Zukunft für Ihre Teams, Ihre Organisationen und die Gesellschaft insgesamt gestaltet. Die Zukunft liegt in Ihren Händen - führen Sie sie mit Mut, Weisheit und Integrität.

Es liegt auf der Hand, dass das Wesen einer effektiven Führung über die traditionellen Grenzen und Definitionen hinausgeht. Dieses Buch soll aktuellen und angehenden Führungskräften den Weg weisen und Einblicke und Strategien bieten, um die Komplexität der sich schnell verändernden Welt von heute zu bewältigen.

Die hier vorgestellte Vision für die Zukunft der Führung ist eine Vision der Anpassungsfähigkeit, der Inklusivität und der ethischen Integrität. Wir stehen an der Schwelle zu einer neuen Ära, in der Führungskräfte nicht nur Befehlshaber, sondern Vermittler sind, nicht nur Entscheidungsträger, sondern Visionäre, und nicht nur Manager, sondern einfühlsame und ethische Führer. Die Zukunft der Führung verlangt nach Personen, die Vielfalt als Stärke nutzen, Technologie für den Fortschritt einsetzen und Nachhaltigkeit und soziale Verantwortung als zentrale Werte hochhalten können.

In diesem Buch wird hervorgehoben, dass die Führungskräfte von morgen lebenslang lernen, sich ständig an die sich verändernden Umstände anpassen und Veränderungen nicht als Herausforderung, sondern als Chance für Wachstum begreifen müssen. Sie müssen mit einem tiefen Verständnis für das menschliche Element führen und erkennen, dass das Herzstück einer effektiven Führung die Fähigkeit ist, Menschen zu verbinden, zu inspirieren und zu befähigen.

Der Weg der Führung ist eine ständige Suche nach Wachstum, Verständnis und Wirkung. Wenn Sie in Ihre Rolle als Führungskraft schlüpfen, denken Sie daran, dass Ihre Handlungen, Entscheidungen und Visionen nicht nur den Erfolg Ihres Unternehmens, sondern auch das Leben der Menschen, die Sie führen, und die Gesellschaft, in der wir leben, beeinflussen können. Nehmen Sie diese Verantwortung mit Leidenschaft und Engagement wahr und weisen Sie den Weg in eine Zukunft, in der Führung gleichbedeutend mit positivem Wandel, Innovation und einer besseren Welt für alle ist.

Wenn wir die Seiten dieses Buches schließen, liegt Ihre Führungsreise - ob sie nun gerade erst begonnen hat oder noch andauert - vor Ihnen, gefüllt mit grenzenlosen Möglichkeiten. Denken Sie daran, dass Führung nicht nur eine Rolle oder ein Titel ist, sondern eine Reise, auf der Sie ständig wachsen, lernen und etwas bewirken. Gehen Sie diese Reise mit Mut und Neugierde an. Auf dem Weg dorthin wird es Herausforderungen und Ungewissheiten geben, aber gerade durch diese Erfahrungen wird Ihre Führungsrolle definiert und verfeinert. Jedes Hindernis ist eine Gelegenheit, zu lernen, jeder Rückschlag eine Chance, stärker zu werden, und jeder Erfolg ein Moment, um zu inspirieren. Halten Sie an der Vision fest, dass es bei der Führung darum geht, etwas zu bewirken - in Ihrem Unternehmen, in Ihrer Gemeinschaft und im Leben der Menschen, die Sie führen. Ihre Handlungen haben die Macht, Veränderungen auszulösen, Ihre Worte die Fähigkeit, Träume zu inspirieren, und Ihre Entscheidungen die Fähigkeit, die Zukunft zu gestalten.

Bleiben Sie Ihren Werten treu und führen Sie mit Integrität. Die Authentizität Ihrer Führung wird der Leuchtturm sein, der Ihr Team durch Zeiten der Dunkelheit und Unsicherheit führt. In einer Welt, die sich ständig verändert, wird Ihr ethischer Kompass Ihr wertvollstes Gut sein.

Unterschätzen Sie niemals die Wirkung, die Sie erzielen können. Die Wellen Ihrer Führung können weit über das hinausgehen, was Sie sehen können - sie berühren Leben, prägen Kulturen und ebnen den Weg zu neuen Horizonten. Führen Sie nicht nur mit dem Verstand, sondern auch mit dem Herzen, denn es ist die mitfühlende und empathische Führung, die die Welt wirklich verwandelt.

Denken Sie daran, dass Sie auf diesem Weg nicht allein sind. Umgeben Sie sich mit Mentoren, Gleichaltrigen und Teams, die

Sie herausfordern, unterstützen und Ihre Vision teilen. Gemeinsam können Sie unendlich viel erreichen. Ihre Reise als Führungskraft ist ein bemerkenswertes Abenteuer, das das Potenzial hat, ein bleibendes Vermächtnis zu hinterlassen. Gehen Sie es mit Leidenschaft, Hingabe und einem unerschütterlichen Engagement für Spitzenleistungen an. Die Zukunft wartet darauf, von Ihrer Vision, Ihrem Handeln und Ihrer Führung geprägt zu werden. Gehen Sie voran und führen Sie mit Zielstrebigkeit, führen Sie mit Wirkung und hinterlassen Sie Ihre Spuren in der Welt. Die Reise gehört Ihnen, und sie verspricht, außergewöhnlich zu werden.

Referenzen

Adler, N. J. (2008). International Dimensions of Organizational Behavior.

Argyris, C. (1993). Knowledge for Action: A Guide to Overcoming Barriers to Organizational Change.

Avolio, B. J., & Gardner, W. L. (2005). Authentic leadership development: Getting to the root of positive forms of leadership.

Bandura, A. (1977). Social Learning Theory.

Bass, B. M. (1990). Bass & Stogdill's Handbook of Leadership: Theory, Research, and Managerial Applications.

Bennis, W. (1989). On Becoming a Leader.

Blake, R. R., & Mouton, J. S. (1964). The Managerial Grid: The Key to Leadership Excellence.

Brown, B. (2018). Dare to Lead: Brave Work. Tough Conversations. Whole Hearts.

Burns, J. M. (1978). Leadership.

Carnegie, D. (1936). How to Win Friends and Influence People.

Christensen, C. M. (1997). The Innovator's Dilemma: When New Technologies Cause Great Firms to Fail.

Collins, J. (2001). Good to Great: Why Some Companies Make the Leap...And Others Don't.

Covey, S. R. (1989). The 7 Habits of Highly Effective People.

Csikszentmihalyi, M. (1990). Flow: The Psychology of Optimal Experience.

DeRue, D. S., & Myers, C. G. (2014). Leadership development: A review and agenda for future research.

Drucker, P. (2001). The Essential Drucker: The Best of Sixty Years of Peter Drucker's Essential Writings on Management.

Duckworth, A. (2016). Grit: The Power of Passion and Perseverance.

Dweck, C. S. (2006). Mindset: The New Psychology of Success.

Eagly, A. H., & Carli, L. L. (2007). Through the Labyrinth: The Truth About How Women Become Leaders.

Edmondson, A. (2019). The Fearless Organization: Creating Psychological Safety in the Workplace for Learning, Innovation, and Growth.

Fiedler, F. E. (1967). A Theory of Leadership Effectiveness.

Fisher, R., Ury, W., & Patton, B. (1991). Getting to Yes: Negotiating Agreement Without Giving In.

Follett, M. P. (1941). Dynamic Administration: The Collected Papers of Mary Parker Follett.

Friedman, T. L. (2005). The World Is Flat: A Brief History of the Twenty-first Century.

Fullan, M. (2001). Leading in a Culture of Change.

Gardner, H. (2006). Changing Minds: The Art and Science of Changing Our Own and Other People's Minds.

Gardner, J. W. (1990). On Leadership.

Gladwell, M. (2000). The Tipping Point: How Little Things Can Make a Big Difference.

Goleman, D. (1995). Emotional Intelligence.

Grant, A. (2013). Give and Take: A Revolutionary Approach to Success.

Greenleaf, R. K. (1977). Servant Leadership: A Journey into the Nature of Legitimate Power and Greatness.

Groysberg, B., & Slind, M. (2012). Talk, Inc.: How Trusted Leaders Use Conversation to Power Their Organizations.

Hackman, J. R., & Oldham, G. R. (1980). Work Redesign.

Hambrick, D. C., & Mason, P. A. (1984). Upper Echelons: The Organization as a Reflection of Its Top Managers.

Handy, C. (1993). Understanding Organizations.

Heifetz, R. A., & Laurie, D. L. (1997). The Work of Leadership.

Hersey, P., & Blanchard, K. H. (1982). Management of Organizational Behavior: Utilizing Human Resources.

Hofstede, G. (1980). Culture's Consequences: International Differences in Work-Related Values.

Ibarra, H. (2015). Act Like a Leader, Think Like a Leader.

Jick, T. D., & Peiperl, M. A. (2003). Managing Change: Cases and Concepts.

Johnson, S. (2001). Who Moved My Cheese? An Amazing Way to Deal with Change in Your Work and in Your Life.

Kahneman, D. (2011). Thinking, Fast and Slow.

Katzenbach, J. R., & Smith, D. K. (1993). The Wisdom of Teams: Creating the High-Performance Organization.

Kellerman, B. (2004). Bad Leadership: What It Is, How It Happens, Why It Matters.

Kotter, J. P. (1996). Leading Change.

Kouzes, J. M., & Posner, B. Z. (1987). The Leadership Challenge: How to Make Extraordinary Things Happen in Organizations.

Lencioni, P. (2002). The Five Dysfunctions of a Team: A Leadership Fable.

Lewin, K. (1947). Frontiers in Group Dynamics: Concept, Method and Reality in Social Science; Social Equilibria and Social Change.

Likert, R. (1961). New Patterns of Management.

Lipman-Blumen, J. (2005). The Allure of Toxic Leaders: Why We Follow Destructive Bosses and Corrupt Politicians—and How We Can Survive Them.

Maccoby, M. (2000). Understanding the Difference Between Management and Leadership.

Machiavelli, N. (1532). The Prince.

Mintzberg, H. (1989). Mintzberg on Management: Inside Our Strange World of Organizations.

Morgan, G. (1997). Images of Organization.

Northouse, P. G. (2018). Leadership: Theory and Practice.

O'Reilly, C. A., & Tushman, M. L. (2004). The Ambidextrous Organization.

Osland, J. S., Kolb, D. A., Rubin, I. M., & Turner, M. E. (2007). Organizational Behavior: An Experiential Approach.

Ouchi, W. G. (1981). Theory Z: How American Business Can Meet the Japanese Challenge.

Owen, H. (1997). Open Space Technology: A User's Guide.

Peters, T. J., & Waterman, R. H. Jr. (1982). In Search of Excellence: Lessons from America's Best-Run Companies.

Pfeffer, J. (1992). Managing with Power: Politics and Influence in Organizations.

Pink, D. H. (2009). Drive: The Surprising Truth About What Motivates Us.

Porter, M. E. (1985). Competitive Advantage: Creating and Sustaining Superior Performance.

Quinn, R. E. (1996). Deep Change: Discovering the Leader Within.

Robbins, S. P., & Judge, T. A. (2018). Organizational Behavior.

Rost, J. C. (1991). Leadership for the Twenty-First Century.

Schein, E. H. (2010). Organizational Culture and Leadership.

Schumpeter, J. A. (1942). Capitalism, Socialism, and Democracy.

Schwartz, T. (2003). The Power of Full Engagement: Managing Energy, Not Time, Is the Key to High Performance and Personal Renewal.

Senge, P. M. (1990). The Fifth Discipline: The Art & Practice of The Learning Organization.

Simon, H. A. (1947). Administrative Behavior: A Study of Decision-Making Processes in Administrative Organization.

Sinek, S. (2009). Start with Why: How Great Leaders Inspire Everyone to Take Action.

Tannenbaum, R., & Schmidt, W. H. (1958). How to Choose a Leadership Pattern.

Taylor, F. W. (1911). The Principles of Scientific Management.

Tichy, N. M., & Devanna, M. A. (1986). The Transformational Leader.

Trompenaars, F., & Hampden-Turner, C. (1997). Riding the Waves of Culture: Understanding Diversity in Global Business.

Tuckman, B. W. (1965). Developmental Sequence in Small Groups.

Tyson, T. (1998). Working with Groups.

Ulrich, D., & Smallwood, N. (2007). Developing Leadership That Lasts.

Vroom, V. H., & Yetton, P. W. (1973). Leadership and Decision-Making.

Wagner, R., & Harter, J. K. (2006). 12: The Elements of Great Managing.

Weber, M. (1947). The Theory of Social and Economic Organization.

Weick, K. E. (1995). Sensemaking in Organizations.

Welch, J., & Welch, S. (2005). Winning.

Wheatley, M. J. (1999). Leadership and the New Science: Discovering Order in a Chaotic World.

White, R. P., & Hodgson, P. (2003). Coaching Leaders: Guiding People Who Guide Others.

Yukl, G. (2006). Leadership in Organizations.

Zaleznik, A. (1977). Managers and Leaders: Are They Different?

Zenger, J. H., & Folkman, J. (2002). The Extraordinary Leader: Turning Good Managers into Great Leaders.

Zheng, W., & Gardner, W. L. (2018). Theories and Models of Leadership.

Zimbardo, P. G. (2007). The Lucifer Effect: Understanding How Good People Turn Evil.

Zook, C., & Allen, J. (2001). Profit from the Core: A Return to Growth in Turbulent Times.

Zuboff, S. (1988). In the Age of the Smart Machine: The Future of Work and Power.

Uhl-Bien, M., & Arena, M. (2018). Leadership for Organizational Adaptability: A Theoretical Synthesis and Integrative Framework.

Van Vugt, M., & Ahuja, A. (2010). Naturally Selected: The Evolutionary Science of Leadership.

Voelpel, S. C., Leibold, M., & Eckhoff, R. A. (2006). The Tyranny of the Balanced Scorecard in the Innovation Economy.

Waldman, D. A., & Siegel, D. (2008). Defining the Socially Responsible Leader.

Waterman, R. H. (1987). The Renewal Factor: How the Best Get and Keep the Competitive Edge.

Westley, F., & Mintzberg, H. (1989). Visionary Leadership and Strategic Management.

Xu, J., & Thomas, H. C. (2011). How Effective are Executive Education Programs? A Study of the Impact of Executive Education on Individual and Organizational Outcomes.

Yammarino, F. J., & Dansereau, F. (2008). Multi-Level Issues in Organizational Behavior and Leadership.

Yost, P. R., & Plunkett, M. M. (2009). Real Time Leadership Development.

Zak, P. J. (2017). Trust Factor: The Science of Creating High-Performance Companies.

·

www.ingramcontent.com/pod-product-compliance
Lightning Source LLC
Chambersburg PA
CBHW070849290526
45795CB00001B/41